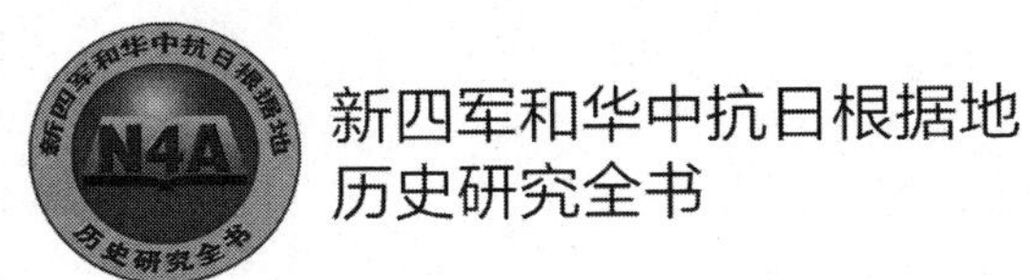

劲旅雄师

纪念新四军第五师建军八十周年论文集

1941—2021

湖北省新四军暨华中抗日根据地历史研究会 / 编

曾求腾 / 主编

图书在版编目（C I P）数据

劲旅雄师：纪念新四军第五师建军八十周年论文集 / 湖北省新四军暨华中抗日根据地历史研究会编；曾求腾主编 . -- 北京：中国文史出版社，2022.11

ISBN 978-7-5205-3975-3

Ⅰ . ①劲… Ⅱ . ①湖… ②曾… Ⅲ . ①新四军—文集 Ⅳ . ① E297.3-53

中国版本图书馆 CIP 数据核字 (2022) 第 224407 号

责任编辑：梁玉梅

出版发行：中国文史出版社

社　　址：北京市海淀区西八里庄路 69 号院　邮编：100142

电　　话：010-81136606　81136602　81136603（发行部）

传　　真：010-81136655

印　　装：北京新华印刷有限公司

经　　销：全国新华书店

开　　本：16 开

印　　张：19.75

字　　数：264 千字

版　　次：2023 年 8 月北京第 1 版

印　　次：2023 年 8 月第 1 次印刷

定　　价：66.00 元

《新四军和华中抗日根据地历史研究全书》

顾问委员会

编审委员会

总序

习近平总书记说：“历史是最好的教科书。”一个没有历史记忆的民族是没有前途的。由南方八省红军游击队组建而成的新四军，是中国共产党领导下的主要抗日武装力量之一，在全民族抗日战争中，与八路军相呼应，与正面战场相配合，驰骋大江南北，纵横华中敌后，在日伪军指挥中枢所在地周围和补给通道两侧的华中敌后地区，开展游击战争，灵活机动，浴血奋战，以弱制强，为赢得中国抗日战争和世界反法西斯战争的胜利作出了重大贡献；依靠人民群众，建立了地跨苏、皖、鄂、豫、浙、赣、湘等广大地区的华中抗日民主根据地。新四军不仅创造了辉煌的战绩，积累了丰富的建政、理财、兴文和统战经验，还为后人留下了以铁军精神为特色的宝贵精神财富。新四军和华中抗日根据地的历史，是中国共产党和人民军队历史不可分割的一部分。

中国新四军和华中抗日根据地研究会成立以来，在叶飞、彭冲、周克玉、朱文泉几任会长的带领下，在新四军和华中抗日根据地历史资料搜集整理和学术研究方面，取得了可喜的进步和丰硕成果。随着中央档案馆大量历史文献的陆续公开，各兄弟新四军研究会一些有价值的回忆史料和专题研究论著的出版，这就有可能也有必要把这些最新成果整合起来，更系统、更全面地反映新四军和华中抗日根据地的历史面貌，科学总结带有规律性的历史经验，形成《新四军和华中抗日根据地历史研究全书》(简称《新四军全书》)。坚持历史唯物主义、辩证唯物主义观点，以实事求是的科学态度，以新四军和华中抗日根据地史为经，以战役战斗、事件、人物为纬，全面规划，通力协作，广泛收集，科学整理，逐步实施，努力打造一部约200册规模，系统全面、准确规范、具有权威性的《新四军全书》，发挥存史、资政、育人作用，为实现中华民族伟大复兴的中国梦服务，这是功在当代、利及千秋的重大文化工程，是从事新四军和华中抗日根据地研究者的共同任务，让我们携起手来，去完成这一光荣而艰巨的历史使命。

编撰《新四军全书》，是在党的十八大后，由朱文泉会长发起，已经并将继续得到国家教育部、民政部、中共中央党史研究室、中共江苏省委、江苏省人民政府、军事科学院、原南京军区、南京大学以及北京、上海、重庆、江苏、安徽、湖北、浙江、江西、福建、四川、河南、广西、黑龙江、云南、广州等15省、市、自治区新四军研究会的支持。一代代新四军研究人员的辛勤工作，他们的功德将与新四军的名字相联，永载史册。

中国新四军和华中抗日根据地研究会

2013年10月

《新四军和华中抗日根据地历史研究全书》（湖北部分）

序

《新四军和华中抗日根据地历史研究全书》(简称《新四军全书》)是中国新四军和华中抗日根据地研究会正在打造的一部汇集新四军及华中抗日民主根据地历史研究现有成果的丛书，它规模宏大、系统全面、准确规范，由各省市新四军研究会共同编写，集史料性、学术性和权威性于一身。

湖北省按照中国新四军研究会（新办字〔2017〕13 号）文件精神进行了认真研究和合理规划，正在分步实施。我们已报中国新四军研究会 10 多个书目，决心用五年完成好。

编撰出版《新四军全书》(湖北部分)，有利条件很多。其一是新四军在湖北书写了一段波澜壮阔的辉煌历史。他们所开辟的豫鄂边抗日民主根据地是一块拥有 9 万多平方公里，1300 多万人口，活跃在武汉外围的横跨鄂、豫、皖、湘、赣五省的抗战基地，成为新四军和华中抗日民主根据地中面积最大、人口最多的一个战略区，为中国人民取得抗日战争的胜利作出了重要贡献。

在这片抗日热土上，以李先念、陈少敏、任质斌等为代表的新四军第五师党政军领导，高举抗日民族统一战线大旗，在日伪顽的夹缝中，将原则的坚定性和策略的灵活性结合起来，以百折不挠的精神和不胜不休的毅力，破关越隘，克难渡险，稳步开拓根据地，逐步建立“三三制”政权，快步发展人民军队，最终实现了对敌占华中重镇武汉的战略包围。这一奇迹的出现，是中国共产党人坚强领导的生动体现，是新四军铁军精神的生动体现，是中国革命事业从无到有、从弱到强、从挫折走向胜利的生动体现。

新四军第五师所创造的这一段历史，为后人留下了宝贵的精神财富。自20世纪80年代初湖北省新四军研究会成立以来，在历任领导及新四军第五师老战士、广大研究工作者的共同努力之下，我们搜集、整理了一批极富历史保存价值的资料，推出了一批极有分量的研究成果，出版了一批质量较高的专题著作。《新四军全书》（湖北部分）即是根据这些年史学界研究的成果和国家解密的一些档案资料，对原出版过的重点书籍进行修订出版，而主要精力，则放在深入挖掘史料和撰写重大题材上，编纂推出一批新的专著，完善史料，弥补研究空白，以更好地实现存史、资政、育人的目的。

事过豪情在，精神代代传。这次汇集出版《新四军全书》（湖北部分），既是赓续红色血脉、传承红色基因的需要，也是弘扬革命精神、推进新时代中国特色社会主义道路建设的需要。正如习近平总书记一直强调的“要讲好中国共产党的故事”那样，我们编印《新四军全书》（湖北部分）也是为了给大家学习党史、国史，知史爱党，知史爱国，提供一份精神食粮，因为“伟大的抗战精神，永远是激励中国人民克服一切艰难险阻，为实现中华民族伟大复兴而奋斗的强大精神动力”。当前，我国正处于改革开放深化阶段，各种矛盾交错；新冠肺炎疫情之下，又面临着严峻复杂的国际环境，处在世界百年未有之大变局之中。对此，我们必须以坚定的意志、坚韧的毅力，沉着应对来自各方面的挑战。而宣传抗战历史，反映抗战精神，加强爱国教育，以凝聚全国人民磅礴之力，万众一心建设好中国特色社会主义，在当下更有着特殊的意义。

感谢中共湖北省委、省政府的大力支持和关怀，感谢中国新四军和华中抗日根据地研究会各位领导和编辑委员会对《新四军全书》（湖北部分）出版的大力支持和帮助，感谢中共湖北省委党史研究室的鼎力协助和付出，这一切对我们进一步做好新四军第五师历史的整理和研究工作，都是莫大的鞭策和鼓励。

曾求腾

2021年3月10日

前言

2021年4月5日，是新四军第五师建军80周年纪念日，湖北省新四军研究会在武汉市黄陂区姚家山新四军第五师历史陈列馆举办了纪念新四军第五师建军80周年学术研讨会。

此次学术研讨会共收集论文60多篇，本书选用近40篇。这些论文反映了全民族抗日战争时期战斗在鄂豫边地区，在中国共产党领导下，在马克思列宁主义、毛泽东思想的指引下，经受了历史考验的一支不可战胜的劲旅雄师——新四军第五师的丰功伟绩。这支部队紧紧地依靠人民群众，浴血奋战，从无到有，从小到大，取得了辉煌的成就。据不完全统计，新四军第五师各部在全面抗战时期共对敌作战1260余次，先后抗击了15万日军和8万伪军，歼敌伪41000余人，缴获大小枪炮12000余件。在抗日战场上，新四军第五师光荣牺牲的烈士有13000余人，为中华民族的解放事业牺牲奉献，立下了不朽的功勋。

本书是湖北省新四军研究会近几年研究新四军第五师及鄂豫边区抗日斗争历史的部分成果，对整个第五师的各项工作、重要历史事件以及在抗日战争中的重大作用都做了深入的探讨，总结了丰富的历史经验。这些经验对实现我国新时代提出的奋斗目标、全面建设社会主义现代化强国，仍然具有十分重要的指导作用。

习近平总书记指出：“历史是最好的教科书。”“要讲好中国共产党的故事。”编辑出版此书，旨在赓续红色血脉、传承红色基因，也是为读者学习党史、国史，知史爱党，知史爱国，提供一份精神食粮。通过学习，汲取智慧和力量，勇担使命，万众一心，为实现中华民族伟大复兴贡献力量。

编者

2021 年 4 月 20 日

目录

新四军第五师抗战历程及经验启示
——在纪念新四军第五师建军80周年大会上的讲话

曾求腾*

今天，我们相聚姚家山，在这里举行纪念新四军第五师建军80周年大会。

我代表主办方湖北省新四军研究会、武汉市新四军历史研究会、姚家山纪念馆，向与会的各位领导、新四军老前辈、新四军后代，各位专家学者和各位来宾致以热烈的欢迎和诚挚的问候！向承办此次活动的中共武汉市黄陂区蔡甸街工委、武汉市黄陂区姚家山旅游文化公司致以衷心的感谢！

1941年1月6日，国民党反动派制造了震惊中外的皖南事变。我党为掌握政治斗争和军事斗争主动权，不但打退了国民党的反共高潮，而且于1月20日宣布重建新四军，使新四军部队由原来的六个支队扩编为七个正规师，其中战斗在鄂豫边区的新四军豫鄂挺进纵队改编为新四军第五师。2月18日，中央军委任命各师领导班子，李先念任第五师师长兼政治委员，刘少卿任参谋长，任质斌任政治部主任。1941年4月5日，新四军第五师组编完毕，李先念率第五师全体将领于安陆白兆山彭家祠堂通电就职。新四军第五师的建成，标志着鄂豫边区的抗战和部队建设走上了新阶段，第五师成为驰骋中原敌后战场的劲旅雄师。

---

* 曾求腾：湖北省新四军研究会会长。

一、新四军第五师辉煌的发展壮大历程

1939 年 1 月 14 日，中共豫鄂边区党委根据中共扩大的六届六中全会精神，抽调新四军第四支队竹沟留守处两个中队和从延安来的 60 多名红军干部共 160 多人，组成“新四军豫鄂独立游击大队”。当时仅有一挺重机枪、90 多支步枪和几十枚手榴弹。为了便于做统战工作，部队番号对外称“新四军豫鄂独立游击支队”。1 月 17 日，这支队伍在司令员李先念、参谋长周志坚的带领下，自竹沟南下雪地行军，向武汉外围挺进，执行中共中央赋予的开创武汉外围敌后根据地的战略任务。这是具有决定意义的战略行动，也是新四军第五师的前身和出发点。

2 月初，日军发动了襄东战役，为牵制日军，配合国民党军队正面作战，中共中央中原局 2 月 7 日作出决定，“拟派新四军一个大队到湖南应山、安陆以至应城附近去活动与发展”[①]。此后，李先念率新四军豫鄂独立游击大队挺进鄂中。3 月上旬，李先念率部抵达信（阳）罗（山）边的九里关附近，与 1 月初成立的贺建华、罗厚福、熊作芳等率领的新四军游击第六大队会合，根据中共豫鄂边区委员会指示，军事上第六大队统归李先念指挥。4 月 5 日中共中央复电中原局指示，应即将信阳挺进队与李先念部合编为新四军游击支队前去鄂中行动，李先念为鄂中支队司令。随着武装力量的扩大，为了统一抗日武装和提高战斗力，李先念等根据中原局的指示，将先后到达赵家棚的几支分散的小股部队，统一合编为新四军挺进团。新四军挺进团是豫鄂边地区的第一个主力团，它的建立是豫鄂边区党的武装实现统一整编的开始，为而后力量的更大汇集奠定了基础。

1939 年 6 月 6 日，陈少敏受中原局之命，率部队及干部 200 余人从四望山南下，到达赵家棚与李先念会合，所属部队编入新四军挺进团，进一步增

① 选自《李先念年谱》（第一卷），中央文献出版社 2011 年版，第 222 页。

强了豫鄂边区敌后抗日游击战争的力量。这时豫鄂边区国共合作的局面发生了逆转，倒退的政治空气日益浓厚，反共摩擦事件频频发生。为适应形势，中共鄂中区委员会在京山养马畈召开扩大会议，会议根据中原局指示，将鄂中、豫南共产党领导的抗日武装统一整编为新四军豫鄂独立游击支队，李先念任司令员，陈少敏任政治委员。这是豫鄂边区党和军队由分散走向统一的一个里程碑。新四军豫鄂独立游击支队是共产党在中原敌后领导的第一个游击兵团，它的建军对开创豫鄂边抗日根据地具有奠基性的作用。

1939 年 11 月中旬，国际形势突变，第二次世界大战爆发，在国内，顽固派加剧反共。为应对这一形势，根据中原局的指示，朱理治、李先念、陈少敏、任质斌等在四望山龚家湾召开会议，传达了中原局的指示，宣布筹建新的豫鄂边区党委，对豫南、鄂中、鄂东的党和军队实行统一领导，并将这三个地区的抗日武装，统一整编为新四军豫鄂挺进纵队，决定将豫鄂边区敌后抗战的指挥中心，由豫南转移到鄂中。1940 年 1 月 3 日，根据中原局刘少奇等电报精神，新四军豫鄂挺进游击纵队在京山八字门正式建军。李先念任司令员，朱理治任政治委员。此时，纵队已发展为 9000 余人枪。四望山会议的召开和新四军豫鄂挺进纵队的建立，为迎击国民党掀起的第一次反共高潮做了组织准备和思想准备，对进一步扩大与巩固豫鄂边区抗日根据地，有着决定性的意义，得到中共中央的高度评价。

1940 年 4 月 17 日，豫鄂挺进纵队对大小悟山地区的国民党军刘梅溪、刘亚卿、杨希超等部展开攻击，完全控制大小悟山地区，豫鄂边区党委和新四军豫鄂挺进纵队司政机关遂由平汉路西移驻姚家山，大小悟山成为当时部队和地方党的指挥中心，到 1940 年 12 月，豫鄂边区已建立 9 个县的民主政权，新四军豫鄂挺进纵队已有正规军 1.5 万余人，各类枪械 9276 支（挺），民兵 10 万余人。

1941 年 4 月 5 日，新四军豫鄂挺进纵队整编为新四军第五师的组建工作完毕，李先念师长兼政治委员，在安陆白兆山发出《率新四军第五师全体将领就职通电》，新四军第五师宣告正式建军，全师15300余人。1942年，边区军民不仅面临着连年自然灾害所造成的严重财政困难，而且受到了10万余国民党军队连续八个月的猖狂进攻，新四军第五师在“咬紧牙关，熬过困难”，沉着应战、坚决自卫的方针指导下，成功进行了一系列反顽自卫斗争。在斗争中，五师不仅未被削弱，而且愈战愈强，新建了鄂南敌后根据地。1942年7月21日，中共中央批准了华中局关于五师由军委直接指挥的提议，从此新四军第五师主要在中央军委直接指挥下转战武汉外围，直至抗日战争最后胜利。①

1943年，国民党五战区又发动了以鄂东地区为重点的猖狂进攻，并勾结敌伪对我夹击。第五师英勇作战，勇猛打击敌伪军，同时对国民党军队开展各种形式的政治斗争和军事斗争，粉碎了日伪一连串的“进剿”，为制止全国性的第三次反共高潮作出了应有的贡献。

1943年1月在大悟山蒋家楼子召开的边区党委扩大会议上，宣布了中共关于由李先念同志任鄂豫边区党委书记兼五师师长政委的决定，这对鄂豫边区党组织、军队和根据地的进一步发展、巩固具有十分重大的意义。

经过几年的艰苦斗争，新四军第五师积极配合地方武装和民兵，转战豫鄂边区主动打击敌伪，坚决反摩擦，有力地配合与策应了正面战场抗战，粉碎了日伪顽军的“扫荡”“清剿”。其中著名的侏儒山战役，歼灭了伪定国军第一师汪步青部，解放了武汉西部的大片国土；挺进鄂南，开辟了南线包围武汉的敌后战场；大悟山粉碎日寇的万人大“扫荡”，保卫了我军的指挥阵地；进军襄南、湘北，从西线推进了对武汉的战略包围；配合全国粉碎了第二次“反共”高潮；坚持了鄂中、信南等基本区，继续发展了襄西、豫南等地区；打开了鄂东抗战局面，开辟了鄂皖边区。

1943年11月17日，郑位三作为中共中央华中局代表到达鄂豫边区。这一期间，在郑位三的倡议和边区党委同意下，边区执行了“以巩固为中心”

① 选自《李先念年谱》（第一卷），中央文献出版社2011年版，第368页。

的方针，进行了整风、生产、减租、减息和组织群众等工作，取得了一定成绩。但是，在日寇发起豫湘桂战役，据守河南的国民党军37天内连失38座县城的情况下，党中央作出了发展河南的战略部署，边区未及时以主力出兵河南，以致丧失了一次大发展的极好时机，造成了一次战略失误。

新四军第五师于1943年底胜利地实现了从东、西、南、北对盘踞在武汉之敌的战略包围，主力与地方军发展到近4万人，活动范围扩大到51个县，全区人口1020余万。

1945年1月27日从延安奉命南下的八路军三五九旅部队在王震的率领下抵达边区，带来了党中央和毛主席的指示，边区党委确定将工作方针改为“发展为主”，并派出部分兵力配合三五九旅进军江南，创立了湘鄂赣根据地。

1945年8月15日，日本帝国主义被迫宣布无条件投降，艰苦的14年抗战胜利结束。

新四军第五师在党中央和华中局的正确领导下，在敌顽夹击的复杂斗争中，团结了抗日的各阶层人民，进行了英勇卓绝的斗争。至1945年9月，新四军第五师奉命组建野战军。10月30日，以新四军第五师为主体的中原军区成立，至此，新四军第五师番号取消，完成了历史使命。

据不完全统计，新四军第五师各部在抗战期间共对敌作战1260余次，先后抗击了15万日军和8万伪军，歼敌伪41000余人，缴获大小枪炮12000余件。在抗日战场上，新四军第五师光荣牺牲的烈士有13000余人，这些人民英雄将与楚天长存，永垂不朽。新四军第五师为中华民族解放事业立下了不朽的功勋。

二、新四军第五师取得抗战胜利的基本经验

回顾新四军第五师走过的路，她在敌顽夹击的斗争中，团结抗日各阶层人民，进行了英勇卓绝的斗争，她的艰难创建和胜利发展，在我国革命史上占有非常重要的地位。新四军第五师抗战的经验十分丰富，我认为最基本的

有以下几个方面。

（一）党对军队的绝对领导是取得胜利的根本保证

新四军第五师从小到大，从弱到强，不断发展壮大，最根本的就是自始至终都坚持了党对军队的绝对领导。李先念率领的新四军独立游击大队，就是根据中共扩大的六届六中全会精神和毛主席关于要大力发展武装、开辟中原敌后战场的指示，由中共豫鄂边区委员会研究确定成立的，这才有了独立游击大队顶着凛冽寒风，大踏步向武汉外围挺进的壮举。李先念走到哪里，都把宣传党的扩大的六届六中全会和中共中央、中原局关于大力发展抗日武装、开展游击战争、创建敌后根据地的指示摆在首位，以此统一各抗日武装和地方党组织的思想，确保党的战略部署贯彻落实。

新四军第五师始终把政治建军摆在首位，按照红军政治工作制度，在部队设党委、政治委员和政治机关，在连队设立党支部和政治指导员，充分发挥连队党支部的战斗堡垒作用和共产党员的先锋模范作用，确保了党对军队的绝对领导。

新四军第五师及其前身，都始终坚持党对部队的绝对领导，在国际国内形势发生剧变或部队面临重大问题时，都及时向上级直至中央请示报告，在得到党的指示后，又召开会议统一思想，抓好贯彻落实。如 1939 年 11 月，根据中原局指示，在四望山召开会议着重讨论了如何加强党对敌后抗日游击战争的领导及如何反击国民党顽固派进攻的问题，使与会人员统一了思想，增强了战胜敌顽夹击的决心和信心。1940 年 8 月 1 日，在白兆山召开的军政干部大会，集中讨论了如何从思想上解决个别干部的分散主义和违反纪律的错误倾向问题。1941 年 6 月 16 日在白兆山召开的新四军第五师政治工作会议，重点总结了第五师及其前身成立以来的政治工作经验，强调要继承和发扬红军的光荣传统，切实做好部队的政治思想工作，建立和健全政治工作制度，加强部队正规化建设，使新四军第五师真正成为坚决执行党的革命政治任务的武装集团。1942 年 9 月，在豫鄂边区党委召开的第四次组织工作会上，提出了在斗争中建设党、改造基层党的成分、健全支部生活、加强党的思想改造、提高战斗力等任务。1943 年 2 月，蒋家楼子会议确定必须加强党对全面工作的领导，以“一切服从战争”为最高原则，完成党中央赋予的部队发展到 4 万人枪的战略任务。

新四军第五师注重组织和思想建设。1942 年按照中共中央部署，在严重的敌顽夹击下，采取灵活多样的形式，因地制宜开展了“战时整顿三风”的运动。其间，李先念在 1942 年 10 月新四军第五师干部大会上，作了《严正军风》的讲话，11 月李先念又亲自批准处决了两名担任营、团领导职务的腐败分子。这次整风，最大限度地激发了广大指战员的抗战热情，增强了部队战斗力。

新四军第五师的实践证明，坚持中国共产党的领导，就能确保部队在复杂环境下保持正确的政治方向，确保在艰苦卓绝的战争环境中绝处逢生，不断发展壮大。

（二）高举统战大旗，团结各方力量，是取得胜利的重要法宝

全国抗战初期，我党在豫鄂边区的力量薄弱，党组织被破坏殆尽，根据地荡然无存。新四军第五师及其前身清醒地认识到，要改变上述劣势，走出困境，完成党交给的发展武装，开展敌后游击战争，开辟武汉外围根据地的使命，必须高举抗日民族统一战线大旗，坚决执行党中央毛泽东关于“发展进步势力，争取中间势力，孤立和打击顽固势力”的统战方针。

李先念等五师领导，都是做统战工作的高手，都十分重视统战工作。李先念率部于 1939 年 1 月 17 日从竹沟出发，20 日就在四望山黄龙寺会见了国民党信阳县长李德纯，经过通宵长谈，达成了团结抗日的共识，并从李德纯任司令员的信阳挺进队抽调一个 100 余人的中队，编入自己的队伍，李德纯最终成为一名忠诚的共产党的战士。[①] 此后，他率领的部队走到哪里，党的工作就延伸到哪里，统一战线工作就做到哪里。

① 选自《新四军第五师抗日战争史稿》，湖北人民出版社 1989 年版，第 40 页。

李先念抵达豫鄂边区后，亲自做国民党桂系军队、川军陈离、第三十三集团军何基沣和国民党专员石毓灵等上层人士的统战工作。这些人士都发挥了很好的作用。陈离从物资上支援了五师，还为五师培训电台人员。何基沣不仅经济上接济五师，还为五师提供急需的武器弹药，并于 1940 年在谷城驻扎时加入了中国共产党，成为中共秘密党员。

豫鄂边区和新四军第五师还专门成立了统战工作和敌军工作部门，加强对国民党军队和地方政府的统战工作，以及对日伪的策反、反战工作。一些追求正义的伪军通过统战工作，起义反正，从而壮大了我军力量。先后有应城郭仁泰率所部伪军 1000 余人、汉阳杨经曲率所部伪军 1500 余人、潜江李正乾率伪军 800 余人起义反正。在抗战期间，先后有 12 支共 6600 余伪军起义反正投奔新四军第五师。对那些顽固不化、死心塌地认贼作父的伪军就坚决打击消灭。如对伪定国军汪步青，第五师三打侏儒山，直至消灭该部为止。

豫鄂边区和新四军第五师还加强与地方政要、社会名流、乡绅、商界领袖的联系和工作，激发他们的民族意识和爱国精神，给他们以实际的帮助和支持。感召于共产党人的真诚和民族大义，他们有的将自己掌握的军队交给共产党；有的弃官参加新四军；有的以自己的地位和身份为掩护，开办工厂、学校和合作社，为共产党培养干部；有的捐款捐物捐武器，倾尽所能为民族抗战做工作。统战工作团结了一切可以团结的人，调动了社会各阶层的抗战热情，使豫鄂边区党的事业和军队建设得到迅猛发展。

（三）顽强拼搏、不怕牺牲是取得胜利的关键

新四军第五师注定是一支具有民族血性的部队。其前身豫鄂独立游击大队向武汉外围挺进时才 160 人，而当时盘踞在武汉地区的日军有 8 个师团和 2 个旅团，共 21.8 万人，是当时侵华日军“兵力密度之最”的地区。在敌后广泛开展游击战争，并非易事，在日军兵力密度之最的敌后地区发动游击战争更是难上加难。新四军第五师能够在这种复杂的环境中站住脚，并建立起根据地，而且得到迅速的发展，一个很重要的原因，就在于始终保持了为中华

民族争取独立和解放事业而牺牲的拼搏精神。

1939年夏，鄂中和豫南的武装统一整编为新四军豫鄂独立游击支队后，这支队伍成为豫鄂边区的主力部队，在1939年8月，连续进行了憨山寺伏击战，赵家棚、大鹤山的对日反“扫荡”战，以及朱堂店、新街镇等战斗，接着又分兵巧渡汉水，奇袭伪军熊光部，攻克汉阳蔡甸镇，连战皆捷，打出了新四军的军威，鼓舞了人民的斗志。

11月新四军豫鄂独立游击支队奉党中央和中原局指示，与鄂东党所领导的抗日武装合编组建为新四军豫鄂挺进纵队，部队发展到近万人，使这支队伍变得更为有力。12月纵队粉碎了日寇在飞机大炮掩护下的“围歼”阴谋，1940年2月，纵队激战侏儒山，迫使武汉城区日军戒严三天。

1941年，新四军第五师建军后，立即以无比英勇的战斗姿态，转战襄河两岸、平汉铁路两侧，保卫根据地，又积极捕捉战机，消灭敌人有生力量。先后发起了孝感袭击战、侏儒山战役。1942年5月至12月，国民党第五战区向鄂豫边地区发动了反共高潮，先后投入兵力达10万之众。经过八个月的顽强拼搏，五师终于打退了国民党顽固派发动的反共进攻，粉碎了严重的敌顽夹击，度过了最艰难的岁月，并开创了部队、根据地齐发展的局面。

1943年，为制止国民党在全国范围内发起第三次反共高潮，第五师于6月中旬发起浠水白石山战斗，以游击战术与顽军作战数十次，粉碎了顽军四次极其猖狂的进攻。1944年第五师英勇顽强地进行了三保大悟山的战斗。1945年，第五师先后发起杨林桥、齐天山、白兆山、吴家新集、合水、中阳合等战斗，给日伪以有力打击。1945年8月后半个月里，五师奉中央军委之命，积极开展受降工作，共击毙拒降日伪军3500余人，攻克中小城市12座。

在长达七年之久的鄂豫边地区的战斗中，新四军第五师先后对日伪战斗达1262次，即每两天就与敌搏斗一次，毙伤俘敌伪军及敌伪投降反正共4.37万人。新四军第五师在战斗中先后伤亡1.32万余人，他们用生命和鲜血完成了党和人民交给的历史使命。

（四）组织群众、依靠群众是取得胜利的可靠保证

新四军第五师在抗战实践中，认真贯彻人民战争思想，动员并依靠群众组织人民战争。李先念特别重视政权建设，要求按规定普遍开展民选运动，执行“三三制”原则，让人民群众当家作主。提出政权建设的三大任务，其中一条就是“实际解决人民群众的困难”。新四军第五师还十分重视根据地的经济建设，尤其是农业生产。边区党委提出了“战争”“生产”、“生产”“战争”的口号，利用战斗间隙，积极帮助群众开展生产运动，兴修水利，围湖造田，开展各种各样的拥政爱民工作。仅在 1944 年 3 月至 5 月，部队就帮助群众挖塘、修渠、割麦、插秧等农活，计出工 2.7 万个。李先念和鄂豫边区党委还推广了安应县“千塘百坝”的经验，并亲去巡视，参加劳动，慰问民工。为支持“千塘百坝”运动，边区建设银行还专门拨款 300 万元作为安应地区的水利经费。为减轻人民群众负担，边区机关和部队开展了生产自给运动。李先念等领导人带头扛起锄头，一面帮助群众修筑堤坝，从事农田劳动，一面自己动手开荒种菜，以求自给。新四军第五师指战员十分注意遵守群众纪律，严格遵守“三大纪律，八项注意”。部队深夜行军，指导员为了不惊扰群众，常常在农民的屋檐下餐风宿露，有时住在群众家里，走时也必须做到安上门板，打扫卫生。新四军第五师依靠人民群众同甘共苦的艰苦奋斗精神，深深地感动了人民群众，使他们更加坚定地支持自己的子弟兵。为了解决部队的粮食问题，边区人民群众自觉开展“节约一把米运动”，宁可自己吃不饱，也要匀出粮食支援子弟兵。在 1942 年反敌顽夹击八个月的生死搏斗中，许多群众踊跃参战，支援新四军，在 7 月的陂安南战斗中，人民群众主动上战场抢救伤员，抬担架，把伤员送到医院，很多妇女送茶送饭到火线。战后，附近各乡群众热烈慰问部队，祝贺战斗胜利。

三、新四军第五师经验对当今的启示意义

历史是最好的教科书，以史为鉴，才能把握当下，面向未来。新四军第

五师辉煌的战斗历程和丰富的抗战经验，是我党我军的宝贵财富。追寻她走过的路，我们可以得到很多有益的启迪。

（一）必须毫不动摇地坚持和加强党的全面领导

中国共产党的领导地位，是在长期革命建设实践中形成的，是历史的选择、人民的选择。新四军第五师在险恶复杂的环境中立足生存，取得一个又一个伟大胜利，并迅速发展成为中原雄师，为抗战胜利作出了重要贡献。最根本的就是坚持党对各项工作的全面领导。第五师创建的党建经验，对于今天执政党的建设，仍具有重要的指导意义。党的十九大报告中指出："党政军民学，东西南北中，党是领导一切的。"坚持党的领导，是取得革命胜利和社会发展的基本前提和根本保证。这就需要加强党的全面领导，充分发挥党在社会发展过程中的领导作用。党的全面领导，对各级党组织和党员提出了更高的要求。当前，我国正处于"两个一百年"奋斗目标的历史交汇期，第一个百年奋斗目标胜利在望，正在续写全面建设社会主义现代化国家新的历史，向实现第二个百年奋斗目标进军。我们必须清醒地认识到，这个过程绝不会是轻轻松松，一帆风顺的，必然会遇到各种风险和挑战。要战胜风险和挑战，把握全局，定准方向，需要党与时俱进，提高领导能力和执政水平。要坚持党中央的权威和集中领导；要把党的政治建设摆在首位；要加强党的自身建设，严肃党内政治生活、整顿作风、反对腐败，只有这样才能把各方面力量凝聚起来，破除一切顽瘴痼疾，确保第二个百年奋斗目标的实现，为中华民族伟大复兴凝聚起磅礴力量。

（二）必须继续高举统战旗帜，做好新时代统战工作

习近平总书记指出，统一战线"有用、有大用、有不可或缺的作用"。新四军第五师和鄂豫边区是在抗日民族统一战线中创建和发展起来的，国民党顽固派始终未肯承认新四军第五师在中原敌后的合法地位，并一直把她看作眼中钉，妄图加以消灭。以李先念为代表的五师领导集体，高举抗日民族统战旗帜，把党关于统一战线的方针策略和原则，全面运用于武装斗争，不断

发展进步势力、争取中间势力、孤立顽固势力，巧妙利用敌顽矛盾，化敌为友，团结一切可以团结的力量，使部队不仅能在夹缝中生存，而且由小到大，滚雪球似的越滚越大，在困境中不断发展壮大。当前，世界正经历百年未有之大变局，以美国为首的霸权主义，正在像当年日本侵略者一样，用新的形式对我国进行封锁和“围剿”。同时，我国的社会主要矛盾、社会结构和利益格局正在发生深刻变化，新的社会阶层不断涌现，思想观念日益多样，改革发展稳定的任务依然艰巨繁重。肩负历史使命，实现新的目标，更加需要我们运用好统一战线这一重要法宝。最大限度地凝聚共识、凝聚人心、凝聚智慧、凝聚力量，最大限度地调动积极因素，激发创造活力，这是统战工作的时代使命，巩固和发展好新时代统一战线，使命光荣，责任重大。我们要切实提高对统一战线重要法宝的认识，发挥好统一战线的作用，万众一心，拧成一股绳，以必胜的信心、昂扬的斗志，扎实努力投身新的历史进程。

（三）必须抓住机遇谋发展

抓住机遇，坚持用发展的方法解决前进中的问题，是新四军第五师的成功经验，也是我国当前的社会发展必须坚持的。新四军第五师前身起始时，人枪少，没有一个成建制的红军连队做基础，在孤悬敌后、敌顽夹击的复杂斗争条件下，不仅独立地胜利地坚持在中原抗日前哨，而且一直在发展、发展、再发展，并创造了一个又一个奇迹，到抗战胜利时，新四军第五师发展到5万人，根据地面积达9万平方公里，被中共中央华中局誉为“发展第一”“独立工作第一”。五师经验证明，抓住了机遇就能赢得战略主动，乘势而上，迎来事业的大发展；抓不住或错失机遇，就不可能在艰险的三角斗争中，争得立足点，也不可能坚持长期斗争，更不可能迎接抗战胜利的到来。当前党中央提出的创新、协调、绿色、开放、共享的新发展理念，是对中国特色社会主义发展规律的新认识、新概括，也是当前抓住机遇，破解发展难题、增强发展动力的治本之基。我们要紧跟党中央的战略部署，立足新发展阶段，贯彻新发展理念，构建新发展格局，推动高质量发展。党的十九届五中全会深入分析了我国发展环境面临的深刻变化，认定当前和今后一个时期，“我国发展仍处于重要战略机遇期，但机遇和挑战都有新的发展变化”。要增强机遇意识，调动和运用好国内外形势变化带来的一切积极因素，抢占未来发展制高点，朝着全面建成社会主义现代化强国的宏伟目标不断前进。当前，我国经济发展迅速，经济总量位居世界第二，但也面临着错综复杂的国际环境带来的新矛盾新挑战，面临着我国社会主要矛盾的历史性变化带来的新特征新要求，还存在许多短板弱项，我们要充分认识抓住机遇和发展，是解决我国一切问题的基础和关键，坚定不移抓机遇、应变局，努力在危机中育先机，于变局中开新局。

（四）必须坚持人民至上，全心全意为人民谋幸福

我党自成立之日起，就把“人民”二字铭刻在心，把坚持人民利益高于一切鲜明地写在自己的旗帜上。新四军第五师始终高举抗日救亡大旗，把国家统一、民族独立、人民解放作为自己伟大而光荣的历史使命。英勇杀敌，不怕流血牺牲，紧紧地和人民群众站在一起，把关心群众为人民谋利益作为抗战工作的出发点和落脚点，为人民根本利益而斗争。第五师不仅英勇顽强抗击日伪军，有效地保护人民群众的生命财产，还自觉地帮助群众组建政权，开展生产运动，发展经济，建设家园，开展各种拥政爱民活动，为了民族振兴和人民幸福不惜牺牲生命。边区人民把自己的命运与新四军的命运紧紧地联系在一起，真心实意地爱戴、拥护和支持子弟兵，作出了无私的奉献。新四军第五师紧紧依靠人民，形成了军民团结抗战、鱼水交融的局面。日伪军进入根据地，就变成了“瞎子”“聋子”，陷入了人民战争的汪洋大海中。经验说明，紧紧地依靠人民，坚持人民至上，是取得事业胜利的最大底气。党的十九大提出了到本世纪中叶坚持和发展中国特色社会主义的基本方略，规划了实现中华民族伟大复兴的宏伟蓝图。我们要充分认识到，在实现宏伟目标的过程中，仍充满矛盾和斗争，有时甚至复杂严峻，要克服矛盾，夺取伟大胜利，必须坚持人民至上。只要紧紧依靠人民、不断造福人民，就没有克服

不了的困难，就没有过不了的坎，就没有完成不了的任务。回望新四军第五师在抗战的征程中，之所以历经挫折而不断奋起，历经磨难而淬火成钢，正是因为始终把人民作为“源”和“本”，深植于人民之中。为人民，不计成本，不计代价，这是我们党以人民为中心的根本立场。面向未来，在全面建设社会主义现代化国家新的征程中，我们要像新四军第五师那样，始终坚持以人民为中心，紧紧依靠群众，把党的群众路线贯穿到各项事业发展的全过程。要始终坚持全心全意为人民服务的根本宗旨，充分尊重群众的意愿，把实现好、维护好、发展好最广大人民群众的根本利益，作为出发点和落脚点，努力改善民生，增进人民福祉。要认真把当前存在的民生短板补齐，增加民生获得感。要克服形式主义、官僚主义、享乐主义和奢靡之风，以实际行动取信于民，让人民群众深切感受到党的伟大，紧紧地围绕在党的周围，齐心协力，推进我党各项事业的发展。

（五）必须坚持抓好干部队伍建设，培养高素质人才

新四军第五师在部队建设中，十分重视干部队伍建设，始终把选人用人提高到事关抗战胜利的战略高度来认识，并付诸实践。第五师“任人唯贤”，正确运用党的干部政策合理选派和使用干部，提出在选拔使用干部上必须严格按照执行党的路线、服从党的纪律、和群众有密切联系、有独立的工作能力、积极肯干、不谋私利等六条标准，确保了这支以农民为主要成分的干部队伍坚强有力，领导权始终掌握在共产党手中。第五师还十分重视干部的思想教育和作风整顿，开展了“战时整顿三风”运动，通过正风肃纪、反对腐败，克服了少部分人存在的游击习气、本位主义、狭隘自私、激烈斗争下的动摇等不良风气。第五师还重视干部的培养，充分发挥知识分子的作用，注意使用从实际斗争中锻炼成长的人才，造就了一支高素质的人才队伍，使他们更好地发挥聪明才智。“政治路线确定之后，干部就是决定因素。”回顾新四军第五师历史，借古鉴今，很具现实意义。我国现代化建设正处在一个新的历史起点上，新的形势和使命，对我们党的干部队伍建设提出了更高的要

求，没有一大批德才兼备、具有现代文化素养和科技水平的人才是完不成历史使命的。要加强对干部的思想政治教育，进一步增强党员干部的党性观念、公仆意识、敬业精神和廉洁品质。要坚持正确的选人用人导向，匡正选人用人风气。要拓宽选拔任用渠道，完善干部选拔、培养、考核和使用机制。要加强对干部的管理，强化制度监督约束，抓好干部队伍的清正廉洁，防止少数人滥用权力，保证干部队伍肌体健康。要加大干部培训力度，创新教育培训方式，着力培养一大批忠诚干净担当的高素质干部。要不拘一格，大胆提拔和使用高素质人才，牢固树立抓人才就是抓发展的理念，以求贤若渴的姿态、爱才惜才的真诚，把各类有用人才会聚到建设中国特色社会主义的伟大工程中。

综上所述，新四军第五师的抗战历程光辉灿烂，所留下的经验是我党我军的宝贵财富，对新时代建设中国特色社会主义、实现中华民族伟大复兴，仍然具有十分重要的启示意义。

同志们，今年是新四军第五师建军 80 周年，是中国共产党成立 100 周年，也是党史学习教育之年，我们在姚家山举行纪念新四军第五师建军 80 周年活动意义更加特殊。黄陂是一片具有光荣革命斗争传统的热土，特别是姚家山，在抗战时期，曾经多次成为新四军第五师的司政后机关，成为鄂豫边地区抗战的指挥中心，李先念、任质斌、陈少敏都在这里驻扎和战斗过。这里的人民群众把新四军作为自己的军队，把新四军干部战士当成自己的子弟兵，为保护和保障部队作出了巨大的奉献，被誉为“抗战第一村”。大小悟山等战斗，这里的群众主动上火线抢救伤员、慰问部队，有的就牺牲在战场上。这次来姚家山开展纪念活动，就是要重温这段历史，向姚家山人民学习，接受思想上的洗礼。目前全党正在掀起学习党史热潮，我们要按照习近平总书记在党史学习教育大会上提出的“全党同志要做到学史明理、学史增信、学史崇德、学史力行，学党史、悟思想、办实事、开新局”的要求，在各级党委和政府的领导下，不忘初心，牢记使命，砥砺前行，以实际行动向党的 100

周年诞辰献礼。

参考文献

1. 朱玉主编:《李先念传》(1909—1949),中央文献出版社 1999 年版

2. 鄂豫边区革命史编辑部编:《李先念年谱》,中央文献出版社 2011 年版

3. 鄂豫边区革命史编辑部编:《新四军第五师战争史稿》,湖北人民出版社 1989 年版

4. 鄂豫边区革命史编辑部编:《鄂豫边区抗日民主根据地史稿》,湖北人民出版社 1995 年版

科学运用三大法宝，不断壮大五师力量

孙少衡 *

新四军第五师建军已过去80年了，回顾总结五师发展壮大的历史经验，特别是统一战线、武装斗争、党的建设这三条重要经验，对于我们继承革命传统，结成和发展当今世界反霸国际统一战线，反对单边主义，维护世界和平；加强我军建设，反对外部势力插手台湾，保卫祖国；坚持党对军队的绝对领导，从思想上政治上建军强军，使我军永远立于不败之地，都是颇有裨益的。

一

建立和发展抗日民族统一战线，是取得抗战胜利的必然要求和可靠保证，也是战胜敌人的一大法宝和基本武器。1941年4月5日，五师建军后，根据当时所面临的形势，李先念在《率新四军第五师全体将领就职通电》中宣告："职统率万众，誓在陈代军长、刘政治委员领导下，坚持抗日民族统一战线方针……为解放中华民族而共同奋斗到底。"当时全师有1.5万余人，而屯驻在豫鄂边地区的国民党军队有40多万人。为了团结他们一致抗日，巩固和

---

* 孙少衡：湖北省人大监察与司法委员会原副主任委员，现任湖北省地方人大工作研究会副会长。

发展边区的抗日民族统一战线，五师领导详尽地分析了他们的政治态度，认为他们中有对我友好的抗日派，有坚决反共的顽固派，还有左右摇摆的中间派。即使是同一支部队，也随着形势的变化而发生政治态度的变化，其内部也存在着复杂的矛盾：正规军与地方军有矛盾；地方军中各实力派之间有矛盾；正规军中的中央军与川军、桂军、西北军更是矛盾重重。经过分析，五师采取的方针是："对于一切抗日友军，都要以最坦白、最诚恳、最亲切的态度去团结他们，帮助他们。"[①] 并在实践中有针对性地注意巩固与他们结成的抗日民族统一战线。对于川军，李先念认为："川军对国民党不满，反共不积极，不愿与我摩擦。"[②] 因此，五师必须团结川军。李师长还亲自去川军一二七师联络，并与其师长陈离成为好朋友。五师广大指战员也纷纷开展交友活动，利用各种关系，写信、张贴标语、散发传单、出版刊物和小册子等，宣传我党的抗日民族统一战线，积极争取西北军、川军、桂军合作抗日，友好相处。由于五师对川军不断地进行统战工作，五师从组建直至抗战胜利，川军与五师一直保持着较好的统战关系。

对于桂军，李先念专门写了《开展对桂军的统战工作》一文，指出："桂军是目前国民党军中最强大的军队之一，争取桂军与我们合作，对于争取全国时局好转、建立党在华中的军事据点、创造豫鄂边抗日根据地，有很大的作用。""必须加紧对桂军的宣传工作。""说明桂军与新四军的团结，是争取华中地区抗战胜利不可缺少的条件。" 由于五师对桂军开展了一系列的统战工作，因此，在五师组建初期，桂军能较好地与五师合作抗日。当国民党顽固派于 1943 年发起第三次反共高潮后，因桂军的许多将领存在着浓厚的地盘思想，顽固派将某些将领拉了过去，桂军开始同五师摩擦。对此李先念曾多次派人对桂军晓之以理，指出："过去的历史证明，桂军与我党合作的时期，也

① 选自《李先念文选》，人民出版社 1989 年版，第 21 页。

② 选自《李先念文选》，人民出版社 1989 年版，第 55 页。

就是桂军向前发展的时期；而这种合作破裂以后，桂军的发展也即停滞。因此，桂军不应该受别人挑拨，与新四军摩擦，以致两败俱伤，有害抗日大业。”[①] 同时，也教育五师指战员，必须保持与桂军的经常联络，尽可能地把我们所得到的各种日伪活动情报提供给他们。并不断派人去慰问他们，利用各种机会与之交谈，进而互相配合，协力打击日寇。由于一系列真诚的统战工作以及自卫斗争的胜利，使得抗战后期桂军与五师的摩擦大为减少。

由于五师成功的统战工作，使原西北军何基沣、张克侠部从五师组建之日起，就通过个人关系与五师保持秘密联系，并在人员、装备、经济等方面给过五师一些援助。他们在被迫执行国民党当局的反共命令时，能先来送信，并在阵前朝天放枪，以作敷衍。当然，团结也是互相的，当友军同日军作战时，五师也尽量给予帮助。如当日军大举进攻襄阳时，友军一二五师一个团被伪军刘文光部包围，五师部队急驰援救，敌围遂解。我军八字门野战医院，收容各部友军受伤官兵达 300 余名。

不少国民党地方武装在五师统战工作的影响下，愿意与我保持统战关系。国民党五战区独立大队戴焕章部，原是河南的地方武装，为在敌顽我之间求得生存，与我达成默契，约定我为其提供敌伪活动情报，他则为我购买弹药，双方长期保持了友好关系。

对于地方的开明绅士，以李先念为首的边区和五师领导对待他们总是光明磊落，真诚坦率。每到一地，李先念总要用一定的时间召集当地开明绅士开会，阐明共产党团结抗战的主张，与到会者共商抗战事宜，使不少绅士真诚地拥护抗日民族统一战线。在边区建立“三三制”政权的过程中，坚持做到以开明绅士为代表的中间派占三分之一，当共产党员在抗日民族统一战线政权中的人数超过三分之一时，哪怕只多一人，也必须重选，以确保中间派应占的席位。因此，在开创、建立和巩固豫鄂边区、打击日伪的艰苦斗争中，

① 选自《李先念文选》，人民出版社 1989 年版，第 16 页。

不少开明绅士做到了“有钱出钱、有力出力”，为民族抗战大业作出了贡献。在反顽斗争中，礼山县的四名著名绅士还冒着生命危险前往进攻大悟山的顽军团部，劝其团长悬崖勒马，停止进攻大悟山的新四军，直至被顽军以“通匪”罪名而扣押。

对于国民党广大官兵的家属，五师和边区政府一律将他们作为抗属对待。1942 年 12 月修正颁布的《豫鄂边区优待抗日军人家属条例》中规定的享受优待对象为:（一）现役抗日正规部队之军人家属。（二）过去参加民族解放事业已牺牲之军人家属。（三）现役地方抗日部队之军人家属。这就是说，只要是抗日军人，不论是八路军、新四军还是国民党部队，其家属均可享受优待。即使是国民党顽军家属，也没有受到歧视。据 1943 年 9 月 20 日《挺进报》载:“中秋节行署也组织了慰问抗属工作队，分赴各抗属（家）进行慰问。内有反共头子程树芬部家属，也同样受到优待。”

五师在同一切抗日友军团结合作的同时，对于破坏抗日民族统一战线、挑起反共摩擦的则给予了坚决回击。1943 年 4 月至 12 月，国民党顽固派驱使 12 个正规师、4 个保安团、11 个游击纵队和 5 个独立支队共 10 万余人的兵力对边区发动了持续的进攻。对此，李先念等清楚地认识到，必须坚决自卫，给予有力回击，才能巩固抗日民族统一战线。五师采取了正确的策略和战略，对于深入根据地的顽军，广泛开展游击战争，以疲惫其部，阻滞其进攻，然后以运动战相机歼灭坚决反共的顽军。为了阻止顽军向我安应中心地区前进，五师抓住有利时机，集中兵力，在白兆山地区发起了圣场战斗，歼灭了国民党之嫡系部队顽暂一师近两个营，毙伤俘顽营长以下官兵 700 余人，胜利粉碎了国民党顽固派发动的进攻。类似这种被迫进行的自卫反击战仅 1943 年就有 200 余次。五师在鄂豫边区进行的反顽斗争的经验，毛泽东主席曾做了充分肯定，认为“是绝对必要和绝对正确的”[①]。

① 选自《毛泽东选集》合订本，人民出版社 1968 年版，第 714 页。

五师领导指挥部队在进行反顽斗争中还十分讲究斗争策略，始终遵循“有理、有利、有节”原则。1942 年 8 月，国民党三十九军开抵鄂东，积极组织反共，企图配合保四旅向我在大小悟山的后方机关进攻。为了保卫大小悟山后方机关和根据地，李先念专门发出了《抗议国民党顽固派进攻大小悟山的通电》，通电义正词严，据实揭露了顽固派的罪行，以期义理有伸，从政治上反击顽固派的进攻。当顽军不听劝告，一意孤行，坚持摩擦、进攻我根据地时，五师即集中兵力，于 8 月 31 日晨，采取围点打援、迂回包围、穿插分割战术，向礼（山）北保四旅反击，全歼其旅部及第二、三团全部，生俘顽保四旅旅长蒋少瑗以下 3000 余人。保四旅第一团，原与五师有统战关系，在这次战斗打响之前，五师首长派人对其继续进行统战工作，使其在战斗中保持了中立，保证了这次反击战的顺利进行。战后，根据以斗争求团结和有理、有利、有节的原则，将蒋少瑗等宽待释放。这一次自卫反击战的胜利，使进攻罗礼经光、安麻等地之顽军闻讯震惊，纷纷北撤，罗礼经光、安麻边与礼孝陂抗日根据地得到了巩固。对此，新四军首长曾来电嘉奖。

五师反顽斗争的实践经验表明：对于顽固派的进攻，不敢反击，害怕摩擦，犯右倾机会主义错误，抗日民族统一战线就不能坚持，就会破裂；但是，如果摩擦超过了限度，忘记了主要矛盾是民族矛盾，一味反顽，就会分裂抗日民族统一战线，犯“左”倾关门主义的错误。当反顽斗争取得一定胜利后，就应当主动去做团结工作，以维护抗日民族统一战线的局面。

五师在开展抗日民族统一战线的过程中，还始终注意坚持统一战线中的独立自主原则。五师的实践证明：只有坚持独立自主的原则，共产党才能向敌后发展；也只有大胆深入敌后，才能真正使新四军坚持独立自主；舍此只能被国民党捆住手脚，只能成为他人囊中之物，从而根本谈不上巩固和发展抗日民族统一战线了。

正是由于李先念领导的五师在边区进行统战工作中坚定不移地实施了独立自主、独树一帜的战略决策，同时注意团结各方抗日力量，并区别不同情况，运用不同方式进行争取和斗争，从而便拆散了反共顽固派拼凑的反共投降的战线，使豫鄂边地区的抗日民族统一战线不断得以巩固和发展。

二

武装斗争是我军在抗日战争中克敌制胜的又一法宝和基本武器。五师斗争的实践经验证明：转战敌后抗日战场的人民武装，只有紧紧抓住主要矛盾——民族矛盾，痛击敌伪，用不断的反侵略战斗的胜利来鼓舞各阶层抗日民众，才能不断发展和壮大自己，并最终取得整个抗战的胜利。

早在1938年11月，当李先念率队离开延安时，刘少奇代表党中央高瞻远瞩地指出："要抓武装，第二也是要抓武装，第三还是要抓武装。"[①]1939年，毛泽东特别告诫全党："在中国，离开了武装斗争，就没有无产阶级的地位，就没有人民的地位，就没有共产党的地位，就没有革命的胜利。"[②]因此，李先念从一开始就非常重视在边区发展人民武装力量。

五师组建后，立即以无比英勇的战斗姿态，一面以机动灵活的战略战术，在襄河两岸、平汉路两侧，跳跃回旋，保卫根据地；一面敏锐地捕捉战机，痛击敌伪，并大力向敌后发展，开辟新的根据地。1941年至1943年，五师在斗争极端复杂和极端艰苦的中原敌后战场，连续发起了以实现战略包围武汉为目的的攻势作战。其中1941年6月，五师主力一部，在地方党组织和游击队的配合下，成功开辟了汉（阳）孝（感）(黄）陂抗日游击根据地；8月8日，胜利地袭入了孝感城；把抗日游击战争的烈火，燃向了武汉北郊。当年底发动了三打汉阳侏儒山战役，连续对敌作战14次，歼灭和击溃伪军两个师，俘伪军950余人；同时还打退了日军7次增援，毙伤其200余人。此战声震江汉，威迫日军在武汉戒严三天，开创了南扼长江、东逼武汉的川（汉

---

① 选自《李先念年谱》(第一卷)，中央文献出版社2011年版，第212页。

② 选自《毛泽东选集》合订本，人民出版社1968年版，第573页。

川）汉（阳）沔（阳）抗日根据地，从西面直接震撼了日军“屯驻部队”和“作战的策源地”——武汉，有力配合了正面战场上国民党军队第三次保卫长沙的作战。由于五师组建后一连串对敌作战的胜利，迫使日军不敢以小部队离开据点活动。对于日伪的“扫荡”，五师分析特点，掌握了规律，采取了有针对性的作战方针。对于大股日军的“扫荡”，五师避其锋芒，化整为零，分散游击，以削弱敌军优势。对于小股日军，五师则化零为整，集中兵力，消灭敌人。李先念于 1942 年底写的《日寇“扫荡”之战术及我反“扫荡”之经验》一文，精辟总结了五师进行反“扫荡”的经验。

当日军于 1942 年为了打通浙赣线、发起湘赣战役时，李先念在正确分析当时五师所面临的形势后指出：鄂南大有出息。并派主力一部跨越长江天堑，挺进鄂南敌后，创立了鄂南游击根据地，从南线威胁着盘踞武汉的日军，同时也扩大了五师回旋的地区。

1943 年 5 月，当襄河南岸大片国土沦陷后，五师以一个旅的兵力进军襄南敌后，迅猛地开展河湖港汊的游击战争，在洪湖老区人民的热情支持下，大力歼灭日伪军，胜利开辟了襄南敌后抗日根据地。11 月，转战襄南的五师部队，又组成江南挺进支队，跨过长江，向敌人后背出击，配合正面战场友军作战，并在公安、石首、华容等地方党组织领导的抗日游击队的有力支持和配合下，转战洞庭湖滨，开辟了以桃花山为中心的抗日根据地。到 1943 年底，五师在中原敌后战场的战略布局上，胜利地形成了对武汉全方位的战略包围态势，并置宜昌之敌于我、友的夹击之中。在较长时间里，“平均每三日即与敌搏斗一次”①。对此，陈毅军长曾称赞说：“我五师李先念部活动于武汉重镇之外围及平汉路之两侧，北则肩摩皖豫，南则襟带江汉，远出挺进，艰苦辛勤，独立支撑战局。”②

---

① 选自《李先念文选》，人民出版社 1989 年版，第 6 页。

② 选自陈毅：《新四军在华中》，1943 年 7 月 5 日。

五师在边区进行武装斗争的基本形式和特点是:“扫荡”反“扫荡”、围攻反围攻。而具体表现在战场上，常常出现在日军“扫荡”的同时，顽军在背面或侧面趁机骚扰；顽军围攻的时候，日军配合“扫荡”。面对敌顽夹击，五师采取了灵活的攻守策略和战略，在反敌顽夹击的战场上，出现了“背敌面顽以对顽，背顽面敌以对敌”的奇观。正确估计敌顽我三方的形势，从敌顽矛盾中趁机活动，加强自己。第一时间要善于正确了解敌顽企图，抓住主要一面，不要两面进攻，从而使自己枪法散乱。全局是敌顽夹击的形势，而具体战局始终只有一面战争。“这是应付敌顽夹击的经验，最标本的是五师的例子。”

三

不断加强部队中党的建设，坚持党对军队的绝对领导，从思想上、政治上加强军队建设，是五师发展自己、战胜敌人的又一法宝。

人无魂不立，军无魂不强。魂固方能神聚，有灵魂才能有目标、有力量。人民军队与一切旧军队的根本区别，就在于我们的军队是有灵魂的，这个灵魂就是党的领导和马克思列宁主义的指导。

五师组建时就建立健全了各级党组织，保证党对军队的绝对领导。师、旅、团、营有党委，分别由政治委员和教导员任党委书记，李先念兼任师政委。连有支部，由指导员任支部书记。

1941 年 6 月，五师召开了全师政治工作会议，讨论巩固部队的政治工作问题，提出了善于巩固部队的七项要求，即在党的统一领导下，执行党的政策；高度的政治觉悟与胜利信心；思想意识的正确；内部的团结统一；具备高度的战斗力；克服非战斗减员，主要是克服逃亡；清除奸细活动。十分明确地把巩固部队的问题，提高到加强部队的正规化建设的高度。从 1941 年五师建军到 1945 年 10 月组建中原军区，五师创造性地在部队中开展了政治工作，切实增强广大党员的党性，有力地提高了部队的战斗力，其做法突出表现在以下两个方面：一方面是努力把党支部建成连队的战斗堡垒。五师党委有针对性地明确规定了连队党支部的八项任务：（一）直接进行部队中一切党的工作；（二）切实执行上级党组织的一切训令和指示；（三）提高支部全体党员的政治认识和文化水平；（四）建立与非党群众的密切联系，并有系统地用各种具体方法巩固党在全体军人中的领导作用；（五）在青年队员中进行工作；（六）吸收新党员，并转候补党员为正式党员；（七）帮助部队中的军事及政治工作人员，教育战斗员，提高部队中的政治情绪，并领导指挥员、战斗员参加地方群众工作；（八）用一切方法巩固全连军人的纪律。这样，把连队支部工作提到了全师党的工作重要日程，并使这一工作有了具体准则。

为了使党支部成为连队战斗堡垒，师党委专门成立了党务委员会，并明确规定了各支部党员的数量、质量增减、教育，支部和党员的日常工作及其作用和经验，一切党员的发展、处分等，都要直接向师党务委员会报告。师、旅、团三级先后建立了连队研究委员会，抓好以支部建设为重点的连队工作。师党委号召团以上机关干部到连队去，加强对连队支部的领导和帮助，各团的政治股长和教导员还定期下连队代理支部书记，适时开展创造模范党支部的活动。

五师各连队党支部坚决按照支部工作的“八项任务”的规定，结合本连队支部工作的实际，加强了对党员的思想教育。各支部普遍建立了党课制度，并在党课中加强了马克思列宁主义的基本理论、党的基础知识的教育，以增强党员的共产主义信念。边区党委警卫团四连党支部围绕宣讲共产主义理想这一党课，反复宣讲了 13 遍。一名党员听后，深情地说：“老百姓认为，娶妻生子是百年好事；那么，实现共产主义更是千万年的好事。”针对五师党员的成分大多来自农民和其他小资产阶级的特点，各支部在思想建设方面还“万分耐心”地引导党员逐步清除头脑里的各种非无产阶级思想意识，“毫不例外”地进行了一番自我思想改造，以增强无产阶级的思想意识。师党委及时总结了党员思想改造的“三个紧密相连”的途径，即领导党员参加革命斗争的锻炼，加强自我修养，加强党内教育与批评。在各支部广泛推广后，党员的思想改造更加自觉了。

充分发挥广大党员的先锋模范作用，是党支部发挥战斗堡垒的关键。各连队党支部严格要求支部中的每个党员，努力成为军中“英勇作战的模范，执行命令的模范，遵守纪律的模范，政治工作的模范和内部团结统一的模范”。1941 年《八路军军政杂志》第三期所刊载的李先念撰写的文章，在剖析边区抗日游击战争之所以能取得各项成绩时，就赞扬了这“是我们豫鄂边区全体党员和全体指战员团结努力、艰苦奋斗、英勇作战的结果”，并在引用许多优秀的指战员英勇牺牲的数字时，特别突出提到了“战士牺牲者 70% 为共产党员”。五师《挺进》杂志第 10 期在一篇总结做教导员工作经验的文章中反映了同一连队前后两次战斗的对比：这个连攻打魏家河敌人据点时，党员在打响后没有带头冲锋，战斗未达到预期目的。还是这个连队，在两个月后的团山战斗中，却英勇顽强地抵住了 1000 多名敌人的进攻，“支部书记找着田角，带着两个战士，瞄准射击，誓死不退。连长身先士卒，稳定战场”，“并且于子弹打光后还英勇出击”。这类总结赞扬和典型对比，成为五师各级党组织，特别是各连队党支部所运用的生动教材，又化为新的力量，激励和推动着广大党员进一步发挥先锋模范作用。

另外则是开展强有力的政治思想教育工作。五师建军后，进一步从组织上、制度上以及内容和形式上不断健全和完善政治思想教育工作。五师政治工作会议明确提出了巩固部队、提高战斗力的七项具体要求，并特别强调政治思想教育工作，把教育广大指战员有高度的民族觉悟和阶级觉悟，有政治理论、文化知识水平，有不屈不挠、牺牲奋斗精神，有坚定的胜利信心等作为中心任务来完成好。在这一精神的指导下，五师政治思想教育工作在斗争中得到不断发展和完善，逐步形成了自己的特色。

一是加强对指战员忠实于民族解放事业的教育。在抗战教育中，五师始终坚持以民族解放教育为主，常抓不懈。师政治部将“抗战问题”“民族问题”“阶级关系”“抗战必胜”等作为新兵入伍和部队战士系统教育的内容。在部队常规性政治教材《政治一百课》中，第一部分就是灌输抗日救国思想，课文从日本侵略中国的历史讲起，讲到抗战的性质，党的统战政策，抗战的持久性、艰苦性和抗战必胜的原因。在抗日军政大学第十分校及各种教导队、训练班中，都开设了“帝国主义与中国”“世界两大阵营的斗争和法西斯阵线的末日”“日寇的危机和对华新政策”“大后方人民生活的痛苦”等内容的政治课。此外，各级政工部门还利用“七七”“九一八”等抗战纪念日，宣讲抗战形势和党的抗日民族统一战线政策以及抗战必胜的道理。通过这些教育，提高了广大指战员的民族觉悟，认清了中国抗日战争乃至世界反法西斯战争的形势和前途，激发了爱国热情，增强了必胜的信心。

二是加强对广大指战员的阶级教育。教育内容设有“国民党的两面政策”“蒋介石与法西斯”“中国共产党是人民的救星”等。通过教育，使广大指战员提高了阶级觉悟，加深了对国民党顽固派及蒋介石反动本质的认识，懂得了只有共产党才能救中国的道理，增强了打退顽军反共高潮及反共摩擦的决心和勇气。

三是加强革命理想教育。为了使广大指战员摆脱农民小生产的狭隘目光，不断克服各种非无产阶级意识，树立远大的革命理想，确立全心全意为人民服务的思想，五师在部队中加强了这一教育。1942 年 11 月，正值敌人向我发动万人“大扫荡”前夕，五师召开全师庆祝十月革命胜利 25 周年大会，师政治部主任任质斌利用这一机会，在大会上号召指战员“记住我们的任务”：“不仅要打败日本帝国主义，争取民族解放，而且要领导全国民众争取社会的解放。”他强调：“今天还是抗日这个事情，但同时也就是在今天我们还绝对不能忘记这个伟大任务：抗战成功还不等于革命工作全部胜利或全部完成！”五师各级党组织和各级领导干部就是这样在敌伪顽军夹击空前严重的环境里，教育部队立足抗战、面向未来，树立远大的革命理想，牢记无产阶级解放人民、解放全人类的历史使命。

四是加强革命纪律教育。五师把这一教育看成是提高部队战斗力、保证部队团结统一、步调一致的有力武器。随着部队的扩大和成分的复杂化，五师不断加强了对干部战士的纪律教育。1942 年，师政治部发出《严格群众纪律，改善军民关系》的训令，明确要求广大指战员加强纪律意识；部队要有计划地经常督促检查并加强群众纪律教育，尤其是对杂务人员和新兵俘虏的教育；发动检讨过去破坏纪律的事实，剖析其不良影响；选择适当时期，组织群众突击周，营造遵守纪律的热潮，每个战士要学唱纪律歌，对经常违反纪律的人开展批评斗争会，对违犯纪律严重者予以制裁；各连队组织纪律检查组，经常检查；以团为单位，开展纪律竞赛活动等。李先念在《严正军风》的讲话中，特别强调“反对无组织无纪律，反对游击习气”，并指出这“是军队战胜敌人的重要保证，也是建设革命化军队的起码条件”。

五是加强党的政策教育。为了把部队造就成“执行党的政策的工具”，五师非常重视培养广大指战员的政策观念，努力加强这方面的教育。1942 年至 1943 年，师政治部将什么是党的政策、土地政策、军事政策、瓦解敌伪军、团结友军、锄奸政策、没收条例、纪律条例、干部政策等九个问题，作为重点列入政治教育课程计划之中。李先念等领导还多次强调政策教育的重要性，要求用党的政策去发动群众，巩固部队。

六是开展文化教育。这是针对部队中农民比例大、文化水平低的特点，为提高部队政治、军事素质而狠抓的一项基础性工作。师政治部编发了入伍教材、工农干部文化政治读本、青年教材、战士识字课本及自然、算术等读本，供干部战士学习。1942 年，新四军政治部曾肯定五师“对一般干部与战士的文化教育进行得较有成绩”。此后，五师政治部又于 1943 年再次发布《关于发动全师文化学习运动的问题》的训令，强调“各部应把文化学习当作当前全师重要建设之一，当作全师政治工作的中心任务之一”，从而把五师文化学习运动推向高潮。

五师开展的一系列有针对性的教育，极大地提高了广大指战员的思想觉悟和政治、文化素质，使五师如虎添翼，取得了一个接一个的胜利。

由于五师科学地运用了上述克敌制胜的三大法宝，使得五师不断发展壮大。到 1945 年 8 月抗日战争胜利时，五师已发展到拥有 5 万余人的正规军和 30 万民兵的武装力量。正是由于有了自己强大的武装力量和对敌斗争的一系列胜利，五师才能在敌顽我“三角斗争”十分激烈的武汉外围敌后，依靠群众，巩固和扩大抗日民族统一战线，从而开创出东起皖西之宿松、太湖及赣北之彭泽，西至鄂西之宜昌，北到豫中之叶县、舞阳，南达湘北之幕阜山和洞庭湖畔这样一个纵横 9 万多平方公里的土地和拥有 1300 多万人民的解放区，区内建立了 8 个专区和 11 个中心县、66 个党政军组织齐全的县级政权，为赢得中国抗日战争和世界反法西斯战争胜利作出了重大贡献。

为了永恒的纪念
——新四军第五师成立80周年记

裴再文*

棵棵青松铭历史，巍巍丰碑传精神。大悟山下，有一个秀丽的小山村叫白果树湾。正是在这里，鄂豫边区的领导人李先念、郑位三、任质斌、陈少敏等围着桌子，一起思考、讨论、决策。一道道电波划破长空，一个个命令传至前线。新四军第五师在华中大地纵横驰骋，越战越强，从186人发展成为5万雄师，白果树湾成为华中的抗日指挥中心，威名远扬，令敌人畏惧、群众向往。

新四军第五师，是抗日战争转入相持阶段的关键时刻，在鄂豫边敌后成长、壮大起来的一支英雄的人民军队。在长期处于孤悬敌后、敌强我弱、敌顽夹击的险恶环境里，五师从无到有、从小到大，成为中原敌后抗战的中流砥柱，最终赢得抗战的伟大胜利。

一、筚路蓝缕，以启山林

1941年1月20日，中共中央军委发布重建新四军军部的命令。命令以华中总指挥部为基础，重建新四军军部。根据中央命令，将活动于陇海路以南的八路军、新四军部队统一整编为七个师和一个独立旅。其中，以李先念率

* 裴再文：湖北省孝感市史志研究中心老干科科长。

领的豫鄂挺进纵队编为第五师，李先念为第五师师长兼政治委员。新四军豫鄂挺进纵队接到中央军委命令后，立即在战斗中着手进行整编工作。1941年4月5日，新四军第五师全部组建完毕，李先念等全体将领在安陆白兆山彭家祠堂通电就职，师部下辖三个正规旅（第十三、十四、十五旅）、两个地方游击纵队（第一、二纵队）和边区党委警卫团。

新四军第五师为中华民族抗战胜利作出了不可磨灭的贡献。孝感作为五师重要的活动阵地，与五师一同见证了那段烽火连天的峥嵘岁月。新四军第五师与孝感人民鱼水相依，在这块红色土地上书写了历史上的辉煌一页。

二、艰难困苦，玉汝于成

新四军转战南方八省，汇成一道抗日的铁流，在华中抗战史上具有十分重要的历史地位，也为坚持全国抗战作出了巨大的历史贡献。

“光荣北伐武昌城下，血染着我们的姓名……”每当我们高唱起这支雄浑、豪迈的《新四军军歌》，就会联想到获得铁军美誉的国民革命军第四军。坚定铁的信念，执行铁的纪律，保持铁的团结，磨砺铁的意志，树立铁的作风，铁军精神，内容丰富，在全国抗战时期升华为伟大的爱国主义精神。

新四军第五师，是抗日战争时期战斗在豫鄂皖湘赣边地区的一支英雄的人民军队，是经受了历史考验的一支不可战胜的抗日力量。它与边区的千百万人民一起，浴血奋战，保家卫国，为取得中华民族抗日战争的伟大胜利作出了卓越贡献。

新四军第五师以孝感为基地，开辟了天（门）汉（川）、襄西、鄂东、豫南等抗日根据地，并继续向外围广大地区推进。抗日战争时期，新四军第五师在师长李先念率领下，克服长期孤悬敌后、遭遇日军和国民党顽固派夹击等种种困难，坚持敌后抗日游击战争。至1945年，创建了地跨鄂、豫、皖、湘、赣五省的抗日民主根据地，总面积达30万平方公里，自身队伍发展到5万余人。

截至日本投降时，对敌伪军的主要战斗达1260余次，抗击了15万日军和8万多伪军，歼灭日伪军4.3万余人。对顽军的自卫作战870余次。创建了跨越鄂、豫、皖、湘、赣五省交界地区74个县境的边区根据地，解放了9万多平方公里的土地和1300余万人口，建立了7个专署和38个县级民主政权。抗战胜利后，新四军第五师与八路军三五九旅南下支队、河南（嵩岳）军区部队及冀鲁豫军区第八团合编，成立了拥有兵力6万余人的中共中央中原局和中原军区，为我军做好抗击蒋介石的全面内战赢得了宝贵时间。完成战略坚持任务后，又以宣化店（今属大悟县）为新的起点，进行震惊中外的中原突围。中原突围胜利完成了战略转移任务，保存了力量，牵制了国民党军大量兵力，从战略上有力地策应了其他解放区部队的作战，揭开了全国解放战争的序幕。

三、英雄城市，孝感动天

孝感是红色英雄之城，中原突围打响解放战争第一枪，革命战争年代里，无数优秀儿女喋血沙场，走出了刘华清、徐海东、刘震、聂凤智等50位开国将军。孝感市为中国革命作出了重要贡献，特别是成为新四军第五师的诞生地和根据地。

一是财源基地。应城矿区有丰富的膏盐资源，是财源的重点。从1940年2月起，每月募捐由4.5万元增加到8.5万元，后来增加到12.5万元。孝感有四通八达的水陆交通要道，是商业流通、设卡收税、广聚财源的理想之地。如汉（川、阳）孝（感）(黄）陂的姑嫂树（现武汉郊区）设卡，税收较丰，有小银行之称。孝感人民踊跃缴纳田赋公粮，保障了五师的后勤供给。五师开展大生产运动的第一年，孝感、安陆、应城等县就向部队供给了60万石粮食，9000万元经费。

二是兵源基地。五师的前身——豫鄂挺进支队下辖的七个团队、一个总队和两个大队中，就有四个团队、一个总队的大部或全部是由孝感各地抗日武装整编的。其中，应城抗日游击大队（简称“应抗”）作为新四军第五师的组成部分，于1939年4月30日在陶铸的率领下，进行了夜袭云梦城的战斗，在鄂中创造了首次攻占日伪控制下县城的战例。

三是后勤基地。豫鄂边区党委和五师的许多后勤单位长期驻在孝感，如鄂豫挺进纵队后勤部被服厂建在安陆县桑树店的柏树黄，敌后医院设在安陆县的高家寨，《挺进报》《七七报》印刷厂设在安陆县的励家店和陈家店。

四是指挥中心。新四军第五师在安陆的白兆山组建完毕后不久，就将五师司令部和豫鄂边区党委领导机关迁至礼山县（今大悟县）的白果树湾，直至日本投降。抗战胜利后，由新四军第五师等部队组建的中共中央中原局和中原军区，也将司令部移驻礼山县的宣化店，直至中原突围。孝感成为新四军第五师重要的指挥中心。

四、名垂青史，光照日月

今年是新四军第五师建军80周年，我们开展隆重的纪念活动，是为了回顾历史，缅怀先烈，教导后人，建设祖国。大悟山白果树湾是新四军第五师司令部旧址，位于湖北省大悟县城东南18公里白果树湾，是国务院1996年11月公布的全国文物重点保护单位，村内新建成的新四军第五师司令部旧址是全国百家红色旅游经典景区之一。新四军第五师纪念馆采用声光电的现代展陈方式，把新五师抗战史制成互动片，使游人仿佛置身于当年金戈铁马的战场之中。纪念馆旁边的红色旧址群也修缮一新，白果树、石磨、辣椒串、门上对联、木雕等洋溢着浓厚的革命年代色彩。

我们要保护好革命遗址，传承好革命精神，努力做新时代坚强有力的接班人。

新四军第五师与国民党军队抗日游击战之比较

刘宗武*

全民族抗日战争时期，新四军第五师在湖北敌后开展抗日游击战的同时，国民党军队也曾在鄂东大别山南地区、鄂南山区及鄂中沔阳、监利等水网地带开展过敌后抗日游击战。新四军第五师与国民党军队湖北敌后抗日游击战相比，有哪些特点，其作用如何？本文对此问题做一比较分析。

一

新四军第五师在湖北敌后开展的抗日游击战，是在没有连以上成建制的主力部队做基础，完全在充分发动广大人民群众、武装人民群众的基础上发展起来进行的，而国民党军队的敌后抗日游击战则是没有民众参加、单纯依靠国民党正规军队进行的。

1937年卢沟桥事变后，为了挽救民族危亡，原在鄂豫皖边、湘鄂赣边及鄂豫边地区的红军游击队，在武汉沦陷前大都改编成新四军主力部队东进抗日了，没有留下连以上成建制的部队。1939年1月，受中共中央中原局委派，李先念等人率领160余名干部战士组成的新四军豫鄂独立游击大队，从河南竹沟南下向武汉外围敌后挺进，从此点燃了新四军在湖北敌后抗日游击战的

* 刘宗武：华中师范大学教授，湖北省新四军研究会副会长。

烽火。

李先念等率部南下湖北后，将各地共产党组织的小股抗日民众武装会集起来，以滚雪球的方式发展，仅用了一年多的时间，就建立起一支拥有万余人的骨干武装——新四军豫鄂挺进纵队，开创了湖北敌后抗战的崭新局面。1941 年皖南事变后，豫鄂挺进纵队被中央军委整编成新四军第五师。新四军第五师建立后，在敌伪顽军夹击的严峻形势下，充分发动人民群众，紧密依靠人民群众，武装人民群众，开展了灵活机动的抗日游击战，英勇地抗击日本侵略者。据统计，在武汉沦陷后的七年中，新四军第五师和湖北敌后根据地军民对日伪作战的主要战斗达 1262 次，毙伤俘敌伪军和敌伪军投诚反正的共 4.37 万人。新四军第五师在湖北敌后开展抗日游击战取得的辉煌业绩充分说明，抗日游击战争只有充分发动人民群众、武装人民群众，才能发挥其强大的威力。

与新四军第五师没有连以上成建制的正规部队做基础不同，国民党军队在湖北敌后开展的抗日游击战，则是单纯依靠国民党正规部队作战，没有发动民众、武装民众，没有与共产党领导的人民战争相配合。鄂东大别山南敌后抗日游击战的开展，主要是依靠国民党第二十一集团军第七军、第四十八军、第三十九军等三个正规军进行，虽然也有国民党鄂东挺进军程汝怀部等地方部队，但他们基本不抗日，只与共产党领导的人民抗日武装搞摩擦。为了反共和消灭人民抗日武装，保存自己的实力，他们甚至有时与日伪军勾结在一起，杀害游击区人民群众。

鄂南敌后游击区的对日游击战，主要是依靠国民党第二十军、第九十二军和湘鄂赣边区游击总队第一游击纵队。第二十军和第九十二军是国民党第九战区司令长官兼湖北省政府主席陈诚统辖的蒋介石嫡系部队，他们虽然在鄂南敌后游击区对日游击作战，但始终站在蒋介石集团的立场一边，不愿与共产党合作，发动民众、武装民众起来抗战。更有甚者，在共产党发动的人民群众起来进行抗日游击战时，他们则进行排斥与打击，制造了一系列反共摩擦事件。

在鄂中沔阳、监利等水网地带开展抗日游击战的主要是王劲哉统领的国民党军第一二八师，属第五战区江防司令部统辖。王劲哉部虽曾与新四军豫鄂挺进纵队达成过各守防区、互通情报、共同对敌的协议，与新四军第五师建立过统战关系，但也多次制造过反共摩擦事件。由于王劲哉所部军阀作风极为严重，经常发生毒打民工事件和杀人冤案，导致当地军民关系甚为紧张，根本不可能发动民众、武装民众起来进行抗日游击战。

正因为国民党军队湖北敌后抗日游击战单纯依靠国民党军队进行，没有发动和武装民众，没有与共产党领导的人民战争相配合，因而没有取得辉煌的抗战业绩。

二

新四军第五师在湖北敌后开展的抗日游击战，是在不断建立、巩固、发展抗日根据地和抗日民主政权的斗争中，积极防御作战，主动抗击日军，而国民党军队则主要是采取被动防御作战，缺乏主动抗击日军的行动，没有建立抗日根据地，更没有建立抗日民主政权。

新四军第五师在湖北敌后开展抗日游击战，多是主动抗击日军的行动。1939 年 2 月下旬，李先念率新四军豫鄂独立游击大队南下湖北到达余家店附近。27 日，日军百余人及伪军数十人从应山县城出发，分路“扫荡”来到余家店。驻在余家店附近的国民党桂军一个营和国民党应山县抗敌自卫团不战而逃。在这种情况下，新四军独立游击大队迅速展开，奋力抗击。经几小时激战，打死打伤敌伪军 20 多人，余敌溃退。余家店战斗是新四军独立游击大队南下湖北后对入侵日军的首次进攻作战，此后这种主动进攻作战的行动越来越多，规模也越来越大，抗日根据地便在各地陆续建立起来。随着新四军敌后抗日游击战的发展和根据地的建立与扩大，1940 年 3 月，豫鄂边区抗日民主政权的雏形——宪政促进会在京山丁家冲成立，作为过渡期的边区政权领导机关，担负起指导和协调边区各县的抗日工作，并帮助边区各县开展抗日民主政权建设。

1940年5月枣宜会战期间，新四军挺进纵队各部在当地民众的大力支持下，先后主动袭击了黄陂、随县、孝感、安陆、应山、应城、京山及礼山各县境内的敌伪据点20余处，破坏小河镇至夏店、花园至东阳岗、花园至应山、安陆至巡店等公路100余里，并割获电线万余斤，使敌伪的交通和通信设施一度陷于中断。这年9月，豫鄂边区第一次军政代表大会在京山八字门召开，选举产生了边区军政联合办事处。1941年4月，在京山向家冲召开的边区第二次军政代表大会，成立了豫鄂边区行政公署。豫鄂边区行政公署的成立，标志着边区抗日民主政权的正式建立。抗日民主政权建立的意义在于通过各级抗日民主政权及各级救国团体，共产党的组织进入边区乡村社会，将广大农民纳入党的组织和管理之中，并把他们中的绝大多数团结与组织起来，形成共同的抗日思想观念和一致的抗日行动，形成抗战伟力之深厚的根源。这也是新四军第五师开展敌后抗日游击战最重要的意义所在。

豫鄂边区抗日民主政权建立后，新四军第五师在湖北敌后采取灵活机动的战略战术开展抗日游击战，更加主动地打击日伪军，使根据地不断得到巩固与发展。1941年夏，新四军第五师在反“扫荡”的斗争中，主动出击日军，以伏击战打击运动之敌，以游击战袭扰驻防之敌，围困敌据点，向武汉北郊逼近，开辟了汉孝陂抗日游击根据地。9月，新四军第五师抓住日军从武汉抽兵进攻长沙，武汉外围各据点守备减弱的有利战机，进行战略展开，南下（汉）川汉（阳）沔（阳），发起侏儒山战役，同时派兵东进鄂皖边，在地域上从东、西两面构成对武汉之敌的战略包围态势。1942年4月下旬至12月中，在粉碎敌伪顽军夹击的斗争中，新四军第五师更是主动出击日军。5月，派十四旅横渡长江，挺进鄂南抗敌，建立了咸（宁）崇（阳）蒲（圻）根据地。7月，鉴于新四军第五师在武汉外围独立坚持抗日游击战，与军部联系困难，中共中央决定五师由中央军委直接指挥。1943年3月，新四军第五师第三军分区和第十五旅进军襄南，在河湖港汊地区开展抗日游击战，建立了襄南敌后抗日游击根据地。11 月，第三军分区江南挺进支队和四十五团渡江南下，挺进江南敌后抗击日伪军，开辟了石（首）公（安）华（容）根据地。

国民党军队在湖北敌后抗日游击战则多是被动防御作战，少有主动抗击日军的大规模行动，没有建立抗日根据地，更没有建立抗日民主政权。1940 年夏，日军派重兵进攻东荆河南岸国民党军一二八师的军事要地陶家坝、崔家横堤。6 月 7 日，王劲哉亲临前线指挥部队阻击，经两天两夜战斗，将敌击退。1941 年 1 月，日军进攻一二八师的另一军事要地施家港。一二八师奋勇抵抗，施家港失而复得。7 月上旬，日军再次向施家港发动猛烈攻击。王劲哉指挥两个精锐团与日军奋战七昼夜，日军不支，狼狈逃走。1942 年 7 月，日军第三次进攻施家港，一二八师采取首尾夹击战术，打退了敌军。1942 年 5 月初，日军第 11 军第 58 师团发动“沔阳作战”，王劲哉率部抗击，经几天激战，收复了峰口。在此期间，虽然一二八师在师部驻地峰口成立过沔阳县兴革委员会，但远非抗日民主政权，而是邀请士绅参加，建议和讨论地方各项兴利除弊之事的机构，没有起到抗日民主政权的作用。

鄂南和大别山南地区的敌后抗日游击战也多是如此。在鄂南山区，1939 年 3 月日军向通山大规模进犯，国民党军第二十军进行通山保卫战。4 月 16 日，第二十军袭击了驻通山、咸宁、汀泗桥的敌军，并破坏通山至崇阳的公路，占据了有利态势。1940 年 12 月 13 日，通城日军进犯堆山、大嶂山一带，国民党军第一四〇师第八三五团与日军进行殊死奋战，日军仓皇退回通城。18 日，日军一部 400 余人由赛公桥进犯石壁寺，另一部 300 余人由铁柱港进犯石壁寺西北面，两路并进，气势汹汹。第一四〇师从侧路抄袭，与日军展开激烈的战斗，消灭了大量日军。在鄂东大别山南地区，虽然国民党军在麻城等地分设过若干游击根据地，但没有建立起抗日民主政权，也大多是被动防御作战。1942 年 12 月 18 日，日军调集四个师团的兵力，采取分进合击战术，大举“扫荡”、围攻大别山游击区。李品仙率第三十九军、第四十八军及第二、第十六、第十七游击纵队分别于鄂东浠水、英山、罗田、麻城及皖西立煌、商城等地逐次抵抗，战斗异常激烈，日军攻陷游击部队司令部驻地安徽立煌县。立煌失陷后，驻大别山地区国民党军队全线反击，迫使日军分两路西撤。至1943年1月12日日军自大别山全部撤走，大别山敌后游击区才得以恢复。正因为国民党军队湖北敌后抗日游击战多是被动防御作战，缺乏主动抗击日军的行动，没有建立抗日根据地做依托，因此没有起到“控制敌后广大地区，牵制与分散敌军兵力，策应国民党军主力作战”的作用。

三

新四军第五师在湖北敌后开展抗日游击战，依靠人民群众的人力支持，部队越战越强，根据地不断壮大，直至抗战胜利，而国民党军队湖北敌后抗日游击战，除大别山少数部队外，绝大多数没有坚持到抗战胜利。

战争基本规则告诉人们，只有消灭敌人才能保存和发展自己。正因为新四军第五师在湖北敌后主动抗击日伪军，不断歼灭敌人，因而得到了很大的发展。据统计，到1945年抗战胜利时，新四军第五师主力部队和地方武装已发展到5万余人，民兵达30余万人。与此同时，豫鄂边区抗日根据地已形成了地跨鄂、豫、皖、湘、赣五省交界的解放区，解放了9万多平方公里的国土和1300余万人口，建立了8个专区级和11个中心县、66个党政军组织齐全的县级，几百个乡级和数以千计的保级抗日民主政权，其中在湖北敌后建立有5个专区级和32个县级抗日民主政权。新四军第五师为湖北人民赢得抗日战争的最后胜利作出了重要贡献。

国民党军队湖北敌后抗日游击战，除大别山少数部队外，绝大多数没有坚持到抗战胜利。1942年后，由于没有固定的根据地和部队缺少灵活机动的游击战术等原因，尤其是未能取得民众的广泛支持，国民党军队在鄂南山区的抗日游击战，其作战次数越来越少，规模也越来越小，乃至在1943年基本结束。鄂中一二八师在沔阳、监利等水网地带的抗日游击战也大体如此。

这年2月，日军进行旨在消灭一二八师的所谓“江北歼灭战”。在这次战斗中，一二八师损失惨重，日军占领峰口和百子桥。峰口和百子桥被敌攻占后，一二八师所剩人员撤至白露湖和洪湖等地，一部分投入新四军第五师继续进行抗日游击战争，王劲哉则带少数随从人员乘船向内荆河上游撤离。当撤离到内荆河西岸彭李湾时，王劲哉被当地村民彭明辉告密而被俘。王劲哉被俘后，第一二八师即刻瓦解。至此，国民党军队在沔阳、监利等水网地带的抗日游击战遂告结束。1944年12月，国民政府军事委员会将豫鄂皖边区划入第十战区，委李品仙为战区司令长官，统一指挥战区内党政军一切事宜。1945年2月，国民党在大别山的游击部队主力奉命转移到淮北、淮南及豫南一带作战。此后，鄂东大别山南的抗日游击区和较大规模的游击战已不复存在，仅有少数部队在这一地区进行零星的、小规模的抗日游击活动。

问渠那得清如许，为有源头活水来。新四军第五师与国民党军队湖北敌后抗日游击战相比，之所以具有上述二个方面鲜明的特点和优点，根本原因在于她是中国共产党领导的一支人民军队。正因为新四军第五师是中国共产党领导的人民军队，所以贯彻执行党的全面抗战路线，充分发动人民群众、武装人民群众；建立、发展抗日根据地和抗日民主政权，进行积极防御作战，主动抗击日军；坚持持久抗战，不断消灭敌人，直至取得抗战胜利。新四军第五师的这些特点和优点，使我们进一步认识到坚持党对军队的绝对领导、坚持人民军队性质的极端重要性。

新四军第五师的特殊历史贡献

宋国昌 *

在纪念新四军第五师建军 80 周年的特殊日子里，回顾总结 80 年前新四军第五师建军前后，在特殊历史环境中艰苦卓绝的独立奋战历程，所做出的特殊历史功绩，以及创造出来的特殊历史经验，至今仍具有极大的借鉴意义。

五师所处的特殊历史环境

80 年前，李先念率领的 160 余名新四军豫鄂独立游击大队，挺进武汉外围开展敌后抗日游击战争的七年间，所处的历史环境是极其特殊的。

第一，敌情复杂，形势险恶。

1938 年 10 月武汉沦陷后，武汉外围的城镇及铁路、公路、长江、汉江等交通沿线，日寇共驻有 6 个师团、2 个旅团 15 万日军（一说 8 个师团、2 个旅团 21.8 万日军）、8 万多伪军，并且拼凑了不少伪政权，建立了 600 多个据点，使这里成为“侵华日军兵力密度之最”的地方。而周围的广大山区及农村，则被 40 万国民党正规军和十几支地方游击纵队所据守，并且不少地方歹徒匪类趁机作恶，游击武装蜂起，司令多如牛毛，霸地割据各自为政，致使敌情异常复杂，社会秩序极端混乱。五师组建前后，面临的这种强敌虎视、

* 宋国昌：高级政工师，汉丹电器厂党委副书记。

杂匪横行的特殊险恶环境，是全国其他抗日根据地所没有的，唯独新四军第五师必须正视面对，克难前行。

第二，孤悬敌后，独立作战。

作为孤悬敌后、独立坚持武汉外围抗战的五师，由于其所处的战略地位极其重要，因此，国民党始终没有承认其在中原敌后进行抗战的合法地位；力量对比悬殊的国民党顽固派部队，一直把五师视为眼中钉，企图加以消灭；五师与兄弟部队隔绝，不能得到兄弟部队的支持和支援，不得不独立对敌作战；加上五师远离新四军军部，与军部联系非常困难，不能及时得到军部的领导和指导，一切工作主要靠发挥主观能动性。多种因素叠加，使得五师生存、发展、壮大之路，走得特别艰难。所以，1942 年 7 月 21 日，党中央从全局考虑，决定五师由中央军委直接指挥，坚持在武汉外围开展敌后抗日游击战争，直至抗战胜利。五师的这一独撑局面的环境及特殊地位，是新四军其他六个师和一个独立旅所没有的。

第三，重兵压境，胜败攸关。

雄踞华中腹地、扼控江汉要冲、横跨平汉铁路两侧的中原地区，其地理位置在战略上十分重要。扼守住此地区，不但为我军守住了解放区的南大门，而且像一把利剑插在蒋介石的心脏，更是国民党大军出川攫取华东、华北、东北的咽喉要地。因此，活动在这一地区的五师，成为抗战胜利后蒋介石企图夺取全国胜利果实的严重障碍。于是，为了争夺这一战略要地，云集重兵，扫荡中原，围歼李先念率领的新四军第五师，以解除后顾之忧，便成为蒋介石准备发动全面内战的首要选择。因此，在抗战胜利不久，蒋介石便派出二十几个师和九个游击纵队的 30 多万强大兵力，从西、北、东南等方向猛扑过来，对中原地区实行分割合围和经济封锁。重兵包围和逐步挤压，使五师很快陷入生死存亡的险境，这在全国也是绝无仅有的。

五师的特殊历史功绩

由于新四军第五师是在特殊的历史环境中、经过艰苦卓绝的独立奋战才发展壮大起来的，所以其历史功绩也是特殊的。

第一，铸造了一支5万多正规军的中原地区敌后抗日劲旅。

1939年1月17日，李先念率领由160余名新四军干部战士组成的弱小队伍，犯险大胆南下，挺进武汉外围，孤悬敌后，在日伪顽活动猖獗的地区求生存图发展，开展抗日游击战争，这是需要有大智慧的。南下途中，李先念站高看远，一边向当地党组织传达贯彻扩大的六届六中全会精神，一边将分散的抗日游击武装统一组织起来，整合为新四军豫鄂独立游击支队，统一打出新四军的旗帜。这一勇敢举措极具感召力和凝聚力，使抗日武装部队像滚雪球似的迅速扩大。李先念仅用一年时间，就把一支弱小的抗日武装发展成为拥有六个团队、三个游击总队，共9000余人的新四军豫鄂挺进纵队，从而在武汉外围站稳了脚跟，打开了局面。到1941年4月5日五师成立时，已成为下辖三个正规旅、两个地方游击纵队和区党委警卫团，总兵力为1.5万余人的抗日劲旅。在险恶而严酷的环境中，用如此短的时间取得如此显赫的建军功绩，实属难得。

五师成立前后，在党中央、中央军委和中原局的领导下，果断亮起新四军的抗日大旗，创造性地贯彻党的抗日民族统一战线政策，独立自主地放手发动群众，发展和壮大自己的武装，建立根据地，并在发展中加以巩固，在巩固中谋求更大的发展，以增强自己的军事实力，从而在日伪顽三角夹击之中占有一席不败之地。

受命于危难之际的五师，不辱历史使命，不辜负祖国和人民的殷切期待，在中日两军相持的前沿地区，长期孤悬敌后，处于日伪顽严重夹击之中仍不屈战斗。特别是五师建成以后，在敌我犬牙交错、敌情错综复杂、斗争环境极其险恶的环境中，坚决执行党中央和毛主席制定的正确路线，依靠豫鄂边区党政军民组织的共同努力和人民群众的大力支持，高举抗日大旗，敢于向敌亮剑，主动对日伪作战，勇敢反击顽军的进犯，英勇斗争，不怕牺牲，浴血奋战，顽强抗敌，逐步成长为日益正规化的游击兵团，军事政治素质日益提高。五师不仅善于进行灵活的游击战，而且能进行较大规模的运动战，坚持、转战于鄂豫皖湘赣边区，粉碎了日伪军一次又一次“扫荡”，抗击了国民党顽军一次又一次“清剿”，在坚持长期的斗争中更加壮大自己的队伍，从而成为坚持敌后抗战的坚强的人民武装力量。

到 1945 年 8 月 15 日抗战胜利的七年中，五师建立了拥有 5 万余人的正规军和 30 余万民兵的武装力量，先后抗击了 15 万余日军和 8 万多伪军，对日伪的主要战斗达 1260 余次，共歼灭日伪军 4.3 万余人，对顽军的自卫作战 878 次，毙伤俘顽军和顽军起义投诚的共 3.3 万余人，有力地从战略上配合了八路军、新四军兄弟部队在敌后战场上的抗战，也支援了国民党抗日部队在正面战场上的作战，为赢得中国抗日战争和世界反法西斯战争的胜利作出了重大贡献。

七年中，在极其险恶的环境和条件下，五师从无到有、从小到大、由弱变强，纵横驰骋于豫、鄂、皖、赣、湘五省，属于新四军中部队发展最快的一个师，并且成为中原地区的一支抗日劲旅，这种历史功绩来之不易。

第二，创建了 9 万多平方公里的敌后抗日根据地。

抗日战争期间，鄂豫边区抗日根据地大体上经历了“开创准备，初步创建，在艰苦环境中坚持、发展与巩固，完全形成和巩固发展”的四个艰难阶段。因为各个阶段都灵活地采取了“发展中求生存，以发展为主，发展与巩固交替进行”的方针，所以进展卓有成效。

1939 年初，为了求得生存空间，李先念率领部队刚到鄂中，就把建立根据地作为部队立足、发展的可靠基地，非常重视边区的民运工作，把抗日游击根据地的创建摆在了重要的位置上。由于创建之初难度很大，所以部队就在主动对敌出击、赢得民心的基础上，依靠当地党组织，乘势就地建立根据地。同时，有针对性地派人深入其他活动区域，广泛宣传抗日救国道理，动员群众，发展党员，建立党组织，组织儿童团、青救会、农救会、妇救会、基干民兵队、抗日十人团及其他抗日群团组织，并团结一切愿意抗日的力量，用“三三制”的原则组建抗日民主政权，作为基层骨干力量来开创敌后抗日根据地。终于在实践中逐步摸索出“从发展中求巩固，巩固是为了更大的发展；发展一步，巩固一步，再发展，再巩固；这里巩固，那里发展，巩固与扩大基本区、开辟新的游击区和边缘区相结合”的科学规律。部队就是遵循这个科学规律，每当一个根据地初步形成以后，就不失时机地在巩固中用斗争的方式加以发展，在发展中进一步巩固，以求更大的发展，如此循环往复，从而扩大了解放区、缩小了敌占区，创建敌后抗口根据地的工作取得了显著的成效。

由于日伪军占领着城镇和交通沿线，国民党部队占据广大山区及农村，李先念的部队最初很难在夹缝中开创出连成一片的大块根据地，只能以农村包围城镇的格局，建立比较分散的小块根据地。随着五师的建立，直到 1941 年底，才在武汉外围建立了对武汉形成包围格局的大块根据地。连成一片的根据地建立后，五师大力加强党的建设、政权建设、地方武装建设、后勤工作和群众工作，群众的组织面、发动面、觉悟程度大大提高，抗日热情空前高涨，使得根据地建设更加健康地向前推进。

五师依靠群众的力量，创建并巩固了鄂豫边区抗日根据地，将武汉外围的日伪军分割为数块，造成威胁平汉铁路南段、粤汉铁路北段，控制长江中游的战略态势。在武汉郊县开辟的陂安南、陂孝礼、涨渡湖、汉孝陂、汉沔、咸武鄂、武鄂等抗日游击根据地，形成了对武汉的内层包围圈，最终创建巩固发展扩大了东起皖西的宿松、太湖及赣北的彭泽、瑞昌，西达鄂西的当阳、宜昌，南括湖南的南县、湘阴及鄂南的通城、通山，北抵豫中的叶县、舞阳，地跨鄂、豫、皖、湘、赣五省边界地区，拥有 9 万多平方公里的土地、1300 多万人口的抗日民主根据地。在根据地内，建立了 8 个专区、11 个中心县、66 个党政军组织齐全的县级政权。这块抗日根据地后来发展成为全国六大战略解放区之一，在解放战争初期发挥了重要作用。这种显赫的历史功绩，彰显了五师高超的政权建设能力。

第三，牵制了国民党的30余万军队。

在抗日战争结束到解放战争爆发前的10个多月时间里，五师牢牢坚守了中原解放区，从战略全局上为我军部署巩固华北、华东和争取东北赢得了极其宝贵的时间。

抗日战争胜利后，五师所开辟的中原解放区地处江河淮汉之间，地跨平汉铁路两侧，其战略地位十分重要。五师依据毛主席、党中央“集中主力进占信阳、武汉之线”“乘机扩大地区，夺取武装，夺取小城市”“发动群众，准备对付内战”等指示，以大无畏的英雄气概，主动对日伪军展开受降工作，坚决迎击国民党军队的进犯，不断扩大解放区。面对30多万国民党大军的重重包围和不断进攻，李先念率领6万五师将士，坚决贯彻党中央的指示精神，依靠广大人民群众，克服艰难险阻，就地进行了10个月的战略坚持，有效地在外线牵制了国民党军队，使其不能长驱直入地进攻我华北、华东解放区，从而为我部署巩固华北、争取东北的战略全局，争取了最宝贵的准备时间。对于这一时期的功绩，李先念曾总结道：“在1945年8月至1946年6月的10个月时间内，中原我军的6万英雄儿女，把国民党30余万军队牵制在中原地区，这就有力地支援了华东、华北和东北地区的兄弟部队，为做好迎击蒋介石发动全面内战的准备，赢得了宝贵的时间。”

第四，胜利地进行了中原突围。

站在历史的高度看，五师最不朽的历史功绩之一，是付出巨大代价取得了中原突围的全面胜利，拉开了波澜壮阔的解放战争序幕，并牵制了国民党的大量兵力，有力地支援了东北、华北、华东的解放战场，为解放战争的全面胜利奠定了基础。

从抗战胜利到中原解放军胜利完成战略转移和外线作战任务的两个年头里，正是国民党反动派实行战略进攻、中国人民解放军实行战略防御，决定中国命运的关键阶段。抗日战争胜利后，国民党反动派不顾广大人民渴望和平、民主的强烈心愿，企图发动内战，把中国推向内战的灾难之中。我党制定了“针锋相对，寸土必争”的方针，决心把中国引向光明的前途。在中国面临两种前途、两种命运决战的关键历史时刻，为了加强中原地区的革命武装力量，党中央决定王震领导的八路军三五九旅南下支队、王树声领导的河南军区嵩岳部队与五师会合，组建了中原军区。1946 年 6 月，蒋介石悍然下令围攻中原解放区，挑起全面内战，以五师为主力的中原部队面对 5 倍于己的强敌，果敢进行突围，并取得了全面胜利。

中原突围的历史性贡献，首先表现在它是解放战争初期三大战役的首战，其他两大战役是苏中的七战七捷、豫鲁的定陶战役。中原突围则为扭转南方战线我军被动局面起了主导作用，并沉重地打击了敌人，阻止了敌军企图沿平汉路南段北上，把敌人大部分兵力吸引到平汉铁路以西，拖得疲惫不堪。

中原军区部队突出重围，转入外线作战，执行战略牵制任务，历经五省，转战一年多，打乱了国民党反动派发动全面内战的战略部署，调动了程潜、刘峙、胡宗南三部的力量，先后牵制了国民党军 32 个整编旅，迫使蒋介石、胡宗南推迟了进攻华北和延安的时间，从而为内线兄弟部队粉碎国民党军的全面进攻、夺取自卫战争的胜利，创造了有利条件，起到了重要的战略作用。

党中央对中原突围给予了高度评价，指出中原解放军的战略坚持和战略转移牵制了大量国民党军队，对于我华北、华东主力度过蒋介石进攻最困难的时期，起了极大的作用。

五师的特殊历史经验

由于五师所处的历史环境极其特殊，作出的历史贡献也很特殊，所以创造出了特殊的历史经验。这些经验中，“统一战线、武装斗争、党的建设”这三大法宝，被五师灵活运用到了极致。

（一）坚持党对军队的绝对领导，是五师发展壮大的根本保障

抗日战争全面爆发后的 1937 年 7 月 22 日，彭德怀在红军党的高级干部会议上所做的关于红军改编的意义和今后工作的报告中，强调了改编后的红军必须坚持共产党绝对领导的重要性。8 月 1 日，总政治部作出《关于新阶段的部队政治工作的决定》，要求“保证党在红军中的绝对领导，依靠于党领导的加强，保持红军的光荣传统，巩固与提高部队的战斗力”。8 月 25 日，中共中央军委在签发关于中国工农红军改编为国民革命军第八路军的命令中强调：“各师改编为国民革命军后，必须加强党的领导，保持和发扬十年斗争的光荣传统，坚决执行党中央与中央军委的命令，为党的路线及政策而斗争，完成中国革命之伟大使命。”9 月 25 日，中共中央作出《关于共产党参加政府问题的决定草案》，其中指出：“在原有红军中及一切游击队中，共产党绝对独立领导之保持，是完全必要的。”这说明，在国共合作的新形势下，党中央一直强调党对军队的绝对领导。

五师之所以能够从无到有、从小到大、从弱到强，成为人民军队中的一支抗日劲旅，最根本的原因就在于她自组建之日起，就特别强调党对军队的绝对领导，注重从政治上建军。

1939 年 1 月 21 日，李先念南下途中的第四天，在与豫南特委研究工作时，就要求豫南党组织应把组织和扩大抗日武装、保证党对军队的绝对领导作为首要任务。南下的一路上，李先念以党的扩大的六届六中全会精神为指引，把各地党组织领导的分散武装整合统领起来，开辟敌后抗日战场。此后的七年中，五师一直坚持党对军队的绝对领导这一重大原则，在发展壮大过程中，始终自觉地置于党的领导之下，无时无刻不听从党中央的指挥，以顾全大局的宽阔胸怀，不计较局部得失，甚至为了全局利益，不惜牺牲自身利益。

在部队建设中，五师的各级干部特别是领导干部，各级党组织尤其是连队党支部，坚持用马列主义理论和党的纲领、路线、方针、政策，广泛深入地教育这支以农民为主要成分的部队，从而为把五师建设成正规化军队指明

了政治方向。

（二）高举抗日大旗，敢于向敌亮剑，提振军民士气，是五师发展壮大的强大动力

抗日战争时期，中日之间的民族矛盾上升为主要矛盾，勇敢抗击日本侵略者成为全国人民的迫切要求和我党领导的抗日武装所肩负的伟大使命。李先念深知深入敌后高举抗日大旗、坚决打击日伪气焰、提振军民士气，对部队建设和根据地创建的重要性。因此，在挺进武汉外围初期，尽管部队初建、力量不大，但仍毅然高举抗日大旗，敢于向敌亮剑，不惜付出血的代价，予敌以沉重打击。在不到一个月的时间里，部队看准时机，打击日寇，先后发起了余家店战斗、憨山寺战斗和新街战斗，以战斗胜利来树立军威、提振士气、激励斗志，坚定群众的抗战信心，从而掀起抗战热潮，开展根据地各项建设工作。

五师成立以后，在日伪顽严重夹击之中仍不屈战斗，更是以崭新姿态投入反“扫荡”、反“围剿”、反摩擦斗争之中，在打击日寇的同时，对伪军进行围歼，对顽军实施果敢的自卫反击。正是这种旗帜鲜明的战斗姿态，形成了强大的动力，使五师经受住了严酷斗争的考验，在不断取得胜利中日益壮大。

（三）广泛发动群众、紧紧依靠群众，是五师发展壮大的雄厚基础

抗日战争是中华民族反对日本侵略、挽救民族危亡的民族战争，涉及广大人民群众的根本利益。因此，只有动员群众、依靠群众、组织群众起来反抗外来侵略，打一场人民战争，才能最终战胜敌人，夺取抗日战争的全面胜利。

由于豫鄂边区和五师活动的地域在大革命时期是我党发动武装起义较早的地区，红军曾在这里浴血奋战过，人民群众不但与我党和红军有着血肉相连的感情，而且富有武装斗争经验。抗日战争爆发后，民族矛盾上升为主要矛盾，人民群众不甘心当亡国奴，加上部队兵源大多是当地百姓中的青壮年，这便为五师提供了发展敌后抗日游击战争的广阔天地。五师清醒地认识到了这一有利形势，充分利用群众基础较好这一条件，始终把广泛发动群众、紧紧依靠群众、动员群众积极支持和参与抗战，作为一项重要工作来抓。

人民群众的支持和拥护，是五师赖以立足生根、发展壮大的基础。五师的发展壮大，更离不开广大人民群众的支持。五师一直重视群众工作和军民关系，把相信和依靠人民群众、动员当地群众参军参战支前当作一切工作的出发点和落脚点，坚持发扬红军的优良传统，严格遵守“三大纪律，八项注意”，维护当地老百姓的利益，深受老百姓的爱戴和支持。当地老百姓也把五师的部队当成自己的子弟兵，从而形成了“军爱民，民拥军”的良好局面，为部队发展创造了良好的条件，奠定了雄厚的基础。群众抗战的积极性起来了，就主动从人力、物力、财力上支持我党领导的抗日武装斗争，踊跃参军参战，成为部队发展不竭的力量之源，使五师在遭遇日伪顽三角夹击之下，力量仍然能得到及时补充，不断发展壮大，根据地日益巩固扩大。

（四）在执行抗日民族统一战线中，坚持独立自主地发展自己的武装，是五师发展壮大的重要条件

五师是在抗日民族统一战线中发展壮大的，鄂豫边区也是在抗日民族统一战线中创建扩大的，这与五师在正确执行抗日民族统一战线中坚持独立自主的方针是分不开的。

李先念率部南下到达武汉外围后，依据当时的客观环境和面临的现实条件，按照中共中央关于“团结进步势力，争取中间势力，孤立顽固势力”的正确方针，审时度势，很快团结了一切愿意合作抗日的各阶层人士和友军，争取大多数川军和西北军对新四军保持中立。对于虽有民愤、但不投靠日寇的地方头面人物及势力，尽量争取到抗日行列中，以扩大抗日的力量。对于死心塌地为日寇效劳的汉奸，则毫不留情地予以惩处。对于坚决反共的少数顽固派部队，提出了反摩擦方针，本着“有理、有利、有节”的原则，坚决地予以自卫还击。

在执行抗日民族统一战线中，五师摒弃“一切经过统一战线”“一切服从统一战线”的右倾错误思想，坚持独立自主的方针，广泛开展抗日民族统一战线，团结一切可以团结的力量，共同抗击民族敌人。五师在中原敌后抗日根据地的合法地位始终未得到国民党顽固派的承认，并被视为眼中钉而遭到打击。为了求生存图发展，五师领导把党关于统一战线的方针、策略和原则，全面运用于武装斗争中，正确处理政治与军事、统一战线与独立自主、统一战线与武装斗争的关系，实行利用矛盾、争取多数、反对少数、各个击破的策略，既坚持、巩固和发展了统一战线，又不断发展壮大了抗日武装。可以说，五师是在抗日民族统一战线中创建和发展起来的。在巩固和发展抗日民族统一战线中，五师始终注意坚持党的独立自主方针，对国民党顽固派采取了既联合又斗争、在斗争中求团结的方针。对于国民党顽固派对边区根据地发起的军事进攻，五师进行了坚决的自卫反击，先后打退了国民党顽固派掀起的三次反共高潮和无数次围攻。就是因为在抗日战争中坚持了独立自主方针，五师才在党的领导下，逐渐成为中原地区的一支抗日劲旅。

（五）坚持实事求是，理论联系实际，正确处理各类矛盾和问题，是五师发展壮大的决定因素

鄂豫边区根据地一个显著特点是：边区党组织在统一于鄂豫边区党委领导下以前，分属于豫鄂边区党委、鄂中区党委、鄂豫皖边区党委、鄂西北党委、湘鄂赣特委；边区干部来自四面八方，既有老红军干部，也有当地和其他地方来的干部；是由工人、农民、革命知识分子和其他成分所组成的军队，组建时成分比较复杂，其中农民成分占 90% 以上；五师也是会合多支地方武装力量逐步发展起来的。这种党政军组织由多方面组成的状况，难免会产生一些矛盾和问题，处理不好就会影响团结，也为部队形成较强的战斗力带来了一定的难度。

鄂豫边区各方面的团结、领导核心的形成、部队战斗力的增强、根据地创建发展等各方面工作能顺利开展，虽然是由诸多因素决定的，但关键的因素是：五师始终坚持我党的一切从实际出发、理论联系实际、实事求是的思想路线，力求将马列主义、毛泽东思想同五师及其根据地的实际相结合，更好地理解和执行党的政治路线和方针、政策，用强有力的思想政治工作来正确处理各方面矛盾和问题。

针对部队成分比较复杂的现实，为了把这支抗日武装真正建设成为特别能战斗的共产党军队，五师领导一直非常注重对部队进行不断地改造和教育。当把各地成分复杂的武装力量整编以后，五师领导继承红军的优良传统，特别重视在连队建立党支部，把连队支部作为一切政治工作的基础，号召干部“到连队去，到支部去”，把连队建成战斗堡垒和团结内外群体的核心，以此来迅速扩大队伍，提高战斗力。

针对干部来自五湖四海、部队经常处于分散流动独立作战的情形，五师始终抓领导干部团结一致、各部队团结统一、官兵团结一心的教育，并对危害团结统一的分散主义和本位主义等不良倾向，进行了长期不懈的思想斗争。由于工作到位，边区干部和各部队之间，无山头之分、门户之见，始终保持了团结战斗的政治局面。边区各级党委在坚持集体领导、分工负责的原则上保持团结一致，边区各级领导班子及干部，都比较注意维护党的团结和统一领导，军队与军队之间的团结、军队与地方的团结、知识分子与工农干部的团结、外来干部与本地干部的团结、新干部与老干部的团结，都一直搞得很好。这种互相支援、彼此帮助的良好风气，成为根据地和五师快速发展壮大的巨大推动力。

五师孤悬敌后，在日伪顽夹缝中艰难生存，面临的斗争形势激烈尖锐、错综复杂，各种关系极其微妙，处理起来十分棘手，稍有不慎就影响生存。在此困难境况中，针对不同势力对新四军抗日所持的不同态度，五师按照“依靠进步势力，团结中间势力，打击顽固势力”的原则，在加强党的建设和民主政权建设的同时，依靠抗日的地方富豪、上层民主及开明人士，团结并分化瓦解收编愿意投入抗日行列的伪军，狠狠打击不断与我抗日武装闹摩擦的顽军，使抗日武装在各阶层民众的支持下不断发展壮大。

由于五师坚持实事求是，理论联系实际，正确地处理了各类矛盾和问题，保持了各方面的团结，最大限度地凝聚了一切愿意抗日的力量，所以使部队得以不断发展壮大、抗日民主根据地迅速扩大。

中原敌后抗战的伟大创举
——论新四军第五师建设发展的历史经验

张友斌*

新四军第五师及其根据地，是在武汉沦陷、中国抗口战争进入相持阶段后逐步创建起来的。它孤悬敌后，在中共中央、中央军委的领导下，坚持抗战，坚持发展，历经新四军挺进团、豫鄂独立游击支队、豫鄂挺进纵队、新四军第五师的创建过程，滚雪球似的越滚越大，由一个战略点发展成为大的战略区。抗战胜利时，新四军第五师已拥有5万多正规军和30余万民兵的强大兵团，在鄂豫皖湘赣9万多平方公里范围内，建有8个专区、11个中心县、66个党政军组织齐全的县级政权，解放人口近2000万，实现了收复失地、解放人民、战胜日本侵略者的战略任务，创下了可歌可泣的英雄业绩，被华中局和新四军军部誉为“发展第一”“独立工作第一”[①]。

一、始终坚持中国共产党的正确领导，不畏强暴，孤悬敌后

新四军第五师在敌伪顽夹击、极其艰苦复杂的斗争中，从小到大，愈战愈强，发展成为新四军七个师中人枪最多、根据地面积最大的一支抗日劲旅，

---

* 张友斌：中共湖北省委直属机关工委研究室主任。

① 选白湖北新四军暨华中抗日根据地历史研究会、鄂豫边区革命史编辑部编：《湖北抗战》，军事谊文出版社1995年版，第11页。

究其根本原因，就是始终坚持党的正确领导，始终坚定正确的方向，确保了部队健康发展、持续壮大。

（一）坚定不移执行党中央的战略决策

新四军第五师自创建伊始，始终以党的方向为方向，以党的使命为使命，高擎抗日大旗，义无反顾地深入敌后，英勇抗敌。中共中央、毛泽东在统筹抗战全局时，对武汉外围的抗战极为重视，把它视为中国抗战大局中的一个“活眼”，并着手进行准备。1938 年，面对华北沦陷、西北形势堪忧、中原岌岌可危的严峻局面，3 月 6 日，毛泽东指示河南省委：党中央目前仍坚持在陕甘边，但在情况危急时，准备转移到鄂豫皖边，因此，“望以大力发展该区工作”[①]。1939 年 1 月，李先念率领一支由 160 余人组成的新四军豫鄂独立游击大队，自河南竹沟南下，向武汉外围敌后挺进。南下途中，李先念一面传达贯彻党的扩大的六届六中全会精神，广泛播下抗日种子；一面将各地党组织或党员领导的抗日游击武装穿珠成串。在孤悬敌后的艰难岁月，这支部队在夹缝中求生存，逐步发展为近万人的抗日武装，为新四军第五师的创建奠定了坚实基础。对此，中共中央给予了充分肯定，称：“武汉附近新四军挺进纵队（有九个团）的创造是一个伟大的成绩，这次经验证明了一切敌后地区，不论在华中或华南，我党均可建立自己的武装部队，并且可以存在和发展。但其先决条件是地方党应有组织武装的坚强决心与工作布置，有不怕与顽固派摩擦的勇气与意志。”[②]

1941 年 4 月 5 日，新四军第五师正式成立。该部在李先念领导下，牢记党中央“迅速发展至四万人枪”的指示，以无比强大的生命力，顽强坚持开展中原地区的抗日游击战争。1941 年至 1942 年，该部英勇粉碎了日伪频繁

① 选自《豫南抗日民主根据地史稿》，河南人民出版社 1988 年版，第 20 页。

② 选自湖北新四军暨华中抗日根据地历史研究会、鄂豫边区革命史编辑部编：《湖北抗战》，军事谊文出版社 1995 年版，第 7 页。

“扫荡”“清乡”和“蚕食”，度过了自抗战以来最艰难的岁月，开创了部队和根据地齐发展的局面。1943年，第五师在中央军委的指示下，作出了符合时局、战局发展的正确决策，制定了“一切服从战争”“军事第一”“胜利第一”的战略部署，发展赣北、鄂南，进军襄北、襄西，挺进洞庭湖边，开辟石公华根据地，实现了从四面八方对武汉进行战略包围的态势。

（二）坚持把思想建设摆在首位

新四军第五师是一支以农民为主要成分的武装力量，其所以能成为一支富有战斗力、革命意志坚强的人民军队，是因为它始终把党的意志主张与官兵思想实际相统一，从不间断加强对党员的思想政治教育。这支部队自成立时起，就按红军时代的政治工作条例，继承和发扬红军的光荣传统，独立自主地开展党的工作，不断加强政治建军。豫鄂挺进纵队创建不久，针对少数指挥员存在的腐朽思想、分散主义、本位主义和游击习气等，李先念等明确提出要在干部中开展反不良倾向的斗争。1940年5月9日，豫鄂边区军政委员会代理书记、挺进纵队代理政治委员任质斌在纵队连以上干部会议上，做了题为《开展干部中的反不良倾向的斗争》的报告，高屋建瓴地指出：“革命的阵营，革命的军队，革命的政党，都是从不断地开展反不良倾向的斗争中巩固起来，壮大起来的。而开展干部中的反不良倾向的斗争，则是整个的反不良倾向斗争中的基本的一环。”[①]6月，中共中央发布《关于整训部队的指示》，要求各部队把政治工作“作一次普遍的彻底的有计划的改造”。根据这一指示，豫鄂边区党委及时在各级军政干部中开展反不良倾向的斗争，为挺进纵队正规化建设奠定了坚实基础。五师成立后，遵照中央军委总政治部关于“必须用一切努力来巩固部队，克服非战斗减员，加强政治工作，提高抗日反投降的情绪，加强军事训练，提高战斗力”的指示，于6月召开全师政治工作会议，总结政治工作

① 选自湖北新四军暨华中抗日根据地历史研究会、鄂豫边区革命史编辑部编：《任质斌在中原八年》，湖北人民出版社1998年版，第5页。

经验，研究面临的任务，提出了关于巩固部队、提高战斗力的七项要求，为巩固部队、加强政治工作、提高战斗力，发挥了重要作用。

（三）稳妥开展整风运动

在紧张的战斗岁月中，新四军第五师始终坚持用毛泽东思想和党的方针政策教育部队，并以党的整风精神整顿和建设部队。早在 1942 年 5 月，五师就开展了“战时整顿三风”，即反对宗派主义，以加强团结；反对教条主义，以转变作风；反对党八股，以提高宣传的实际效果。1943 年 11 月，为贯彻中共中央整风运动精神，豫鄂边区党委发出《关于彻底开展整风运动的决定》，对于整风的主要任务、方针政策、方法步骤作出了明确规定，号召边区抓紧相对稳定的局面全面开展整风。1944 年，边区和五师开展了轰轰烈烈的整风运动，由于领导有力、方法稳妥，这次运动没有“逼供信”、没有扩大化，得到健康发展。通过整风运动，促进了马克思列宁主义、毛泽东思想在边区的传播，确保了五师各级在政治上、思想上和组织上更加统一，为夺取抗战最后胜利奠定了思想根基。

二、始终坚持统一战线的原则立场，独立自主，团结奋战

新四军第五师在开辟、扩大和巩固鄂豫边抗日根据地的斗争中，正确掌握统一战线政策，发展进步势力，争取中间势力，孤立顽固派，确保了第五师在敌顽夹击复杂艰险的境地中生根立足，处于不败之地。

（一）扩大团结力量的广泛性

五师始终把巩固与扩大统一战线、团结一切抗日力量作为一切工作开展的前提，把维护抗日民族统一战线作为自己神圣的职责，在大力发展党所领导的人民抗日武装力量的同时，尽最大努力争取中间势力，做好对中等资产阶级、开明绅士、地方实力派的统战工作。全面抗战初期，鄂豫地区各地党组织或共产党员，就和以李范一、李相符、李德纯、孙耀华等为代表的进步人士实行了真诚合作，在信阳、应城、随枣等地开展党组织的恢复与重建，

以及抗日游击武装的组建工作，为边区敌后抗日游击战争的开展奠定了基础。

李先念率部南下后，高度重视做好友军工作，积极争取西北军、川军、桂军友好相处、合作抗日。原西北军何基沣、张克侠的部队，从李先念挺进武汉外围始，就一直通过个人关系与新四军保持秘密联系，并在人员、装备、经济等方面给予援助，有时还提供一些重要情报。五师还通过组织红色汉留会、抗日十人团等形式，广泛开展与地方开明士绅、绿林武装的统战工作，整编和改造各种游击武装，壮大了抗日力量。同时，进一步扩大国际反战统一战线，通过美国著名作家史沫特莱访问鄂豫边区，建立日本在华反战同盟第五支部，一条广泛的爱国统一战线在鄂豫边区逐渐形成，新四军第五师的抗战已融入世界反法西斯阵线中并发挥着积极影响力。

（二）注重统一战线的独立性

坚持独立自主的原则，就必须冲破国民党当局的种种限制，同其“溶共、防共、限共、反共”的政策做坚决斗争，这是新四军第五师能够发展壮大的重要法宝之一。自李先念率部从竹沟南下，刚开始就鲜明打出新四军的旗号。随着形势的发展变化，李先念于 1939 年 6 月召开养马畈会议，决定取消利用国民党或其他势力的部队番号，统一和整编豫南、鄂中党组织所领导的抗日武装力量，成立新四军豫鄂独立游击支队，把坚持独立自主原则作为部队建设发展的前提基础。部队在壮大发展中，积极贯彻扩大抗日武装和创建根据地紧密结合的方针，对国民党顽固派发动的反共摩擦，敢于斗争，善于斗争，受到中共中央和毛泽东的高度评价与充分肯定。1940 年 5 月，毛泽东在《放手发展抗日力量，抵抗反共顽固派的进攻》的指示中，就充分肯定李先念强硬抗议国民党顽固派破坏抗日的行为“就是好例”，并指出“李先念纵队反对顽固派对鄂中和鄂东进攻的自卫战争……是绝对必要和绝对正确的”[①]。而且还

① 选自湖北新四军暨华中抗日根据地历史研究会、鄂豫边区革命史编辑部编：《湖北抗战》，军事谊文出版社 1995 年版，第 8 页。

明确指出："所谓发展，就是不受国民党的限制，超越国民党所能允许的范围，不要别人委任，不靠上级发饷，独立自主地放手地扩大军队，坚决地建立根据地，在这种根据地上独立自主地发动群众，建立共产党领导的抗日统一战线的政权，向一切敌人占领区域发展。"①

（三）保持工作策略的灵活性

五师在统一战线的旗帜下，始终坚持"有理、有利、有节"的原则，把"打"与"统"有机地结合，从而达到巩固根据地的目的。据何应钦所著的《八年抗战之经过》一书所列，自武汉沦陷到日本投降的七年中，日军在正面战场共发动了67次较大的战役，其中有25次直接发生在鄂豫边区及其邻近地区。在每一次战役中，新四军第五师都采取了积极有力的军事行动，配合了国民党军队粉碎日伪的进攻。②五师在积极协同正面战场对日作战的同时，对于国民党顽固派的反共阴谋也进行了坚决彻底的反击。比如，对湖北省第三行政专署专员石毓灵这样的国民党顽固派，李先念与其进行了针锋相对和恰如其分的斗争，先是拜会石毓灵，争取新四军在鄂中活动的合法性；后是对其恶意攻击、诽谤和挑衅给予严厉驳斥；再就是国民党在边区发动的几次反共高潮中，对石毓灵部队给予坚决打击。正如李先念所说，五师坚持的原则是："顽固派如果助敌反共，破坏抗日，就坚决消灭他们。对应城的李又唐就是这样。但在同顽固派作斗争时，注意有理、有利、有节，不把事情做绝，既显出我军军威，又尽可能争取他们一致对外。"③

---

① 选自湖北新四军暨华中抗日根据地历史研究会、鄂豫边区革命史编辑部编：《雄师奇观》，武汉大学出版社1992年版，第132页。

② 选自湖北新四军暨华中抗日根据地历史研究会、鄂豫边区革命史编辑部编：《湖北抗战》，军事谊文出版社1995年版，第26页。

③ 选自湖北新四军暨华中抗日根据地历史研究会、鄂豫边区革命史编辑部编：《雄师奇观》，武汉大学出版社1992年版，第134页。

三、始终坚持灵活机动的战略战术，果敢周旋，重创敌顽

新四军第五师长期孤悬敌后，同新四军其他兄弟部队相隔绝，经常处于敌顽夹击、孤军奋战的困难境地，但部队坚持把毛泽东《论持久战》的思想灵活运用到具体实践中，机智顽强地打击敌顽，不断壮大发展自己。

（一）敌后游击战，积小胜为大胜

新四军第五师始终坚持游击战，不打无把握之仗，不打无准备之仗，不同敌人拼无谓的消耗，总是寻找有利时机进攻敌人，以小代价换取大胜利。在鄂豫边区敌后抗战的发动阶段，由于敌我力量悬殊，五师部队基本选择偏僻湖区、山区等国民党军队不去之敌后地区，以游击战的方式创建落脚点，并以此为基础，发展群众，组织抗日武装力量，开展根据地的创建工作。在险恶环境中，部队几乎“平均每三日即与敌搏斗一次”[①]，他们灵活运用夜袭、袭扰、伏击等战术，阻击应山余家店首战告捷、伏击公安寨、夜袭云梦城，打出了新四军的军威。随后不断地以分散的游击战争打击日寇，成为武汉外围和中原地区抗击日寇的一支最坚强的武装力量。根据《国共两党抗战成绩比较》材料，截至1943年6月，新四军第五师共抗击了日军三个半以上师团，共约6万人，分别占侵华日军总兵力的10%，占全国解放区战场抗击日军总数的17%，占武汉地区日军的48%。[②]

（二）夹缝巧周旋，化不利为有利

陈毅曾指出：对付敌顽夹击，最标准的是五师的例子。他们灵活地执行了攻守策略，“背敌以对顽，背顽以对敌”[③]。在反“扫荡”斗争中，面对大股

---

① 选自《李先念文选》，人民出版社1989年版，第6页。

② 选自湖北新四军暨华中抗日根据地历史研究会、鄂豫边区革命史编辑部编:《湖北抗战》，军事谊文出版社1995年版，第11页。

③ 选自湖北新四军暨华中抗日根据地历史研究会、鄂豫边区革命史编辑部编:《湖北抗战》，军事谊文出版社1995年版，第47页。

日军五师则化整为零、分散游击，以削弱日军的优势；面对小股日军则集中优势兵力，给予日军以毁灭性打击。在日军进行“扫荡”的初期、中期、末期，五师根据不同时期的不同特点，先予敌以阻滞；再相机平毁敌之据点，痛击伪军，剪除敌寇之羽翼；然后予以反击。1941 年，五师致中央军委并华中局电：日寇“扫荡”之战术及我反“扫荡”之经验，受到中央肯定并得到推广。五师“不独是在同敌伪的不断战斗中，而且也是在同反共顽固派的不断自卫斗争中”[①]。面对国民党顽固派的大举进攻，五师避强击弱、避实就虚，以游击战消耗疲惫顽军；在有利时机，我主力或趁顽军深入之时围歼于根据地，或远距离奔袭歼灭增援顽军和困守碉堡之顽军。由于五师掌握着战局的主动权，面对敌伪顽的夹击，往往既能有效保持自己的武装力量，又能出其不意地消灭敌人的有生力量。1943 年 12 月，李先念在《1943 年鄂豫边区的斗争》中，全面论述第五师反“扫荡”、反顽作战的战略战术及其经验，受到华中局的充分肯定。

（三）适时运动战，变被动为主动

五师在创建、巩固、发展鄂豫边区抗日民主根据地的过程中，贯彻执行“基本是游击战，但不放松有利条件下的运动战”的作战方针。创建之初，五师主要采用游击战法，敌疲我打，敌驻我扰，有效保存了自己、打击了敌顽。随着部队的发展壮大和使命任务的变化，五师适时而变，既能撤得开，避敌顽锋芒，疲惫与消耗敌顽；又能收得拢，形成拳头，痛歼敌顽，在战略上配合八路军新四军兄弟部队抗战，在战役上协同国民党抗日部队的正面战场作战。1940 年底，五师开辟了豫南、鄂中根据地和鄂东游击区，使日本侵略者在其侵华战争最大的正面战场前沿直接受到来自解放战场的牵制和威胁。1941 年 12 月，五师发起的侏儒山战役，一改单一的游击战，采取集中大兵团

① 选自湖北新四军暨华中抗日根据地历史研究会、鄂豫边区革命史编辑部编：《中原伟业》，武汉大学出版社 1996 年版，第 112 页。

实施向心攻击的运动战，对盘踞汉阳侏儒山及其附近的伪定国军主力实施连续攻击，在历时两个半月的时间里，对日伪军作战14次，歼灭伪定国军第一师5000余人和日军200余人，解放了（汉）川汉（阳）沔（阳）大片国土，完成自西线包围武汉的战略态势。

四、始终坚持群众工作的方针政策，依靠群众，发展壮大

“抗日战争是民族战争，只有动员群众，依靠群众，组织人民战争，才能战胜民族敌人。”[①] 五师面临日伪顽夹击、根据地被分割、三角斗争激烈等恶劣环境，紧紧依靠群众、发动群众，愈是艰苦愈向前，愈遇强敌愈勇敢，逐渐发展成为一支不可战胜的抗日铁军。

（一）努力巩固边区政权

鄂豫边区的人民群众经历了北伐战争和土地革命战争的洗礼，富有光荣的革命传统。五师自成立起，即注重开展群众工作，加强对工作的领导。任质斌在总结新四军第五师的斗争经验时，指出，“我们在组织群众的方式方法上，曾经注意到灵活多样，因地制宜，因情变化，不强求一律”。[②] 师政治部专有民运部，各军分区、旅政治部设有民运科，团有民运干事，连有民运宣传队。党员干部带头走村串户、发动群众，组建抗日十人团、自卫队、基干队、农救会、妇救会等组织，以中国共产党的抗日主张和五师坚持抗敌的光辉业绩，把人民群众统一到抗日民族统一战线的旗帜下。同时，五师广大官兵爱护群众如爱护自己的父母一样，尊重政府如尊重部队首长一样，服从政府法令如服从部队命令一样，并在此基础上把“拥政爱民”“拥军优抗”活动经常化、制度化，军民一心努力巩固边区政权。

① 选自《关于编写新四军第五师战史和鄂豫边区革命史的谈话》，原载于《李先念文选》，人民出版社1989年版，第444页。

② 选自《新四军第五师的抗战历程及其实践经验》，原载于《新四军第五师抗战历程》，湖北人民出版社1985年版，第65页。

（二）群策群力参战支前

兵民是胜利之本，战争的威力存于最深厚的群众之中。李先念等五师领导人深知，要在日伪军的“清乡”与“扫荡”、国民党顽军的摩擦与夹击中求生存、求发展，只有这点基本力量是不够的，必须从人民群众中寻找力量源泉。[①]五师创建的鄂豫边区各级人民政权，切实实行减租减息、农业低税制等，减少人民群众的负担。各机关、部队、学校认真执行“三大纪律，八项注意”，帮助群众兴修水利，增加经济收入，让人民群众得到看得见、摸得着的实惠，真心拥护共产党、真心拥护新四军，愿意跟随共产党、新四军。正是有了人民群众的拥护支持和配合掩护，五师对敌人部署、变化情况了如指掌；部队医院、伤员经常隐蔽在农村或老百姓家几个月或者一年，敌人也发觉不了；部队在短短五六年的时间，就从只有 160 多人的独立游击大队，迅速发展为拥有 5 万将士的抗日雄师。正如李先念所说：“当时边区的抗日人民战争，是以广大人民群众组织起来的民兵、自卫队为基础，以主力部队为‘拳头’，去战胜敌人夺取胜利。”[②]

（三）积极开展生产自救

1941 年、1942 年是鄂豫边区抗战最为艰苦的阶段，由于敌伪顽的不断夹击和日伪的空前掠夺，加上连年的自然灾害，边区经济陷入极为困难的境地。为粉碎日伪和国民党的经济封锁，克服困难，保障供给，五师始终把维护好群众切身利益作为工作出发点，充分利用战斗间隙开展生产自救运动。边区制定《豫鄂边区施政纲领》和《关于经济建设的决定》，要求根据地各级严格遵守；大兴水利，发起以工代赈的“千塘百坝”运动，兴修了水利，开展生产运动，对此《解放日报》和延安广播电台均做了报道；积极组织春耕生产

① 选自《鄂豫边区抗日根据地历史资料》（内部资料）第 1 辑，第 6 页。

② 选自《关于编写新四军第五师战史和鄂豫边区革命史的谈话》，原载于《李先念文选》，人民出版社 1989 年版，第 444 页。

与开展日常的经济斗争相结合的借粮斗争，既解决了群众春耕生产的缺种问题，又使群众度过了春荒；创办一些中小型工厂，促进边区经济贸易发展。生产自救运动不仅减轻了人民群众的负担，有利于边区克服财政困难，改善部队、机关生活，而且锻炼了部队和地方党政工作人员，有利于改善军民、军政、官兵的关系，为赢得抗日战争的最后胜利准备了物质基础和群众基础。

五、始终坚持加强部队的自身建设，增进团结，凝聚力量

新四军第五师，这支以农民为主要成分的武装力量，在长期的独立作战中能够成为一支困不死、打不散、压不垮的铁军，其秘诀就是坚持政治建军为根本，重视自身建设是关键。

（一）不拘一格培养使用干部

五师坚决贯彻党的干部政策和任人唯贤的干部路线，通过创办抗日军政大学第十分校及前身随营军校、教导队等，培养了大批忠于中华民族、忠于中国共产党的军政干部。按照“坚决地执行党的路线、服从党的纪律、和群众有密切联系、有独立的工作能力、积极肯干、不谋私利”的“六条标准”[①]合理配备和正确使用干部。一是把红军干部安排在关键岗位上。五师奉命组建完毕后，旅团正职干部26人中，红军干部就有23人，占88.46%，他们在部队建设和战争中发挥主导作用，保证了党对这支人民军队的绝对领导。二是放手使用知识分子干部。根据知识分子的特长，做到大胆使用、人尽其才，主要安排在政治工作岗位和有关技术部门，发挥他们的聪明才智，创造第一等的工作水平。三是高度重视工农干部和“特种成分”干部。充分发挥工农干部人熟地熟、擅长打游击的优势，为部队开展后勤保障、群众工作等方面作贡献。对一些伪军反正、土匪改编的特种成分的人也恰当地分配工作，壮

① 选自湖北新四军暨华中抗日根据地历史研究会、鄂豫边区革命史编辑部编：《雄师奇观》，武汉大学出版社1992年版，第22页。

大人民军队的力量。同时，五师还十分注意引导各类干部，扬长避短，相互学习，相互尊重，分别颁发了《关于大量提拔工人农民干部参加政治工作》《关于加强知识分子新干部对于烦琐日常工作锻炼问题》的训令，有效促进了部队各项建设工作的开展。

（二）充分发挥战斗堡垒作用

五师继承和发扬“支部建在连上”的红军传统，充分发挥连队支部、共产党员的核心堡垒和先锋模范作用，为完成肩负的历史使命提供了可靠保证。重视支部建在连上，五师在《巩固部队政治工作》的报告中鲜明提出，“应当把连支部作为一切政治工作的基础，要把支部看成团结群众的堡垒……”五师在汇聚各地抗日武装力量时，就在连队（中队）建立支部，在优秀战士中发展党员，在班排设党小组。据1945年5月统计，五师的党员已发展到9010人，占部队总人数的37.03%，使无产阶级先锋队的队伍在部队中不断壮大。切实加强对支部工作的领导，五师党委成立了党务委员会，明确规定了各支部和党员的日常工作制度，广泛号召各级政工干部到连队去、到支部去，把支部工作提到第一的位置。各旅、军分区定期主办支部书记和支部干事学习班，提高他们的工作能力，培养支部工作的领导和骨干。各团的政治处主任、股长、教导员还定期下连队代理支部书记，研究支部工作。在此基础上，第五师还适时开展创建“模范党支部”活动。加强党员的思想建设，五师通过政治学习、上党课等，要求每个党员努力使自己在新型的人民军队里成为“英勇作战的模范、执行命令的模范、遵守纪律的模范、政治工作的模范和内部团结统一的模范”①，在战争中锻炼和提升自己，既成为钢铁战士，还时时发挥先锋模范作用。1941年《八路军军政杂志》第三期所刊载的李先念撰写的文章，在引用许多优秀的指战员英勇牺牲的数字时，特别突出提到了“战士

① 选自湖北新四军暨华中抗日根据地历史研究会、鄂豫边区革命史编辑部编:《雄师奇观》，武汉大学出版社1992年版，第29页。

牺牲者 70% 为共产党员”。

（三）开展强有力的政治教育

“掌握思想政治教育，是团结全党进行伟大斗争的中心环节。”在组织上，鄂豫挺进纵队建军时期，部队健全了机构，配备了人员，初步制定了政治教育的有关条例。五师正式成立后，更从组织上、制度上以及内容上不断健全和完善，并强调要把教育指战员有高度的民族觉悟和阶级觉悟，有政治理论、文化知识水平，有不屈不挠、牺牲奋斗的精神，有坚定的胜利信心等作为中心任务完成好；在内容上，始终坚持以民族解放教育为主，将“抗战问题”“民族问题”“阶级关系”“抗战必胜”等作为政治教育的重要内容。同时持续开展阶级教育，使干部战士加深对国民党顽固派及蒋介石反动本质的认识，懂得了只有中国共产党才能救中国的真理，增强了打退顽军的决心和勇气。在方法上，注重针对性，在普遍开展革命纪律教育、党的政策教育的基础上，针对农民战士侧重于革命理想教育、文化教育，针对知识分子侧重于党和无产阶级理论教育、阶级教育，针对俘虏和反正伪军等“特种成分”人员侧重于思想意识的改造。同时注重区分层次，根据入伍先后，把部队战士的政治文化教育分为入伍教育和系统教育。在形式上，火线政治工作出色，“三分钟讲话”“五分钟支部大会”等战场政治教育持续为部队鼓劲；创办的《挺进报》《挺进杂志》《战斗杂志》《七七报》等一大批刊物，被誉为五师和边区的“政治大炮”；文体活动寓教于乐，《挺进进行曲》等一大批激励斗志、鼓壮军威的优秀作品，在部队广为传唱，为鼓舞鄂豫边区军民英勇抗战发挥了积极作用。

为了人民、保护人民、依靠人民、造福人民是新四军第五师发展壮大的力量源泉

张 军*

习近平总书记说："人民就是江山，江山就是人民。"鄂豫边区发展壮大的历史，就很好地说明了习总书记的这个论断。

从1939年初率军南下，到1945年8月抗日战争胜利结束，以李先念为首的鄂豫边区党委和新四军第五师领导，高擎抗日旗帜，紧密结合鄂豫边区的斗争实际，创造性地开展工作，在孤悬敌后的中原地区与日伪顽进行了艰苦卓绝的斗争，独立创建了拥有1300万人口、面积9万平方公里，地跨鄂、豫、皖、湘、赣五省的独立战略区。新四军第五师从无到有，从小到大，发展成为拥有5万余人的正规部队和30余万民兵的武装力量。李先念同志等领导的新四军第五师和鄂豫边区，当年被中共中央华中局和新四军军部誉为"发展第一，独立工作第一"的抗日民主根据地。这其中的原因何在？

党的领导是核心，是灵魂，而为了人民、依靠人民、保护人民、造福人民则是其发展壮大的不竭的力量源泉。一部新四军第五师发展的历史，就是爱民保民、为人民利益不断奋斗的历史。

* 张军：湖北经济学院教授，兼任湖北省新四军研究会副会长。

一、在寇深祸亟、生灵涂炭之际，李先念率部逆行，深入敌后，开辟抗日民主根据地，解民于倒悬，体现的是共产党人坚定的民族立场和人民至上的情怀

1938 年 10 月武汉沦陷后，日军在武汉及其周边地区布以重兵，以控制华中的交通要道和经济命脉。其华中派遣军第 11 集团军的第 3 师团驻应山，第 6 师团驻武昌，第 9 师团驻蒲圻，第 13 师团驻黄陂，第 16 师团驻孝感，第 101 师团驻江西德安，第 106 师团驻阳新，后又增加独立混成第 14 旅团驻九江，作战区域横跨鄂东和赣北。但由于日军兵力不敷，他们控制的主要是大中城市和交通干线，广大的农村地区则处于权力的真空状态。

而早在武汉弃守前夕，国民党第五战区和第九战区的所属部队纷纷向武汉的南、北、西三面溃退，国民党的各级地方政权也大多土崩瓦解。在这种情况下，一些地方实力派借机拼命扩充武装，壮大实力，图霸一方；一些地主豪绅、“汉留”帮会、反共民团头目、国民党溃散军官也趁社会秩序混乱之机，收捡国民党军队溃散时遗弃的枪支，纷纷打出乡村自卫的旗号，拉起队伍，自封司令。转眼之间，沦陷区内“游击队”遍布各地，“司令”多如牛毛。他们或与日本人暗中勾结，或横征暴敛，鱼肉百姓，或专以迫害共产党人和进步人士为能事，抗日不足，殃民有余，广大百姓生活在水深火热之中。

正是在这种背景下，成立不久的豫鄂边区党委，认真学习贯彻党的扩大的六届六中全会精神，冷静分析豫鄂边区敌后的形势，确立了深入敌后、发展党组织、领导和动员群众、开展敌后游击战争、建立敌后根据地的工作方针和斗争任务。1939 年 1 月初，豫鄂边区党委又决定成立军事委员会，由朱理治兼任主任，李先念、王国华任副主任，迅速开创豫鄂边区抗战的新局面。

1939 年 1 月 17 日，一支由 100 多人枪和 60 余名干部组成的新四军独立游击大队，在李先念的率领下自竹沟南下，担负起了党中央和中原局赋予的开创武汉外围敌后游击战争，创建抗日根据地，保护人民、抗击日伪、壮大

人民武装的伟大战略任务。

民族危亡之时，人民受难之际，共产党人不惧艰难，不畏牺牲，挺身而出，逆势而行，为民族解危难，为人民解倒悬，救民于水火，这种国家、民族和人民至上的情怀，正是共产党人时时不忘初心、担当使命的体现。

二、在敌寇横行、民不聊生的战争环境下，根据地的创立和建设，为保护人民生命财产、改善民生福祉、支援新四军第五师抗击敌伪，发挥了巨大作用，体现的是共产党人强大的组织动员能力和深厚的爱民情怀

根据地犹如围棋中的活眼，有之满盘皆活，无之必死无疑。根据地内，既可以安定生产，为抗日战争输送粮草，也可以组织兵员，创建抗日武装，更可以给人民群众较为稳定的生活，保障其生命财产安全，提升其文化教育程度，因而抗日民主根据地的建设意义重大，影响深远。

新四军独立游击大队南下不久，在抗日民族统一战线的旗帜下，一方面广泛开展统战工作，争取国民党县、区军政人员和开明士绅的支持，扩大中国共产党和新四军的影响；另一方面恢复发展党组织，然后通过党组织发动、动员群众，创建抗日民主根据地。

赵家棚是安（陆）应（山）孝（感）三县交界的中心集镇，其地东连大别山，西接大洪山，南临武汉近郊，北依桐柏山，物产富饶，人口众多，自古为鄂北咽喉，中原门户。

1939 年 5 月 9 日，李先念、许金彪率部来到了赵家棚。在赵家棚，李先念一方面指导中共应山县委组建赵家棚区委，另一方面召开安（陆）应（山）孝（感）地区的共产党、国民党和开明士绅的联席会议。在会上，李先念阐明了共产党的团结抗战主张，并与到会人员共商合作抗战事宜，由此建立了中共在安应孝地区与各阶层的统战关系，确立了中共在其中的领导地位，很快就在那里建立了根据地。

赵家棚根据地的创立，不仅使这一地区成为连接豫南、发展鄂东的出击

阵地，更为鄂中抗日根据地的建立发挥了辐射性的作用。

不久，信阳、应山、汉川、英山等地方政府经过改造，相继建立了国共合作政权，天汉湖区和黄冈沿江则创建了抗日游击根据地。豫南、鄂中、鄂东逐渐建立起了相应独立的抗日民主根据地。

“夏家山事件”“竹沟惨案”发生后，国民党顽固派在豫鄂边区的反共高潮愈演愈烈。在这种情况下，建立全面统一的豫鄂边区党和军队组织，是坚持和发展敌后抗日游击战争、建立和巩固根据地政权的客观需要。四望山会议后，鄂豫边区建立新的党委，统一领导原鄂豫皖、豫鄂边、鄂中区党委所属的鄂东、豫南、鄂中等地党的工作，并将这三个地区的抗日武装力量，统一整编为新四军豫鄂挺进纵队，分散敌后的豫南、鄂中、鄂东游击区，逐步向统一的、具有重大战略意义的抗日民主根据地转化。

此后，抗日民主根据地的建设走上了快速发展的道路。

首先是豫鄂边区党委根据中共中央“要巩固与扩大各个抗日根据地，在这些根据地上建设完全民选的没有任何投降分子参加的抗日民主政权”的指示，和中原局“不建立抗日政权，单靠军事行动是很难立足的”，“因此，从下而上，从小而大地来建立抗日政权，这是今天的主要方式”的精神，于1940年3月中旬邀请基本区内各县政权负责人和开明士绅，如张谦光、汪心一、娄光琦、向岩、黄曙晴、朱亚成、方圆记、丁瑞甫等在湖北京山丁家冲开会，决定成立豫鄂边区宪政促进会，作为过渡时期的边区政权领导机关，负责指导乡保政权的改选和根据地的各项建设工作。

豫鄂边区宪政促进会的召开，是边区党委第一次大范围地与民主士绅共商民主建政问题的大事，它宣传了中国共产党的抗日民族统一战线政策，扩大了新四军的影响。豫鄂边区宪政促进会是统一的边区政权组织的雏形。它的成立揭开了边区政权建设的新篇章，抗日民主政权就此成为维护人民群众的生命财产安全、组织动员抗战、开展生产和经济建设等工作的“活眼”。

其次是遵照中共中央的指示要求，于1940年12月成立了由各阶层进步分子组成的豫鄂边区军政联合办事处，根据地建设朝着更符合抗日民族统一战线的要求方向发展。

最后是1942年3月13日，豫鄂边区党委和行署在京山召开首届抗日人民代表大会，使抗日民主根据地的建设迈上了正规化、制度化的道路，已经具备国家政权基层组织的雏形，其中积累的政权建设经验，为后来人民共和国的建设准备了条件。

三、抗日民主根据地内实行的抗战建国政策，极大地保障了人民的政治、经济权益，是共产党人造福人民、代表人民利益的具体体现

在抗日民主根据地内，民主政权按照《抗日救国十大纲领》的要求，不断完善政权建设。

早在豫鄂边区宪政促进会存在时期，边区政府就开始实行民生权益，民主普选新的政权组织是此时的主要成绩。

所谓民选新政权，是指在共产党、新四军控制的基本区，大力实行民主，切实尊重民权，以民选的形式建立起新政权的活动。

鄂中的民选运动是在改造旧政权的基础上进行的。民选的办法多是采取由各县、区的党组织派出工作队，深入各乡、保进行宣传动员，有些地方还成立了改选委员会。

在群众初步发动以后，就在抗十团或“救联”等群众团体中进行酝酿，提出候选人。按规定，凡满18周岁的公民都有选举权和被选举权。一切准备就绪后，召开民众大会进行投票选举。投票的方法也是各种各样，有的举手表决，有的在候选人的身后插旗，有的在标有候选人名字的碗里投豆子。每个选民都可直接投票选举保务委员会委员和乡民代表大会代表，乡干部由乡民代表大会选举产生。

在通常情况下，选举的方法有两种：一种是将候选人的名字写在纸上，规定选民在自己所赞成的名字底下点个点；另一种是将候选人的名字写在纸

上，把这张纸封在碗口上，并在碗口边留一个小洞，开会时，给每个选民发规定数量的豆子，用投豆的方法进行选举。这种投票方式，适应当时群众的文化水平，常见于保、里的选举。投票选举结束后，召集当选人开会，进行分工，决定三人为乡参议会代表、四人为乡代表大会代表，其余的均为保务委员，然后在保务委员会里，推举正副保长及干事。

应城、安陆、京山、信阳、应山以及孝感的部分地区情况虽略有不同，但都因地制宜，切合了当地民众的文化水平和办事习惯，较顺利地建立了区、乡、保三级抗日民主政权。

通过一系列自下而上的民主普选，过去骑在人民群众头上作威作福的官僚大都被赶下了台，许多工农分子当选为乡（或保）务委员，有的地方还破天荒地第一次出现了女乡长、女保长。土地革命战争之后，工农群众又一次以主人翁的姿态管理着政权，从而极大地激发了广大民众的抗日热情。“在保民大会中，从来不敢过问政治的老百姓，也敢伸出他的黑粗的手，选他认为‘可以’的人，做自己的代表，而且还敢大胆地撤换违背人民意志、违背抗战法令的不称职的分子，选举‘好人’任乡、保长。”京山县在短短的100天时间里，就有7个乡完成了民选，选民达2万多人。1940年初来到豫鄂边区访问的美国记者、作家史沫特莱女士，曾在大山头一带亲自参加群众大会，目睹民选活动的盛况，在《中国的赞歌》一书中，她描写了豫鄂边区的民主政治情况，并感慨地称赞：这是比近代英美还要进步的普选，是真正的民主！

豫鄂边区军政联合办事处时期，民主政权的工作主要体现在组织参议会、加强财经工作和普及抗战教育等方面，改善民生。

一是组织参议会。遵照第一次大会发扬民主的决议，颁布县各级组织暂行条例及县参议会组织条例，通令各县组织各级参议会及各级政府。半年以来，边区各县基本区内，乡保以下的政权机构差不多已完成民选工作，并有很多县份如应城、汉川等县均已按期实行第二次或第三次的改选。在民选运动中，广大群众，特别是工农、小资产阶级的群众深受教育，他们热情参加政治生活，积极投入选举活动之中，政治水准大为提高，民选机构也因此纠正了旧政权脱离群众的不良作风，抗日民主政权的群众基础更加牢固。

二是整理田赋税捐。田赋为国家正税，人民已有缴纳的习惯，特别是在抗战期间，人民更是乐于以此资助民族解放战争。然而，由于抗战初期国民党基层政权的土崩瓦解，各县征收田赋的册卷或丢失，或落入敌伪之手，不易清理，因而只好以各种捐款代替。豫鄂边区军政联合办事处成立以后，颁发了《各县整理田赋委员会章程》。各地遂从零开始，着手进行改编保甲、清查户口和登记田亩等工作，然后按土地收获量的多少将土地划分为特上、上、中、下、特下五等，或上、中、下三等，然后登记征税，以中等计数，每亩每年只征收谷物一斗。农民有地五亩以下者只出半数，抗属全免。租种他人土地的佃户，只征土地所有者田赋，不征佃户。整理税捐的显著成就是废除了原敌伪政权的一切苛捐杂税，保证了税赋的公平。

三是解决河湖土地的归属问题。天汉地区的襄（河）北一带，十之七八为湖区，盛产鱼、菱、藕、莲、草、芦苇、野鸭等。这里的湖区历来为黄、孙、王等大姓中的地主所霸占，群众称他们为“湖王”或“湖霸”。凡有赶鸭或其他事情要进湖的，都得缴纳“湖课”，弄得乡民怨声载道。1940 年春，汉川县行委会成立以后，即明令宣布将水道湖泽收为公有，此后，渔民可以自由活跃于汈汊湖，进湖渔船日以三四千艘计。

四是普及抗战教育。豫鄂边区军政联合办事处颁布了普及抗战教育的实施方案，对于各种教育行政的主要事项，均有明确统一的规定。同时创办洪山公学，作为边区最高学府。对各县的一切私塾亦注意改良，号召各县加强社会教育，反对敌伪的奴化教育，积极发展出版事业。

边区行政公署时期，边区对政治、民生问题的建设走上了制度化道路，此时的成绩是多方面的，主要体现在：

一是按照“三三制”原则，改选边区各级政府机构。1942 年 3 月 13 日，豫鄂边区党委和行署在京山召开了首届抗日人民代表大会，会议通过了《豫鄂边区施政纲领》，并按照“三三制”原则，成立了以许子威任行署主席，杨经曲、张伯尼为副主席的边区政府。随后，边区各级机构也依此成立了抗日民主政府。

二是修缮“千塘百坝”。1941 年 8 月，中共安北工委发展为安（陆）应（山）县委，书记王良，不久由赵家驹继任。县委成立后，制订了在全县修建一千口塘堰、一百座堤坝的水利建设计划，即“千塘百坝”工程。

为此，安应县委成立了兴修水利指挥部，由县委副书记汪立波为指挥长。经过宣传发动之后，全县军民一齐上阵，当年同时破土动工的水利工程达 300 多处。

安应的“千塘百坝”运动得到了边区党政军领导的高度重视与关怀。李先念曾亲临水利工地视察并参加劳动，满口称赞说：“修塘筑坝这办法好，既修了水利，又度了荒年，是合乎人民要求的，今后要推广。”并指示：“要注意质量。塘要挖深，坝要筑高、培厚、夯紧，才会多装水，不漏水，寿命长。”后来，边区党委还从边区银行拨出 300 万元边币（折市价稻谷 1200 万斤）给安应县，用作水利建设经费。

“千塘百坝”运动的消息传到延安后，《解放日报》和延安广播电台均做了报道。

三是减租减息。为减轻群众负担，1942 年 6 月，边区行署颁发了《豫鄂边区 1942 年度减租办法》，规定：凡佃田的租课无论公田、私田，一律按其原定实付租额减 25%。如减后租额仍超过主要收成之实收量 375‰时，须减至 375‰。在水旱荒地地区，须按歉收数规定租额，再按规定租额实行二五减租。自减租办法公布后，一切黑课、干课、埸课一律禁止。在本办法施行前已存在者应认作借贷关系，于减租开始时按减息办法处理。秋收之后，各基本区都开始了减租减息运动。

四是精兵简政。从 1941 年起，各抗日民主根据地面临着严峻的政治、军事、经济形势，在此情况下，豫鄂边区于 1942 年着手党政军民领导机关的精简工作。这一年，边区“重新规定各级政府编制，实行调整各级行政机构，取消办事处，成立督察团，取消区署，实行中心乡制度”。较好地执行了简政政策，脱产人员、非战斗人员大为减少，边区各机关节约了开支，人民群众的负担大为减轻，更密切了军民、军政关系。

五是大力发展国民教育事业。为提高边区国民教育水平，边区政府广泛开展了国民教育运动，到 1943 年底，鄂中、鄂东、天汉、襄西等基本区、一般区或联乡的每个保都实现了有一所中心小学（完全小学）的目标，多数乡都有一所初级小学，全边区成立了 10 余所中学。黄陂、黄安、安陆、汉川、京山等县还开办了私立小学，黄陂建了两所私立中学。

私塾，这种盛行于鄂豫边区的私人教育方式，在这一时期也得到边区政府的支持和引导，抗日民主政府通过对塾师进行短期轮训、指定教材等措施，加强了对私塾的管理。

冬学，作为“成年补习教育的一种，特别是农民教育的良好机会，也就是普及教育、消灭文盲的重要办法之一”。冬学很早就在各抗日民主根据地开展，鄂豫边区大规模的冬学运动掀起于 1942 年冬至 1943 年春。冬学把文化识字教育、时事政治教育与生产运动结合起来，是一场全民性的边区学习运动。运动高潮之时，边区几乎人人入学，村村办学。据统计，1943 年冬，陂安南、安礼、安麻三县在黄安境内共办有冬学 700 多所，学员 25000 余人；鄂东的黄冈、礼山、蕲春、广济等县办冬学 2000 多所，学员 3 万余人；天汉、京钟、安应一带办冬学 3000 余所，学员 5 万余人。这场学习运动大范围地减少了文盲，提高了农民的思想觉悟和对抗战的认识。

四、在日伪军的“扫荡”“清乡”面前，边区党委领导新四军第五师广大指战员，运用游击战术，英勇粉碎了敌人的进攻，用鲜血和生命保卫了根据地人民，体现了共产党与人民生死与共、血肉相连的款款深情

1943 年，面对败局已定的战争形势，陷在中国战场上的日本法西斯势力

仍在做最后的顽抗，它除了加强对国民党集团的军事逼降、政治诱降之外，还加紧了对敌后抗日根据地的“扫荡”和“清乡”，企图巩固其占领区，集中兵力，以求在中国大陆与盟军一决胜负。

当年初，日军在对国民党第五战区发动大别山战役的同时，也对鄂豫边区展开了大规模的春季“扫荡”。

自 4 月始，日军对京应、安应、天汉等地进行夏季“扫荡”，为其即将进攻湘北、鄂西做准备。

在春、夏两季“扫荡”“清乡”被粉碎之后，6 月至 9 月，日军对边区又实施了秋季“扫荡”。时国民党军队降兵如云，降将如林，日军将之编为伪军，并将原伪第十一师、第十二师、第二十九师升格为正规军，充实装备，作为其“扫荡”“清乡”的机动力量。同时，日军还于 9 月 9 日在武汉设立伪湖北省政府“清乡”事务局，专管诸如组织伪政权、编组伪保甲、清查户口、招募伪军等事宜。鄂豫边区面临着残酷、严峻的斗争形势。

对此，鄂豫边区党委、行署和第五师先后发布指示、布告和命令，号召边区党政军民积极行动起来，团结对敌，战胜困难，粉碎敌人的“扫荡”“清乡”。6 月下旬，陂安南等地首先成立反“清乡”委员会，召开各阶层座谈会和群众游行集会，举行民众宣誓活动，宣誓不给敌人带路，不给敌人送粮，协助新四军作战，掩护地方工作人员。许多开明士绅保证，不泄露军事秘密，不使用敌伪钞票，不组织伪维持会。边区的基层党组织和政权还发动群众破坏敌人必经的公路、桥梁，拆毁可以资敌的寨墙、碉堡，收藏粮食，坚壁清野，加强区乡游击队、武工队和民兵基干队、自卫队的力量，增设岗哨，进行反奸、锄奸工作。

针对敌伪分区“扫荡”的特点，边区抗日武装以灵活机动的战略战术打击敌人。经过三个多月的浴血抗战，边区党政军民携手粉碎了敌伪的秋季“扫荡”。

总之，鄂豫边区、新四军第五师的发展壮大，离不开人民的支持与拥护，而人民的支持与拥护也是边区党和人民军队爱民护民、造福人民的结果，这是共产党人立于不败、愈挫愈勇的法宝。党和人民、人民和党的军队，永远是血肉相连的依存关系，历史昭示了这一点，未来也将证明这一点。

“三化”是新四军第五师强军之基

陈义万 *

2021 年，是中国共产党诞生 100 周年，也是新四军恢复重建 80 周年。从 1941 年 4 月 5 日新四军第五师成立到 1945 年 9 月 3 日抗日战争胜利，在抗日战争艰苦复杂的五年时间里，新四军第五师由 160 余人的豫鄂挺进纵队发展到拥有 5 万多人的正规部队。司政机关所在地的大悟山下白果树湾，被誉为“抗战小延安”。

组织建设规范化

1941 年 1 月 6 日，国民党制造了惨烈的皖南事变，蒋介石宣布取消新四军番号。1 月 20 日，中共中央革命军事委员会发布重建新四军军部的命令，将新四军豫鄂挺进纵队整编为新四军第五师。2 月 18 日，李先念被任命为新四军第五师师长兼政治委员。4 月 5 日，李先念在鄂中的白兆山召开新四军第五师成立大会并宣誓就职。第五师辖十三旅、十四旅、十五旅三个旅，第一、二两个游击纵队和边区党委警卫团。9 月份，鄂东地方武装整编为第三游击纵队。出生于大悟县夏店镇周家湾村的周志坚任十三旅旅长；生于宣化店镇王庄村的何耀榜任第三游击纵队司令兼政委，全师 15300 余名官兵。

---

* 陈义万：湖北省大悟县新四军研究会会长。

1941年5月，李先念指挥新四军第五师三打大悟山，有力打击了日军“扫荡”和盘踞在大小悟山的刘梅溪伪顽力量。8月，第五师司政机关从白兆山移居到大悟山下的白果树湾。长期坚持在孤悬敌后的武汉外围，面临日伪顽三面之敌，本着“发展第一，独立工作第一”的方针，立足大悟山，壮大襄西，开辟赣北，挺进洞庭湖，沟通鄂南，发展皖西和豫南，全面实施军事计划，不断壮大第五师力量。大悟山地区人民从屈辱、忍耐、绝望，到母亲叫儿打东洋、妻子送郎上战场，同仇敌忾，全民皆兵，奋起抗战。

1943年2月，大悟山区大雪纷飞，鄂、豫、皖、湘、赣五省边区8个专区党委书记，11个中心县委书记和66个抗日民主政府的县长、政委，同第五师团以上干部齐聚礼山县（现大悟县阳平镇）蒋家楼子参加大会，贯彻中央“九一”决定，明确鄂豫边区党委为鄂中五师活动地区之党政军统一领导机关；李先念为边区党委书记兼第五师师长、政委，陈少敏为边区党委副书记，任质斌为第五师副政委；鄂豫边区首届人民代表大会选举许子威为鄂豫边区行政公署主席，陈少敏为鄂豫边区人民代表大会参议会议长。会议提出加强抗日根据地统一领导，一切服从战争是统一领导的最高原则。在《李先念传》中，李先念这样评价：蒋家楼子会议在新四军第五师和鄂豫抗日根据地发展历史上，是具有里程碑意义的会议。

新四军第五师是在多支武装基础上整编而成的部队，内部成分非常复杂，多数农民出身的人存在很多不良习气。要把这样的部队建成共产党领导的部队，必须要政治建军、信仰育军、组织强军、科技立军。特别重视把支部建在连上，要求党员都成为英勇作战的模范、遵守纪律的模范、团结统一的模范。

以李先念为书记的边区党委，利用党的崇高威望，广泛接触边区国民党政界军界进步人士，结识爱国人士、社会贤达和知名人士，动员他们积极投入到抗日救国中来，把边区统一战线工作列入党的工作重心，使统一战线成为新四军第五师发展壮大的制胜法宝。

鄂豫边区党委、边区行政公署和新四军第五师，三套班子一班人马，在党委的领导下，团结统一，各尽其职，同心合力，步调一致。党委积极贯彻中央扩大的六届六中全会精神，带头执行中央路线、方针、政策，发挥旅、团，县、乡基层党组织领导核心作用和共产党员先锋模范作用。行政公署组织青年参军参战，练兵打仗，领导边区群众发展生产、支援前线。五师官兵刻苦训练，提高战斗力，先后取得刘店战斗、四望山战斗、大山寺保卫战、大小悟山阻击战和侏儒山战役的节节胜利，有力地打击了日伪顽的嚣张气焰，打出了新四军第五师的军威，在边区彰显出巨大的凝聚力、向心力和影响力。

社会功能健全化

新四军第五师的根据地之所以被人誉为“抗战小延安”，是因为当时以大悟白果树湾为中心的方圆数十里地区，成为令人向往、群贤毕至之地。在抗战烽火里，这里七行八作，百业兴旺；工农商贸，繁荣盛昌。虽然豺狼入室，白果树湾一带壮丽山河依旧在，战火硝烟中，仍然有着一块太平小天地。

文化教育　一是广纳文化教育人才。《七七报》社长夏农苔、主编李仓江，著名作家周立波，著名美术家武石，第五师文工团团长唐亥，边区党校教务长聂菊荪，五师楚剧团团长黄振，文工团作曲家邓耶，边区教育处长李实等，把优秀的文化教育人才引进新四军第五师，帮助部队提高了文化素质，提升了教育水平，为文化强军奠定了坚实基础。二是组建文艺团队。1939年10月，李先念率部从河南竹沟南下，将原创办的“孩子剧团”更名为“十月剧团”，演唱楚剧《新送十里凉亭》《岳飞传》《罗通扫北》《逼上梁山》等大型历史剧。文工团自编自演《放下你的鞭子》《新四军快来》《夺长江》《保卫大悟山》等歌舞节目。文艺团队经常深入边区部队、学校、农村演出，丰富了军民文化生活，鼓舞了战士英勇作战的士气。三是创办抗大十分校。1942年春，根据军部意见，决定在新四军第五师随营军校的基础上，创办中国抗日军政大学第十分校（今国防大学前身），李先念兼任校长。分校共举办五期，有15个大队计3000余人参训。设置政治理论、国文算术、历史地理、军事战术等

11 门课程。边区党委、行政公署和第五师机关将党校、抗大十分校、扫盲夜校和民办学校，共同打造成边区教育体系，有效地提高了部队和边区人民的文化知识。

医疗卫生 根据部队发展需要，其一，边区大力引进医疗卫生人才，扩大边区医院规模，增设病房床位，添置医疗设备。其二，边区卫生部在部队培养有文化知识的女战士，把她们送到大悟山的水罐冲医院培训学习，边授课边实践。其三，加强边区防疫工作，尤其是以疟疾为重点的流行性病的预防。其四，在旅、团设置卫生所，营、连配备专职卫生员，定期开展爱国卫生活动。组织卫生人员到大悟山采集中草药，研制中药冲剂和中药敷料，为五师官兵和当地人民群众提供医疗卫生服务。

工商企业和金融服务方面 在大悟山一带以白果树湾为中心，以滚子河为轴线，方圆 11 公里范围内，广泛分布工商企业和金融服务机构，供销合作社、粮行、柴行、豆腐行等商贸流通企业分布在新屋畈街道两旁。每逢热集，人头攒动，生意兴隆。郑家咀的兵工厂、杨家冲的印刷厂、东冲吴家河的造纸厂、南冲下徐家塆的卷烟厂、李家塆的毛巾厂等工业企业机车轰鸣，产业兴旺，生产热气腾腾，蒸蒸日上。沈冲徐家凹的边区造币厂、未来庵的边区建设银行等金融单位服务边区货币流通，为促进基础设施建设发挥巨大作用。设在车家田的七七报社、泉水庵的国际招待所和美军情报站，接待外国来宾和战地记者，宣传党的抗战政策，关注抗战时期的时事政治，报道军队地方拥军爱民先进事迹，等等。

鄂豫边区党委、行政公署和第五师司政机关在大悟山地区驻扎的五年，党政军民学，工农商贸医，整体布局，全面发展，社会组织健全，服务功能齐备，为新四军第五师的发展壮大发挥了巨大的作用。

农业生产运动军民一体化

早在 1929 年农历腊月十八，革命先驱卫祖圣组织发动芳佳畈暴动。暴动领导人汪行应、黄大智率领农民打开了芳佳畈陈家河、樊家塆五户大地主的粮仓，将粮食分发给穷苦农民过年。1930年正月初十，暴动队进入大悟山，打开了沈家冲、杨家冲严会堂、严玉池、杨维章等土豪劣绅的粮仓，活捉了镇压农民暴动的“白学会”头目蔡长增。这次暴动激发了农民的革命热情，大悟山相继建立了农民协会和农民赤卫队，开展了大规模的减租减息运动。因此，在土地革命战争时期，大悟山就已经播下了革命火种，白果树湾一带就已成为有着光荣传统的革命根据地。

1943年春，蒋家楼子会议后，边区党委、行政公署和第五师在大悟山地区开展农业生产运动，把大悟山白果树湾、滚子河、沈家冲、杨家冲作为土地改革试点，实行耕者有其田的制度。通过试点，后来在66个县逐步展开，大大地激发了广大农民种田积极性，有力地支援了新四军第五师，为抗日军队提供了足够的军粮。

为了保证农业增产增收，边区掀起兴修“千塘百坝”的农田水利基本建设。大兴“逢冲必堵修水库，拦河筑坝建渠堰，房前屋后挖水塘，村庄农户打水井”水利工程，扩大水稻种植面积，提高粮食单产，增加粮食总产。仅礼山县，在农业大生产运动中便挖塘堰1064处，筑河坝110座。据《李先念传》第十三章“光辉的一九四三年”第二节“加强根据地建设”中这样记载：李先念非常重视农业大生产运动。边区党委提出了“战争、生产，生产、战争”的口号。坚持一面战斗，一面生产。边区行政公署颁布了《1943年春耕生产紧急动员条例草案》，对修水利和农业必需的种子、肥料、耕牛、家具的准备与使用都做了具体规定。各县建立健全了生产建设委员会，各乡、保组成了春耕委员会，广泛发动农民群众，采取战争动员与组织生产相结合的办法，推动了1943年的春耕生产高潮。

边区机关和部队的生产自给运动普遍兴起，李先念等领导人带头扛起锄头，修塘筑坝，开荒种粮种菜。边区军民流传着这样一段顺口溜：“李师长，种南瓜，种的南瓜人人夸；陈大姐，种白菜，种的白菜人人爱。”他们的模范行动给机关以良好的影响和推动。1943 年边区机关、部队共开荒 2.4 万多亩，种菜 6900 多亩，部分粮食蔬菜能够自给自足。

中共中央关于必须实行自己动手、克服困难的大规模生产运动指示下达后，从 1943 年 11 月起，在边区生产运动基础上，再一次掀起军民大生产运动高潮。李先念在动员会上说，陕北南泥湾精神，就是自己动手，丰衣足食。大生产运动是为了减轻人民负担，我党我军是代表无产阶级劳苦大众的，要顾及群众利益，不能忍心群众负担重，更不要脱离群众，要从生产问题上来测验我们的阶级意识。边区党委、行政公署和第五师机关纷纷制订生产计划，除种粮、种菜、砍柴外，还新办了机关合作社及榨坊、粉坊、炭窑，自制肥皂、蜡烛，挖草药，打草鞋，养牛，养羊，养猪，养鸡；等等。秋收时节，根据地群众喜气洋洋，地头田间，打谷场上，红红火火，军民联手忙成一片，大悟山下喜庆丰年。

新四军第五师在鄂豫边区党委领导下，在边区行政公署和老百姓大力支持下，实施组织建设规范化、社会功能健全化、农业生产运动军民一体化，走出了一条发展壮大的强军之路。从 1941 年到 1945 年，新四军第五师迅速发展到拥有 5 万多人的正规部队和 30 多万人的民兵武装；先后抗击 15 万日军和 8 万伪军，对日伪作战 1260 多次，歼灭日伪军 4.5 万多人；对顽军作战 890 多次，毙俘顽军 2000 多人，顽军中主动投诚起义 3 万多人，有力地配合了八路军、新四军兄弟部队作战，为中国人民的抗日战争和世界反法西斯战争的全面胜利作出了重大贡献。

弘扬新四军第五师精神

徐赐甲 *

新四军是中国共产党领导的抗日队伍，是全心全意为民族谋解放、为人民谋福祉的子弟兵，为中国人民的抗日战争和世界反法西斯战争的胜利作出了不可磨灭的贡献。新四军第五师长期战斗在鄂豫皖边区，远离军部，相对孤立，更加艰难。特别是五师改为野战军后实现中原突围，拉开了全国解放战争的序幕，具有重要的历史地位。研究新四军第五师精神，对于贯彻落实习近平新时代中国特色社会主义思想、推动湖北高质量发展，具有重要的现实意义。本文主要以新四军在鄂南的事迹为素材，论述新四军第五师精神。

一、维护党的领导这个核心

新四军第五师由坚持武汉外围敌后抗日斗争的新四军豫鄂挺进纵队整编而成。新四军豫鄂挺进纵队从 1941 年 2 月起，边战斗边整编，于 4 月 5 日全部组建完毕，全体指战员在安陆县白兆山通电就职。李先念任五师师长兼政治委员，刘少卿任参谋长，任质斌任政治部主任，王翰任政治部副主任。从 4 月 10 日开始，全师一律使用新番号。新四军第五师下辖第十三旅、十四旅、十五旅三个正规旅和第一、二两个纵队及区党委警卫团，全师 15300 余人。4

* 徐赐甲：咸宁市史志研究中心办公室主任。

月30日，中共中央军委发布新四军各师军政委员会名单，五师军政委员会由李先念、任质斌、刘少卿、陈少敏组成。

新四军第五师是中共中央军委领导成立的，她姓党，属于人民，维护党的领导核心是她最本质的特征。新四军第五师积极执行党中央和中共中央军委的指示，维护党中央的权威，顾全大局，勇于奉献，不怕牺牲，最典型的事例就是中原战略坚持和中原突围。

抗战胜利后，中国共产党领导的人民军队在军事战略上面临重大转变。当时，中共中央着眼全国局势，及时制定了“向北发展、向南防御”的战略方针，并依据这个战略方针提出了“争取东北、巩固华北、坚持华中”的战略任务。能坚持华中，才有可能完成“争取东北、巩固华北”的战略任务，实现“向北发展、向南防御”的战略方针。否则，华中不保，丧失华中的枢纽地位，“争取东北、巩固华北”就失去了战略支援，就会给“向北发展、向南防御”带来很大困难。中共中央指出，坚持中原是“全国性的战略任务”，“将给予我在华北、华中及东北的斗争以极大的帮助”。

较北线而言，南线是我党武装力量薄弱的地方。“国民党军在南线，以约30万人的兵力，围攻中原解放区。”而中原地区仅有1945年9月由新四军第五师组建成的野战军，只辖3个旅9个团，总兵力1.6万人。新四军第五师在十几倍于自己兵力的重重包围之中，顽强斗争，坚守中原。1946年6月，新四军第五师以付出重大牺牲为代价，完成中原突围，为全国解放战争的胜利作出了重要贡献。新四军第五师牺牲自我、服从全局的精神正是服从党的统一领导、维护中央权威的高尚的政治品质。

二、坚定理想信念这个灵魂

1941年春，鄂南抗日挺进队与鄂城及武昌沿江游击队合并，成立新四军鄂南独立第五团，王苏任团长，李平任政治委员，与日伪军展开作战，不断发展壮大。7月6日，中共鄂南中心县委和新四军第五师独立五团跳出日军的“扫荡”圈，领导干部夜宿鄂城夏家榜，并在夏家榜召开会议，会场不幸被日军包围。战士们顽强抵抗，除少数突围出去外，大部分牺牲或者被围困。中心县委书记黄全德等人得到群众掩护本可脱险，但是敌人将全村群众集中起来，威胁群众交出新四军。生死抉择时刻，为了人民和民族利益，为了实现远大的共产主义理想，怀着革命必胜的信念，黄全德和王苏挺身而出，黄全德、王苏等 18 人被捕，用自己的死换取了群众的生。黄全德等人被押至葛店，日伪军对他们威逼利诱，但他们个个坚贞不屈。黄全德牺牲得最惨，被日军放狼狗撕咬而死。

1942 年 12 月，国民党顽军组织强大兵力，在咸宁制造“白茅山事件”，袭击鄂南政务工作团及地方抗日武装，使我方遭受巨大损失。鄂南政务委员会主任吴师筑和中共嘉（鱼）蒲（圻）临（湘）工委书记张进、咸宁县委书记陈觉生，在率领部队向梅山峡转移途中落入顽军的伏击圈，突围中有 30 多人被捕、牺牲。吴师筑见顽军疯狂扫射隐蔽在芭茅中的工作人员并搜山，为挽救同志毅然下山，因而被捕，被押到驻在江西修水县的第三十集团军司令部，惨遭杀害。

三、把握实事求是这个精髓

新四军第五师位于江北，紧贴武汉，处于日伪和顽军的夹击之中。鄂南位于江南，也紧贴武汉。鄂南当时虽然有庞大的国民党正规军驻守，但是进入相持阶段后国民党军并不主动与日伪军作战。仅仅依靠鄂南党组织领导的小股抗日武装和民间自发的抗日武装，难以打开抗战局面，不利于抗战大局。针对这种情况，李先念实事求是，提出“坚持原地，开辟鄂南”的战略方针，并获得毛泽东、朱德等的批准和指示。这一举措不仅有利于新四军第五师的发展，也是对全国抗战的战略思考。

1942 年 5 月 2 日，新四军第五师十四旅主力组成第一梯队，分东、西两路（东路由旅长吴林焕、副旅长熊作芳和政治部主任夏农苔率领，西路由十四旅四十一团政委罗通和中共鄂南中心县委书记李平率领）挺进鄂南。同年7月，由十四旅政治委员张体学和参谋长刘少卿率领第二梯队进入鄂南。开辟鄂南的新四军十四旅，鄂南人民亲切地称之为“江北新四军”。新四军紧紧依靠鄂南人民群众和爱国人士的支持，发挥游击战的优势，英勇顽强，灵活机动，经常以少胜多，尤其是经常神不知鬼不觉地让日军“失踪”，极大地鼓舞了抗日军民的斗志。鄂南抗日民主根据地的开辟，不仅消灭了日伪军的有生力量，进行了抗日宣传，熟悉了鄂南战场，更重要的是为南下支队开辟湘鄂赣边区抗日民主根据地打下了良好的基础。

1945年2月，长江地委代书记、第四军分区司令员兼政治委员张体学奉鄂豫边区党委和新四军第五师之命，率四十团、四十一团等四军分区主力，配合司令员王震、政治委员王首道、政治部主任王恩茂率领的由八路军三五九旅组成的南下支队挺进鄂南，打造南下支队开辟广东敌后抗日民主根据地的桥头堡。经过南下支队和新四军对日军、伪军、土匪、顽军的一系列打击和向湘北的跳跃作战，湘鄂赣边区抗日民主根据地基本形成。5月6日，南下支队根据毛泽东5月4日来电指示，在通山县山口铺召开中共湘鄂赣边区党委第一次会议，成立湘鄂赣边区党政军领导机构，边区临时党委书记王首道，行政公署主任聂洪钧，军区司令员王震、政治委员王首道，湘鄂赣边抗日民主根据地正式形成。6月27日，新四军协同南下支队取得山口铺战役胜利，歼灭日军300余人、伪军100余人，湘鄂赣边抗日民主根据地得到巩固。

四、用好统一战线这个法宝

统一战线是我党的三大法宝之一。鄂南是武汉保卫战的外围战场，也是日军占领武汉后，阻止日军南侵湖南、江西的屏障，国民党长期在幕阜山麓部署了驻军。但是，进入防御阶段后，国民党实行“溶共、防共、限共、反共”政策，不打日军，只打共产党。第三十集团军总司令王陵基就曾扬言“不打日军，专打新四军”。但是，这些顽军仍然是我们争取合作抗日的对象。

因此，我们与顽军的斗争方针是“有理、有节、有据”。他们制造摩擦，新四军要晓之以理，严重警告，对置若罔闻的则给予打击，要打痛，但不能打死，既打又拉，争取他们抗日。

1942 年 5 月 14 日夜，新四军东路部队初到鄂南，在阳新县沙林、玉树一带受到第九战区挺进军第十九支队程金门部、第一大队柯宇门部的阻挡。17 日，东路部队到达阳新大王殿、太子庙一带，程金门倾其全部武装前来阻击，拒绝新四军进入其地盘。新四军十四旅领导派人与程金门联系，愿与他们共同抗日，遭到拒绝，东路部队被迫将其击溃，俘虏其大队长以下 300 余人。新四军还热忱欢迎国民党部队人员加入新四军队伍。刘定一是国民党军某旅参谋长，在部队里受到排挤，受新四军的影响，弃暗投明，参加了新四军，投身抗战。

新四军在鄂南还十分重视对伪职人员的统战工作。罗通由于长期作战和劳累病倒后，竟被安排在咸宁柏墩日军据点下的伪维持会会长黄子英家中养病三周，得以康复，重返前线。

五、依靠人民群众这个后盾

中国抗战，最关键的是进行人民战争。新四军西路部队进入鄂南后，打着旗帜，走一路宣传一路，发动组织群众抗日救亡。从鄂大到山区，新四军天天开群众大会，唱歌演戏，发表演说，完全把群众的抗战热情调动起来了。群众说：“这下好了，新四军来了，老红军又回来了，我们有希望了，中国有希望了！”新四军西路部队到咸宁不久，经过一系列战斗，先后成立了几个县委和临时工委，有咸（宁）通（山）阳（新）县委、咸（宁）崇（阳）通（城）县委、咸（宁）崇（阳）蒲（圻）中心县委等，然后建立敌后武工队，发动群众，建立统一战线。《来自井冈山下——罗通回忆录》有这样的回忆：把自己的窝子搞得没有一个汉奸，没有一个特务，没有一个土匪，没有一个坚决反共的家伙；有生人来和出现异常现象，都向新四军报告。不少敌据点也有我们的内线，敌人一抬腿，新四军就会事先得到情报。一次，新四军在赤壁西侧过江，夜宿新堤，群众送来一批烟酒鱼肉犒劳新四军。新四军在新堤吃得好、睡得好，像过年。

1945 年 6 月，中共阳通县委为了支援前线，组织了一支以武工队员为骨干的数十人的征粮队。当时，一般人家并没有余粮，征粮队在界水岭、山口铺设卡征粮、买粮多日，却毫无收获。征粮队便把目光投向了通山县伪县长夏之日家。除征粮队外，又组织了几百名群众帮助运粮。征粮队几百人上路，突然打开夏之日建在老家焦夏村的粮仓，缴获粮食数百担，由参战群众运回抗日民主政府。消息传出，日伪军大为震惊，急调咸宁柏墩、通山南林桥、通山县城之日伪军分兵三路，妄图聚歼南下支队于山口铺。武工队打下焦夏粮仓后，根据地军民做好了应战的充分准备。南下支队共有五个大队，只有一、二、五大队各一部驻在通山，分散在山口铺、洞口罗、坳上焦等地 10 个村庄，但仍有 1000 余名指战员，目标仍然较大。由于群众工作做得好，除山口铺暴露外，余皆完全处于隐蔽状态，日伪军无法侦知，为山口铺战役的胜利创造了有利条件。

正因为坚持群众路线，群众工作做得好，得到了无数群众的积极支持、帮助、掩护，新四军才得以完成开辟鄂南的历史使命。

浅谈新四军第五师党建工作

曾求腾

1939年10月，毛泽东在《〈共产党人〉发刊词》中指出：统一战线、武装斗争、党的建设是党在中国革命中战胜敌人的三个法宝，并着重阐述了党的建设问题。实践充分证明，全面加强党的建设是不断增强党的凝聚力、战斗力和领导力、号召力的重要保证。

新四军第五师及其前身，一直孤悬敌后，面临敌伪和顽军夹击的险恶环境，且与我华东、华北和其他解放区相隔离，长期处于被分割的、孤立的独立作战地位。但他们在党中央和华中局的领导下，始终高举抗日大旗，以任何反动势力都无法遏制，任何艰难困苦都阻挡不住的强大生命力，坚持发展持久的游击战争，创立和不断巩固发展鄂豫边抗日民主根据地，使其成为地跨鄂、豫、皖、湘、赣五省的重要战略地区，并于1943年底，实现了对日本侵略者盘踞的华中重镇武汉之战略包围态势。她同边区人民经过七年奋战，歼灭日伪军4.3万余人，打退了国民党顽固派发动的多次反共高潮与反共摩擦，解放了鄂豫皖湘赣边区9万多平方公里的土地和1300多万人口，建立了拥有8个专区和38个县的抗日民主政权，部队由开始的独立游击大队160人，发展到5万余人。据不完全统计，新四军第五师各部队在抗战期间共对敌伪作战1260余次，共歼灭敌伪军4.16万人，其中毙伤俘敌伪军3.01万名，敌伪军投诚与反正1.15万名，缴获大小枪炮12000余件，为赢得中国抗日战争和世界反法西斯战争的最后胜利作出了不可磨灭的贡献。

第五师能取得成功，最根本的原因就是始终置于党的绝对领导下，通过不断加强党的建设，确保党的路线方针政策和战略部署在部队落实，确保广大指战员保持坚定的理想信念和觉悟，确保部队的团结统一和高昂士气，确保根据地的开辟和巩固，确保各项建设事业的发展。

一、建立和健全各级党组织，确保党对部队的绝对领导

新四军第五师充分认识到，要确保党对军队的绝对领导，必须紧紧抓住党的建设，特别重视各级党组织体系的建立和健全，重视政治机关建设和政治工作的开展，重视党员队伍的建设，并作为各级党组织的中心任务。

（一）在团以上建立党委、设政治委员，全面领导部队

1939 年 6 月，五师的前身新四军豫鄂独立游击支队成立时，就在支队和 8 个团队建立党委并设政治委员，政治委员任部队党委书记，并在营建立党委和设政治教导员，确保了党的指示在部队的全面落实。1940 年 1 月 3 日，新四军豫鄂挺进纵队各级党委的建立更加健全，标志着纵队各级党组织得到了进一步的发展壮大，党领导部队和根据地各项建设得到长足的发展。1941 年 5 月，新四军第五师建军后，党的各级组织体系更加完善，党的工作更加正规、有效，形成了逐级领导，个人服从组织、下级服从上级、少数服从多数、全党服从中央的严密组织结构。五师党建工作进入了一个新的里程碑。

在实际工作中，五师一直按照红军的传统和党中央的规定，重大问题均由党委集体讨论决定，特别是一些方向性、全局性的重大问题，均召开党的会议决定。五师在各级设政治委员，同时还明确认定，“政治委员是党的代表，是党员群众的代表”，是保证党对军队的政治领导，“有最后决定权”。因而政治委员在五师的威信是很高的。

党组织的建立健全，政治委员地位的确定，确保了第五师沿着党指引的正确方向不断发展壮大。

（二）在团以上设立政治机关

政治机关是党在军队的工作机关，政治工作就是党的工作。五师非常重视政治机关建设，在团以上部队建立党委的同时，也在团以上部队建立政治机关，为部队政治工作的开展，提供了根本保证。1940 年 1 月五师前身豫鄂挺进纵队建立后，部队政治机关的建设也相继展开，当时纵队政治部设立了组织、宣传、锄奸、民主、联络、敌军工作等科，5 月科改部。各团队建立政治处，大队（营）还配备了青年干事、民运队（排）设政治战士。五师成立后在团以上都设有政治机关，并进一步强调，政治机关就是党的工作机关，领导政治工作和党的日常工作。明确政治工作是实现党对军队绝对领导的根本保证，是人民军队的生命线。政治机关建设更加完善，设置更加合理，职能作用更加清晰，各级政治部门都严格按照党的制度开展工作，五师政治工作的保证作用发挥得十分明显。

（三）积极发展党员，扩大党的队伍

新四军第五师从前身的游击支队到挺进纵队再到第五师建军，部队高速发展。但是党员队伍的数量跟不上部队发展要求，党员数量少，特别是基层连队党员少，使基层组织建设得不到很好落实。有的基层党组织不健全，战斗堡垒作用发挥不好。为改变这一状况，五师及其前身都把大力发展党的队伍，作为党的建设的重要内容来抓，他们先是根据中共中央 1938 年 3 月下发的《关于大量发展党员的决议》，加大发展党员的步伐，把阶级成分好，觉悟高，在战斗中表现积极勇敢，不自私自利，有组织能力的大批优秀干部战士吸收加入中国共产党，至 1940 年 7 月，新四军豫鄂挺进纵队有党员 1944 名。五师建军后，部队进一步扩大，他们按照上级要求，把大量发展党员、建立健全各级党组织作为中心任务，加快了党员发展工作，至 1943 年，五师部队中党员为 3100 多人，连队通常有党员 17—18 人。为了确保党员发展质量，五师在接纳新党员时，要求非常严格，首先组织他们学习党纲、党章，并要求他们牢记五条要求，对由于在快速发展中把关不严、质量差的党员开展教育、

整顿和审查，纯洁了党的组织，提高了党员质量。

由于五师党员队伍的不断扩大，党员素质的不断提高，使党的组织不断稳固，党组织的战斗力不断提高，党员的先锋模范作用得以发挥，有力地推动了部队建设。

（四）支部建在连上，充分发挥战斗堡垒作用

“支部建在连上”，是红军的光荣传统，是毛泽东同志于 1927 年 9 月秋收起义后引兵井冈山之际，在江西永新的三湾村确立的原则，奠定了政治建军的基础。新四军第五师一直坚持这项原则，并“把连支部作为一切政治工作的基础”，要求每个连队都建立一个打不散、摧不垮的坚强党支部，每个党支部有十七八人，并对党支部工作明确规定了八项工作内容。如直接进行部队中一切党的工作；切实执行上级党的一切训令和指示；提高支部全体党员的政治认识和文化水平；等等。工作中，五师从各个方面大力加强连队支部的工作，师政治部广泛号召各级干部“到连队去，到支部去”“团营对于支部的领导力求深入具体，总支及教导员要直接参加支部”“除军事行动外，一切工作通过支部”。五师定期举办教导队、训练班以培养指导员、支部书记、文书及政治战士。通过培养，增强他们对党的知识的了解，提高他们的思想觉悟和工作能力。五师还在全师开展创建模范支部的活动，充分发挥党员的先锋模范作用。由于五师加强党对军队的领导，重视党支部建设，使这支以农民和旧军人为主要成分的部队，在十分艰苦的环境中而不溃散，连队始终凝聚在党支部的旗帜下。

二、开展思想政治教育，不断增强党员的理想信念

从思想上建党是马克思主义的重要建党原则，思想政治教育是党的思想建设的一个重要组成部分。新四军第五师各级党组织，尤其是连队党支部，非常重视思想政治教育，经常性地开展各种活动。这些教育包括进行共产主义思想教育、爱国主义教育、阶级教育、党的政策教育等。

（一）进行广泛深入的马列主义理论和党的纲领路线方针政策教育

五师部队处在日伪顽的夹击之中，部队成员入伍动机参差不齐。当时，由于土地革命时期国民党还乡团对共产党人和红军家属的血腥屠杀，由于日军对沦陷区人民的奸淫掳掠和对抗日根据地的残酷“扫荡”“清乡”，由于鄂豫边区和五师孤悬敌后，力量弱小，面临敌伪重兵的严重夹击，不仅地方上的一些群众害怕根据地出现“红三天”“黑三天”的变化，就是在部队中也存在一些对边区前途缺乏信心的消极情绪，再加上游击战的流动性，部队中俘虏等特种成分较多，医药卫生和物资供应比较困难，因而一度逃亡和疾病造成的减员现象比较严重，影响着部队的巩固和战斗力的提高。五师党委认为要完成党交给的抗战任务、保持部队巩固、确保部队坚定正确的政治方向，必须用马列主义理论武装官兵头脑，必须在部队深入进行党的纲领、路线、方针、政策的教育，使官兵始终坚持共产主义方向，坚持无产阶级的先进性，坚定不移跟共产党走。

师长李先念带头学习马列著作和毛泽东著作，学习党的文献，而且经常在随军学校、部队讲课。政治部主任王翰在 1941 年 6 月的全师政治工作会议上，强调政治工作要始终不渝地坚持共产主义方向，发扬红军的优良传统，使部队永远保持无产阶级的先进性。任质斌同志在 1942 年 1 月 7 日全师庆祝十月革命 25 周年大会上，号召大家要记住“我们的任务”：“不仅要推翻日本帝国主义，争取民族解放，而且要引导全国民众争取社会的解放。”五师用马列主义武装党员，用党的路线方针政策教育人，以无产阶级思想改造和克服各种非无产阶级的思想，提高了官兵的觉悟，开阔了官兵的胸怀，坚定了跟党走革命必胜的信念，部队工作得以巩固。

（二）进行全面严格的党性教育

加强对党员的教育管理、增强党性修养是五师党建工作的重要内容。抗战时期，五师共产党员大多出身于农民和其他小资产阶级，在作战中能吃苦耐劳，但马列主义水平普遍偏低，思想政治上不同程度存在各种问题，实际工作中也表现出一些违反党性的现象，如对党的政策掌握不好，存在个人主义和游击主义作风，有的甚至腐化堕落。对此，五师各级党组织在严峻的斗争环境中，抓紧一切时机，利用一切条件对党员进行党性教育。一是通过抗大十分校、教导队、党员培训班对党员进行轮训，李先念师长亲任抗大十分校校长。党员通过轮训，系统地学习了党的性质、宗旨，开展了以革命理论、革命人生观、革命英雄主义、党章、党纲、党规、党纪等为内容的党性教育；二是定期上党课，五师要求机关和连队每月都必须根据党员的思想实际上党课，提高党员觉悟；三是要求每个党员，不管职务多高，都必须经常参加党小组，过组织生活，除参加党课外，还必须参加党的知识和政策学习，参加民主生活会等。通过一系列活动，增强了党员的党性观念，使党员真正在思想上、工作中、作战时，切实起到模范带头作用。

（三）进行普遍深刻的阶级教育

由于五师处在农村极其错综复杂的斗争环境，容易受到封建传统思想影响，加之敌人的反动宣传，使一部分党员干部阶级意识模糊，对国民党存在不少错误认识。有的认为抗战是国民党领导的，代表国家，国共两党都抗日，彼此一样。有的畏敌动摇，对抗战前途丧失信心。为了彻底肃清党内外对国民党的各种错误认识，五师党委根据党中央和毛主席关于彻底肃清党内外对蒋介石国民党的各种错误思想的指示，决定将阶级教育纳入部队的整训运动，并作为政治教育的中心内容。把 1943 年 11 月和 12 月两个月作为阶级教育突击月，要求全师指战员“以战备姿态来进行”，要求各级政治机关“当作目前政治工作的最中心任务去完成”，在此之前，部队首长李先念、任质斌、王翰等同志联名于 8 月 14 日发出《干部阶级教育提纲》的通令，师政治部也编印了通俗的《反法西斯读本》，各单位都以上述文件为教材，用上课、讨论等多种形式，选蒋介石的《中国之命运》一书为靶子，引导大家在学习中批判，在批判中提高。此后，师政部还于 1944 年 1 月和 1945 年 6 月分别发出通知，要求各单位继续坚持进行阶级教育。通过教育，加强干部对阶级、对党的正确认识，认清了敌伪的反动本质，激发了干部党员的民族、阶级仇恨，坚定了广大党员的阶级立场和斗争信心。

（四）进行形式多样的经常性教育

五师的宣传教育活动形式多样、丰富多彩，除抓好大块教育外，还十分重视经常性教育。一是通过创办报刊，运用媒体等舆论工作，配合部队进行宣传教育。五师先后办了《挺进报》《七七报》《挺进》《战斗》《小消息》等报刊，这些报刊主要宣传马列主义和发表毛泽东等领导的文章，宣传党的方针政策，总结党的建设和各项工作的经验。同时刊登根据地党政军领导同志的文章，报道部队在作战、训练、群众工作等方面的动态和做法，是部队思想政治工作的重要工具，对提高官兵思想觉悟、增强敢打必胜信心，起到了很好的作用。二是重视战场宣传鼓动工作。战前五师要求各部队必须召开干部会、党员会、军人大会分别进行动员，弄清战斗的目的和行动方法，增强敢打必胜的信心。行军中和战场上，各连队仍然有“三分钟讲话”与“五分钟支部大会”的火线动员或政治教育。开展各种形式的思想政治教育，特别是随机教育，是对专题教育的有效补充，产生了一般教育达不到的效果。

三、开展整风运动，反对不良倾向和腐败，确保党组织纯洁

新四军第五师党委为总结党的历史经验，反对不良倾向，提高党员的马列主义水平，确保干部队伍的廉洁，确保党员先锋模范作用的发挥，根据党的指示和自身的实际，开展了整风运动，开展了反对不良倾向的斗争和反腐倡廉工作，取得了很好的成绩。

（一）开展整风运动

新四军第五师的整风运动是按照党中央的统一部署进行的。其目的就是“在党内进行一次普遍的、生动的、理论联系实际的、运用批评和自我批评方法的马克思主义教育运动”。五师党委从实际出发，确定整风的重点是清除党内的各种非无产阶级思想，扫除“三风”以反对主观主义为中心。同时分析

宗派主义、分散主义、极端个人主义、封建主义的危害性，清除影响。

五师整风分为两个阶段，第一个阶段即从1942年上半年开始的“战时整顿三风”。1942年4月3日，中共中央宣传部发出《关于讨论中央决定及毛泽东同志整顿三风报告的决定》，五师党委5月10日下达了《关于具体执行中央整顿三风指示的步骤问题的训令》。不久，由于根据地和五师受到严重的敌伪夹击，战斗频繁，五师根据实际情况，提出了“战时整顿三风”。因地制宜，采用多种形式在机关和部队开展了“战时整顿三风”运动，这期间，李先念于1942年10月在五师干部大会上做了“严正军风”的重要讲话，对整风运动进行了五个方面的强调。1942年12月五师鉴于胜利地粉碎了敌人的“大扫荡”，环境相对稳定，又及时发出了《关于政治工作作风问题》的训令，强调进一步深入搞好“战时整顿三风”，训令还明确提出了“战时整顿三风”的要点，即反对宗派主义以加强团结；反对教条主义以转变工作作风；反对党八股以提高宣传的实际效果。五师各机关和部队联系各单位及个人的实际，开展了相互批评与自我批评讨论，批判了宗派主义、雇佣主义、主观主义、事务主义等不良倾向，分析其给革命带来的不良后果，表示要坚决克服这些存在的问题。整风的进行，激发了广大指战员的抗战热情，增强了部队战斗力，使五师度过了历史上最为艰难的岁月，迎来了光辉的1943年。

第二个阶段是在“战时整顿三风”的基础上，从1943年冬开始的“彻底整风”阶段。11月18日，五师党委发出《关于彻底开展整风运动的决定》，对整风的主要任务、方针、政策和步骤、方法作出了明确的规定。李先念做了整风动员，号召全体党员动员起来，一方面工作，另一方面整风，提高马列主义思想水平，加强团结，改造思想，改进工作。这次整风，五师因地制宜，紧密联系思想实际和工作实际进行，不搞空对空。同时吸取历史上肃反的教训，始终注意贯彻中央提出的“惩前毖后，治病救人”等方针政策，既没有搞“逼供信”，更没有对自己的同志“残酷斗争，无情打击”，而是重在教育，通过批评和自我批评，开展必要的思想斗争，以达到弄清思想、团结同志的目的。为了增强整风的针对性，五师还重点抓了团以上干部的整风，在党校开办高级干部整风学习班，抽调团以上干部分期分批轮流进行集中学习整顿，使整风落到实处。通过整风，既为新四军第五师夺取抗战的最后胜利奠定了思想基础和组织基础，也为党的建设工作积累了宝贵经验。

（二）开展反对不良倾向的斗争

1940 年 8 月，新四军第五师前身豫鄂挺进纵队针对部队中部分干部存在的本位主义、分散主义、游击习气、军阀残余、违反纪律等不良倾向，以纵队司、政两部名义发出了《关于开展干部中反不良倾向斗争问题的指示》，并在白兆山召开干部大会，部署了反对不良倾向的斗争。之后，纵队利用击退国民党顽固派第一次反共高潮这一有利时机，集中力量开展了反对不良倾向的斗争，以加强党的建设。新四军第五师建军后，又针对干部队伍中存在的封建残余意识、农民的落后意识、知识分子的自由散漫意识，以及这些意识反映出来的本位主义和分散主义的各种表现，首先组织团以上干部集中一段时间进行学习，学习军政干部会议精神，运用批评和自我批评的武器，进行认真的检讨，增强组织观念和整体观念。随后组织基层党组织的党员和干部认真学习文件，领会精神，开好党的组织生活会，以提高认识，改造思想，增强党的观念。对个别犯有严重错误的干部进行了斗争，有的还做了组织处理。通过开展反对不良倾向的斗争，清算了本位主义与分散主义的思想意识，摆正了局部与全局、下级与上级、地方与军队的关系，加强了党的团结，增强了党组织的战斗力。

（三）反对腐败，保持廉洁

新四军第五师处在一个孤立突出的战略地区，敌伪经常“扫荡”，顽军对我军也经常侵扰，民族矛盾与阶级矛盾相互交织。在五师内部各种组织成分也相当复杂。加之敌、伪、顽的反动宣传，封建主义思想的影响，有些人经不起残酷战争和艰苦生活的考验，容易受到物质利益的诱惑，蜕化、堕落为贪污腐败分子。这就将五师党的建设、军队建设置于一个极为复杂而又异常困难的环境。只有反对腐败，保持廉洁，才能在复杂的环境中保持党的先进性和纯洁性，才能保证部队的战斗力。因此五师党委始终把廉政建设、反对腐败作为党的建设和部队建设的一项重大任务，抓住不放，坚持不懈，在党内和部队中开展反腐败斗争。五师领导非常重视反腐败工作。李先念同志身体力行，认真组织和积极参加五师反腐败斗争的各项活动，还分别在 1942 年 10 月和 1943 年 3 月做了《严正军风》《革命军队的特点与任务》两次重要讲话，他在讲话中列举了五师党内存在的腐败现象，尖锐地指出了贪污腐化的危害性，阐明了反腐倡廉与实践党的宗旨的内在联系和与革命事业成败的密切关系，提出了反对腐败的具体要求。在抗战异常艰难困苦的环境中，反对腐败，保持廉洁，全面建立各种规章制度和法律法规并严格执法，对党员干部实行强化监督，是五师反腐败斗争中的有效做法。为根除腐败现象，制定了各项制度，如"集体领导分工负责制度""干部管理制度""关于工作作风问题的训令"等，把机关清正廉明、干部廉洁奉公纳入纪律化、制度化的轨道，做到有章可循、有法可依。五师党委认为，仅仅制定制度和章法是不够的，关键在于能够严格执行。五师对于少数敢于以身试法、利用职权搞奢侈浪费、贪污挪用和侵吞公款公物的党员干部，坚决严惩不贷，毫不手软。轻则给予党纪处分，重则就地处决。1942 年 11 月 3 日，李先念亲自批准处决了两名担任营、团职务的腐败分子。1943 年 5 月，还将贪污公款 6 元钱的三十八团六连连长绳之以法。五师能在复杂、困难的环境中不断得到巩固壮大，根本原因之一，就是坚持反腐倡廉，加强自身建设。

整顿党的作风，保持廉洁、反对腐败是由我们党的性质和宗旨决定的，是保持党的先进性、拒腐防变的极为有效的措施，也是当今建设中国特色社会主义所需要继续发扬和坚持的。

四、注重干部队伍建设，提高干部队伍素质

干部队伍建设是党的组织工作的重要内容，是党建工作的基础。新四军

第五师把这一工作作为一项长期的为部队发展壮大培育中坚力量的重要工作。五师认真贯彻党的扩大的六届六中全会精神，加快发展武装、开辟根据地，部队发展迅速。因而干部的成长和队伍建设在相当一段时间内赶不上形势的发展，五师采取一切措施，着力解决这一问题。

（一）不拘一格选拔任用干部

五师干部队伍的基础主要有三：一是留在本地的和党中央陆续派来的100多名苏区或白区的老干部；二是武汉沦陷前在竹沟、汤池、七里坪和武汉等地训练班培训的千余名青年知识分子；三是从平津、沪宁、开封等地撤退来的一批流亡学生和党从国统区陆续送来的一批革命青年骨干。五师的大部分干部靠自己开小学校培养和从实战中选拔。在干部选拔任用上，注意发现人才，量才使用，坚持任人唯贤，德才并重，不求全责备，苛求完人。既重视有军事经验的红军干部，也重视知识分子干部，对从伪军反正过来的“特种”成分的干部也量才使用，并坚信革命大熔炉有冶炼人的灵魂、改造人的巨大威力。在干部配备上，从旅、军分区到团、营的主管干部，大部分由经过战争环境锻炼过的红军干部担任，但也有少量新培养成长起来的干部，或是从伪军中带头反正过来的积极分子。五师党委在干部选用上要求各级党委必须按照执行党的路线、服从党的纪律、和群众有密切联系、有独立的工作能力、积极肯干、不谋私利等六条标准，确保选人用人的质量。所以五师的干部极少有门户之见和山头主义。本地干部与外来干部、老干部与新干部、工农干部与知识分子干部之间都能在一个共同的目标下团结起来，为完成党的任务，夺取抗日战争的胜利而奋斗。

（二）大胆吸收和使用知识分子干部

五师是一支以农民为主要成分的部队，要把这支部队建成正规的、有战斗力的部队，没有庞大数量的知识分子骨干是不可能的。因此五师坚决执行党中央关于“大量吸收知识分子”的指示，将拥护中国共产党，拥护抗日，不怕吃苦，有知识、有特长的知识人才吸收到部队。五师吸收知识分子干部，一是靠广泛的社会动员吸收，二是靠办学校吸收。为此专门下发了《关于创办抗大十分校的工作》指示，明确指出创办该校的目的是“大量吸收部队外知识分子青年”，李先念在致抗大十分校的贺词《我们的大学》一文中说：抗大十分校是“豫鄂边区英雄儿女的‘萃英堂’，新中国的育才院”[①]。五师在实际工作中，注意大胆提拔、正确使用知识分子，把文化素质好、理论水平高的知识分子及时提拔到相应的工作岗位上，甚至让他们挑起独当一面的重担。从师副政委到连指导员，五师绝大部分政工干部都是知识分子，其中不乏大学生和留学生。仅据五师政治部历任正副部长学历统计，大学以上文化程度的就达80%左右，且都是二三十岁的年轻人。五师各级干部中，由于知识分子的加入，推进了工农干部知识化和知识分子工农化的进程。事实证明，五师发展壮大，知识分子干部起到了很大的作用。

（三）着力提高干部的政治思想素质

“政治路线确定之后，干部就是决定的因素。”新四军第五师在抓干部队伍建设中，十分重视干部的教育培养，特别是干部政治思想素质的提高。一是采取办学形式，轮训和培养干部。挺进纵队成立后，就开办教导队、干部轮训班、洪山公学、随营军校、抗大十分校、边区党校等。分期分批培训干部，李先念司令有时亲自讲课。1943年，五师党委为适应战争的需要，适应五师发展的需要，决定在校学生员额达3000人以上。通过对干部系统地培训，使学员比较系统地学习党的建设、抗战救国、游击战争和马克思主义等基本知识，掌握认识当时中国政治经济生活和军事斗争形式的武器，逐步树立起正确的世界观和人生观。五师干部的素质得到很大提高。二是抓好干部的学习整顿。引导干部自觉参加师组织的“党性教育”“反不良倾向斗争”“战时整顿三风”“拥政爱民运动”等教育活动，参加1943年起形成高潮的“彻底肃清国民党影响及提高干部阶级意识”的教育运动，参加1944年“高干

① 选自《李先念年谱》（第一卷），中央文献出版社2011年版，第351页。

整风班”等。一个接一个的教育，都是以干部为重点，都是以提高干部马克思主义水平、转变干部世界观、提高带兵打仗能力为根本目的。对于促进五师干部队伍建设，特别是提高干部的政治思想素质起着关键作用。三是抓干部的团结。一支几万人的队伍，人数众多，工作面广，部门之间、人员之间出现矛盾是难免的，关键在于如何处理。五师于 1942 年 7 月 25 日以军政委员会名义下发了《干部团结原则》的训令，训令提出了搞好团结的原则，并就处理干部间的关系规定了五条纪律。这个训令成为五师干部处理关系的指引。正因为五师重视抓团结，从师到旅团到基层，干部很团结。干部的团结带动了部队间的团结，这是五师发展壮大的重要因素。四是狠抓干部的作风。五师领导认为:“一切好的计划，要没有好的工作方法、作风，就绝对不能实行。”在 1941 年 6 月召开的全师政治工作会议上，提出了“对工作方法和工作作风”的专门要求，提出了要有“紧张性、实质性、战斗性、创造性”和“提倡实质主义，反对形式主义”两个基本口号，推进了五师的作风建设。

毛泽东同志指出:“指导伟大的革命，要有伟大的党，要有许多最好的干部。”新四军第五师狠抓干部队伍建设，确保了五师发展壮大。

综上所述，新四军第五师党建工作的实践和经验表明，党的建设是五师部队发展壮大取得胜利的根本保证。重温这些历史，对我们在新时代进一步加强党的建设具有十分重要的现实意义。

党的领导是创建鄂豫边区根据地的坚强支柱

宋国昌

抗日战争期间，作为我党领导的 19 块抗日民主根据地之一的鄂豫边区抗日民主根据地（1941 年前称豫鄂边区根据地，1944 年 10 月改称为鄂豫皖湘赣边区根据地），是新四军第五师处于中日战争正面战场的前沿，面临孤悬敌后、敌情复杂、环境险恶的极端艰难形势下，在党的领导下，坚决贯彻党的抗日民族统一战线方针，坚持武装斗争，通过独立奋战，顽强斗争，从无到有，从零散到连片，在不断发展、壮大、巩固的过程中而创建，并且到抗日战争胜利后成为全国六大战略解放区之一。这种举世瞩目的巨大成就，虽然是多种因素作用的结果，但共产党的领导起着决定作用。

始终坚持党的领导地位不动摇

抗日战争期间，鄂豫边区抗日民主根据地大体经历了“开创准备，初步创建，在艰苦环境中坚持、发展与巩固，完全形成和巩固发展”的四个艰难阶段。因为各个阶段都坚持在党的领导下，灵活地采取了“发展中求生存，以发展为主，发展与巩固交替进行”的方针，所以进展卓有成效。

1938 年 9 月 29 日至 11 月 6 日，中共中央在延安召开了扩大的六届六中全会。全会决定将我党工作重点放在战区和敌后，并决定撤销长江局，设立南方局和中原局；在敌后不设党的省委，而设省级区党委。六届六中全会结束后，中原局在延安召开了第一次会议，决定撤销湖北、河南两个省委，成立豫鄂边、豫鄂皖、鄂中、鄂西北四个区党委，确定沦陷区党的主要任务是建立和恢复党的组织，动员、武装民众，进行敌后游击战争；而未沦陷区党的任务是发展党组织，扩大党的影响，开展群众工作，准备游击战争和支援沦陷区的斗争。这些符合敌后实际情况党的工作重点转移、机构设置变更和主要任务的确立，为鄂豫边区发展抗日武装、创建抗日根据地指明了方向。

1938 年 11 月下旬成立的豫鄂边区党委，以党的扩大的六届六中全会精神为指导，确立了深入敌后、发展党组织、领导和动员群众、开展敌后游击战争、建立敌后根据地的工作方针和斗争任务，进一步明确了在党的领导下建立鄂豫边区根据地的指导思想。

1939 年 1 月 17 日，李先念率领 160 多人组成的新四军豫鄂独立游击大队南下，担负起党中央和中原局赋予的开创武汉外围敌后游击战争、创建敌后抗日根据地的伟大战略任务。途中，李先念按照毛泽东提出的“建立根据地的基本条件，是要有一个抗日的武装部队，并使用这个部队去战胜敌人，发动民众。所以建立根据地问题，首先就是武装部队问题”这一工作思路，遵循“发展抗日武装，扩大游击根据地，建立党对军队的绝对领导”这一指导思想，会合散布在各地党组织领导的武装力量，联络国民党中愿意抗日的部队，同国民党顽固派进行有理、有利、有节的斗争及联合，发展壮大党领导的武装部队，这才逐步立足，打开局面。在此基础上，新四军豫鄂独立游击大队先后与其他抗日力量合作，3 月开创了信罗边抗日游击根据地；5 月，新四军豫鄂独立游击大队和湖北境内几支党领导的武装，合编为新四军挺进团，开创了以赵家棚为中心的安应抗日游击根据地。但初创的抗日游击根据地是零散的，而且是不稳定的。

部队建设和根据地建设，是互相联系、密不可分的。部队打仗不断取得胜利，是根据地建设的保障；而根据地不断扩大、巩固，是部队不断壮大、抗日战争最终取得胜利的基础，两者都离不开党的领导。因此，五师从一开始，就把部队建设和根据地建设置于党的绝对领导之下。在根据地初创过程中，李先念非常重视党的领导作用，在与其他抗日力量合作创立抗日根据地时，就旗帜鲜明、态度坚决地确立了我党的领导地位，这为以后在创建鄂豫边区根据地进程中，始终坚持党的领导地位不动摇，打开了良好的开局，并奠定了坚实的基础。

1939年6月16日，鄂中区委在养马畈召开扩大会议，决定成立新的鄂中区委，将鄂中、豫南党领导的抗日武装统一整编为新四军豫鄂独立游击支队，从而加强了鄂中地区党组织和武装部队的力量，为创建鄂豫边区抗日根据地创造了条件。

此后，新四军豫鄂独立游击支队纵横驰骋于豫南、鄂中和淮河、汉水两岸的广大地区，相继创建了豫南、鄂中、天汉湖区、鄂东抗日游击根据地。

1939年12月中旬，新的豫鄂边区党委成立，实现了对豫南、鄂中、鄂东地区党组织的统一领导，加快了根据地的建设步伐。豫鄂边区党委成立之后，在基本区进行了自下而上的民主普选活动，大批工农分子被选入基层政权，劳动人民再一次当家作主，这为抗日游击根据地的扩大和发展，提供了雄厚的群众基础。

1940年1月，新四军豫鄂挺进纵队建军，完成了对边区各地抗日武装力量的整编，武汉外围的敌后游击战争进入新阶段，各地抗日民主政权纷纷建立，关乎边区人民切身利益的各项工作全面推开，边区根据地建设出现了可喜的局面。

抗日战争期间，在抗日民主根据地内，毛泽东提出了“三三制”的建政原则，即在民主政权人员分配上，“共产党员占三分之一，他们代表无产阶级和贫农；左派进步分子占三分之一，他们代表小资产阶级；中间分子及其他分子占三分之一，他们代表中等资产阶级和开明绅士”。1940年9月初，边区党委召开第一次军政大会，按照“三三制”原则选举产生了豫鄂边区军政联合办事处，为以后建立各级民主政权进行了有益的尝试。由于民主政权是由共产党领导创立的，而共产党代表着广大人民的利益，因此，共产党的领导地位在民主政权中是非常牢固的，这对边区根据地建设有着极大的推动作用。

1940 年 12 月，中共中央明确指示，在根据地政权建设上，“必须力求吸收进步分子与中间分子参加，同时要保持党所领导的工农小资产阶级在政权中的优势。要注意在区乡级的区长、乡长、村长中，一定要有党员和进步分子，这样才能保证基本群众的利益”。这为边区根据地政权建设进一步指明了方向。

皖南事变后的 1941 年 4 月，新四军第五师和豫鄂边区行政公署几乎同时成立，成为豫鄂边区根据地建设的新起点。边区行政公署颁布了一系列条例、条令，明确了各方面的职责，健全了各级办事机构，建立了各级地方政府，边区根据地建设逐步法制化、正规化。此后，在豫鄂边区党委和行署的领导下，边区各抗日民主政府带领群众克服困难，在抗灾救灾中兴修水利，发展农副业生产，兴办工业和手工业，实行贸易统制，加强税收、金融、文化教育、医疗卫生等方面工作，边区人民生活条件得到明显改善，根据地建设有了进一步发展。

随着武装斗争的开展和根据地的创建，五师领导深刻认识到：广大人民是靠山，抗日根据地创建、发展和巩固的全过程，都离不开各阶层群众，特别是广大人民的支持。只有加强党的领导，才能与广大人民群众保持密切的鱼水关系，从而凝聚起各种抗日力量，发展壮大人民军队和推动根据地建设。基于这种认识，1943 年 2 月，边区党委在礼山（今大悟）县蒋家楼子召开扩大会议。会议在总结 1942 年边区武装斗争和根据地建设经验的基础上，认真讨论了 1943 年边区面临的形势与任务，同时宣布了中共中央的决定，由李先念任书记兼五师师长和政委，对边区党政军实行统一领导。这次会议在五师和边区根据地建设史上，具有里程碑式的重要意义，党组织的战斗堡垒和领导核心作用得到了进一步的加强，边区根据地建设迈向了一个新阶段。

蒋家楼子会议在强调军事建设的同时，也十分重视根据地的经济建设。边区党委提出了“战争、生产”“生产、战争”的口号，面对艰难处境，大力开展大生产运动，普遍推进减租减息，加强贸易统制，发展合作事业，实行合理负担，加强法制建设，精兵简政，大力发展国民教育事业。这一系列得民心的举措，使根据地的建设得到全面加强。

1943 年上半年，五师采取灵活机动的战略战术，经过浴血奋战，粉碎了日伪军的“扫荡”“清乡”和顽军的“清剿”，不失时机地展开主动进攻，到当年 10 月，先后恢复和发展了襄南和襄西根据地，开辟了赣北根据地，创建了石（首）公（安）华（容）根据地。

1944 年，抗日战争进入战略反攻阶段。2 月，边区党委制定了根据地建设“以巩固为中心”的工作方针。4 月，湘鄂赣边区建立。5 月，边区召开政权工作会议，确定了政权建设的基本方针和任务。6 月，边区第一届临时参议会召开，通过了一系列政权法规条例。8 月，五师与其他兄弟部队一起开辟了豫中、豫南根据地。9 月，创建了鄂皖边、赣北根据地。10 月 18 日，中央决定将豫鄂边区改称为鄂豫皖湘赣边区，标志着边区根据地建设进入崭新阶段。11 月，发展了襄河根据地。11 月 20 日，召开了边区农救会代表大会，确定了斗争目标之一是：要展开根据地的全面建设，打下反攻的经济基础。这充分说明，边区根据地建设已经进入巩固阶段。

1944 年，由于连年自然灾害，加上部队壮大、开支增加，边区财政经济再度发生严重困难。边区党委采取组织军民进行大生产、救灾赈荒、开源节流等措施来克服困难，并彻底进行减租减息，加强各项经济建设，使得局面得以好转。

1945 年 2 月，边区党委确定了边区根据地“以发展为主”的工作方针。5 月初，湘鄂赣边区临时党委、边区行政公署和军区同时成立，确定了“坚持与巩固鄂南、发展湘北敌后游击根据地，创造湘中、湘南前进阵地，向南发展”的斗争方针，同时组织南征部队向南进军并取得胜利，为湘鄂赣边区根据地建设的发展创造了极为有利的条件。

4 月中下旬，五师先后收复白兆山、四望山根据地。这一时期，襄河、湘鄂西、鄂皖边、赣北根据地也得到了很快发展，到1945年抗日战争胜利前夕，边区根据地最终形成并得以巩固。

在将近七年的浴血奋战中，五师始终坚持党的领导，依靠群众的力量，创建并巩固了鄂豫边区抗日根据地，将武汉外围的日伪军分割为数块，形成威胁平汉铁路南段、粤汉铁路北段，控制长江中游的战略态势。在武汉郊县开辟的陂安南、陂孝礼、涨渡湖、汉孝陂、汉沔、咸武鄂、武鄂等抗日游击根据地，形成了对武汉的内层包围圈，最终创建、发展、扩大、巩固了东起皖西的宿松、太湖及赣北的彭泽、瑞昌，西达鄂西当阳、宜昌，南括湖南的南县、湘阴及鄂南的通城、通山，北抵豫中的叶县、舞阳，地跨鄂、豫、皖、湘、赣五省边界地区，拥有9万多平方公里的土地、1300多万人口（连同游击区，人口约2000万）的抗日民主根据地。在根据地内，建立了8个地委、专员公署、军分区，11个中心县，66个党政军组织齐全的县级政权。这块抗日根据地后来发展成为全国六大战略解放区之一，在解放战争初期发挥了重要作用。这种显赫的历史功绩，彰显了五师高超的根据地建设能力。

回顾五师近七年的斗争史，我们不难看出：党的领导不断加强的过程，也是部队不断壮大和根据地不断发展、巩固的过程。把坚持党的领导，始终全方位贯穿于边区根据地建设的过程中，是五师成功创建鄂豫边区根据地的根本所在。

始终加强党的各级组织建设不放松

1927年9月底，毛泽东率领的秋收起义部队在江西永新县三湾村进行了改编，决定支部建在连上，确立了党对军队的绝对领导这一建军原则。这一原则后来在井冈山革命根据地和中央苏区建设过程中得到了进一步的发展，即在广大农村基层建立党支部，使其成为开展各项工作的领导核心。实践证明，这一做法对党的建设、军队建设和根据地建设，起到了组织保证和战斗堡垒作用。

在土地革命战争期间，我党不断探索和总结出了有关党的建设、军队建设和根据地建设的成功经验，并培育了有效开展群众工作的优良传统和作风。这为抗日战争期间五师在敌后创建抗日根据地，提供了可资借鉴的经验，奠定了良好的组织和思想基础。

党在不同时期制定的路线、方针、政策和所提倡的政治主张，都是通过党的各级组织认真贯彻执行，来体现党的领导地位和作用。边区党委深知组织建设对加强党的领导的重要性，所以非常重视党的组织建设和思想建设，在创建抗日根据地的过程中，多次召开组织工作会议，专门研究党的组织建设问题。

1939 年 12 月中旬，新的豫鄂边区党委一成立，就立刻召开了第一次边区组织工作会议，要求各地大力发展党的队伍，提高党员的政治思想水平，并培养党的基层干部，让这些干部到新地区建立党的组织。经过将近一年的努力，党的支部深入保里，甚至发展到敌人据点内。

1940 年 7 月，边区党委召开了第二次边区组织工作会议，专门总结了组织建设工作中的经验教训，制定了实现更大发展的规划。会后，在全边区范围内发展党员的速度进一步加快，但在发展过程中出现了某些偏差。于是，1940 年 10 月，边区党委召开了纠正偏差的第三次边区组织工作会议，中心议题是讨论如何活跃党的支部工作。自此，地方和部队的党组织，都把发展敌后游击战争、开创根据地、建立民主政权，作为经常性工作来抓。

1942 年 9 月，为使党的建设适应艰苦斗争的环境，边区党委召开了第四次边区组织工作会议，提出了在斗争中建设党、改造基层党的成分、健全支部生活、加强党员的思想改造、提高党的战斗力等任务，使党的基层组织领导核心作用得到了进一步加强。

由于党支部是最基层的组织，是联系人民群众的桥梁和纽带，是带领党员和广大群众进行对敌斗争的战斗堡垒，所以边区党委时刻注意充分发挥党支部的战斗堡垒作用，强调要使党支部成为一切政治工作的基础和核心。因此，边区党委加强党组织建设的强力举措，为边区根据地建设提供了强有力的组织保障。

1939年初，李先念率领部队一到鄂中，为了求得生存空间，就把建立根据地作为部队立足、发展的可靠基地。由于部队刚到鄂中，各种条件限制，根据地在创建之初的难度很大，李先念就把部队打仗和建立根据地紧密结合起来。部队胜仗打到哪里，就立刻在哪里建立根据地。在部队主动对敌出击、赢得民心的基础上，依靠当地党组织，乘势就地建立根据地。

人民群众是建立根据地的最可靠基础，因此发动群众必然是五师要承担的一项重要任务。五师的部队既是战斗队，又是工作队。指战员不仅要打仗，还要做比打仗更艰苦的工作，用党的主张、行动去宣传发动群众，建立根据地。为了部队的发展壮大，在加强党的组织建设的同时，五师领导非常重视边区的民运工作，把抗日游击根据地的创建摆在了重要的位置上。

从1940年初开始，边区党委要求各地、县委都必须相应设立民运部，部长必须由同级党委委员担任，来加强群众工作，建立各行各业的抗日基层组织和武装，这为创立根据地指明了方向、奠定了基础。因此，五师在武装组建边区根据地的同时，有针对性地选派经过艰苦斗争磨炼、军政兼备、办事可靠、机灵精干的共产党员、党员干部和部队干部，专门从事民运工作，深入其他活动区域来开辟新区。这些同志深入农村扎根串联，广泛宣传抗日救国的道理，动员群众，发展党员，建立党组织，组织儿童团、青救会、农救会、妇救会、农民自卫队、基干民兵队、抗日十人团及其他名称的抗日群团组织，把新区开辟工作搞得有声有色、红红火火。

边区党委在充分依靠广大群众的同时，认真执行抗日民族统一战线政策，团结一切愿意抗日的力量，用“三三制”的原则组建抗日民主政权，作为基层骨干力量来开创敌后抗日根据地。终于在实践中逐步摸索出“从发展中求巩固，巩固是为了更大的发展；发展一步，巩固一步，再发展，再巩固；这里巩固，那里发展，巩固与扩大基本区、开辟新的游击区和边缘区相结合”

的科学规律。部队就是遵循这个科学规律，每当一个根据地初步形成以后，就不失时机地在巩固中用斗争的方式加以发展，在发展中进一步巩固，以求更大的发展，如此循环往复，从而扩大了解放区，缩小了敌占区，创建敌后根据地的工作取得了显著的成效。

由于日伪占领着城镇和交通沿线，国民党部队占据广大山区及农村，李先念的部队最初很难在日伪顽三角夹缝中开创出连成一片的大块根据地，只能以农村包围城镇的格局建立比较分散的小块根据地。随着五师的建立，直到 1941 年底，才在武汉外围建立了对武汉形成包围格局的大块根据地。

连成一片的根据地建立及 1943 年蒋家楼子会议召开以后，根据边区党委的指示，在五师各旅团中加强党的领导的同时，各地委、县委选派或提拔了大批优秀党员干部到政府工作。不少地方的县、区、乡、保的主要负责人，均由同级党的负责人担任。这样，党在边区根据地建设的领导地位，从组织上得到了有力的保障和加强，从而为边区根据地的建设开辟了更为广阔的道路。

五师不但在各旅团中建立党委，而且在中队中建立党支部。仿照这种做法，地方上在各地、县、区建立党委，并设专职书记，在乡、村中建立党支部，从组织上进一步加强了对根据地建设的领导。

正是由于五师在地方上大力加强党的建设、政权建设、地方武装建设、后勤工作和群众工作，因此群众的组织面、发动面、觉悟程度大大提高，抗日热情空前高涨，使得根据地建设更加顺利地向前推进。

由此可见，鄂豫边区根据地的建设，是由党的组织建设作为支撑而健康发展的。

充分发挥党员的先锋模范作用不间断

抗日战争是中华民族反对日本侵略、挽救民族危亡的民族战争，涉及广大人民群众的根本利益。因此，只有动员群众、依靠群众、组织群众起来反抗外来侵略，打一场人民战争，才能最终战胜敌人，夺取抗日战争的全面胜利。进行这样一场持久的人民战争，建立巩固的根据地，具有举足轻重的地位。而在那种特殊的战争环境中，要实现这一目标，只有先进的共产党才能做到。

共产党的先进性体现在每一个党员的党性修养上，是党员平时用自己的一言一行、一举一动来扎实践行的。在鄂豫边区根据地的建设过程中，共产党员的表现尤为突出，先锋模范作用得到了充分发挥。

1938 年 3 月 15 日，中共中央下达了《关于大量发展党员的决议》。决议指出：要“大量地、十百倍地发展党员”，从而为党员队伍的扩大打开了大门，为边区根据地建设提供了大批的有生力量。这样，不但在第五战区的统战组织中有共产党员参加，而且在鄂豫边区的各个地方，也都遍布着共产党的组织和共产党员。

在日军全面进攻，中华民族面临亡国灭种的危急关头，经受先进思想教育的共产党员，为了维护国家和民族利益，表现出了前所未有的勇气和胆识。为了抗日救亡，鄂豫边区不少出身于富康之家的共产党员，主动挺身而出，勇赴国难，以大无畏的浩然正气和勇于奉献的牺牲精神，不惜舍身报国，毅然毁家纾难，勇敢投入抗日洪流之中，在普通群众中引起强烈震撼，使各阶层人士深受触动，从而激发民众奋起抗日的热情高涨，为鄂豫边区根据地的初创作出了极大贡献。

由于豫鄂边区在大革命时期是我党发动武装起义较早的地区之一，红军曾在这里浴血奋战过，人民群众与我党和红军有着血肉相连的感情。在这块热土上，广大人民群众会积极响应共产党的号召，共产党员的先锋模范作用更容易在广大人民群众中产生强烈反响，进而推动各项工作，这为五师在豫鄂边区发展敌后抗日游击战争和建立根据地提供了雄厚的群众基础。五师清醒地认识到了这一有利形势，充分利用这一有利条件，始终把广泛发动群众、紧紧依靠群众、动员群众积极支持和参与根据地建设，作为一项重要工作来抓。

广大民众是创建根据地的主要力量，要想把这股庞大的力量凝聚起来，一要靠动员、组织，二要靠影响、感召。前者由党的各级组织来完成，而对民众的影响、感召力，只有共产党员的榜样力量才能够实现。所以，在鄂豫边区根据地建设过程中，边区的各级党组织非常重视党员的先锋模范作用对于建设好根据地的重要性，一直严格要求每一个党员努力成为英勇作战的模范、执行纪律的模范、遵守纪律的模范、政治工作的模范和内部团结统一的模范。一直严格要求自己的党员干部和党员，在任何条件下，都必须坚持继承和发扬党的艰苦奋斗的优良传统和作风，处处在群众中起模范带头作用。因此，无论是在炮火纷飞的战场上，还是在敌后农村动员、组织民众中，党员干部和广大党员总是不畏艰险，排难前行，吃苦在前，享受在后，冲锋在前，退却在后。在创建抗日根据地的艰苦斗争中，不少共产党的干部以民族利益为重，用不畏艰险、不怕牺牲，敢于斗争、敢于胜利的大无畏精神英勇战斗着，在群众中极具感召力。更多的共产党员与老百姓同呼吸、共命运，心连心、肩并肩地团结战斗在一起。

在根据地建设过程中，尤其是在1943年前后，由于敌人的掠夺、破坏和自然灾害的袭击，边区根据地财政经济面临严重困难。在物资极度匮乏、群众基本生活得不到保障的艰难环境中，包括李先念、陈少敏等五师首长在内的党员干部和广大党员，虽然饱受饥寒，但依然斗志昂扬、勇敢面对，不知疲倦地工作着、战斗着。他们在困难时期与当地群众同甘苦、共患难，事事、处处、时时充分发挥共产党员的先锋模范和骨干带头作用，在艰苦环境中以身作则，不怕困难，勇敢前行，急群众所急，想群众所想，带头挖野菜、采树叶来度饥荒，带领群众战天灾、避人祸、图生存、求发展、谋幸福，积极开展大生产运动，带头开荒种地、生产自救，认真救灾赈荒，共同努力，让人民群众生活日渐改善。他们的模范带头作用，赢得了广大民众的普遍赞誉、敬重和爱戴。正是这种榜样的力量，产生了极大的凝聚力和向心力，鼓舞起边区军民共渡难关的力量和斗志，激发起高涨的爱国热情和抗日积极性。

人民群众的支持和拥护，是根据地建设赖以开创、不断发展、逐步巩固、最终完全形成的基础。五师一直重视群众工作和军民关系，把相信和依靠人民群众、动员当地群众参军参战支前当作一切工作的出发点和落脚点，坚持发扬红军的优良传统，严格遵守“三大纪律，八项注意”，维护当地老百姓的利益，深受老百姓的爱戴和支持。当地老百姓也把五师的部队当成自己的子弟兵，从而形成了“军爱民，民拥军”的良好局面，为根据地的开创、不断发展巩固创造了良好的条件。群众的积极性起来了，就主动从人力、物力、财力上支持我党领导的抗日根据地建设。

1941 年 6 月召开的全军政治工作会议，对如何加强党对部队的领导、部队执行党的政策、增强干部党性、加强连队党支部战斗堡垒建设、提高党小组和党员模范作用、发挥党员团结群众的作用、培养和提高党员的政治思想水平以及对部队的政治教育等工作，都做了认真研究部署，从而带动边区各级党组织发挥战斗堡垒作用、党员发挥先锋模范作用进入一个新的高度。

经过 1943 年冬季、1944 年春季的全面整风运动以后，鄂豫边区和新四军第五师增强了党员干部的党性，加强了党的统一领导及民主集中制和党内外的团结，使得边区党在政治上、思想上、组织上更加统一。同时，大力加强地方各级领导班子建设，大力加强干部队伍建设和党员队伍建设。地方干部进一步增强了政策观念和群众观念，党员干部发挥骨干带头作用、党员发挥先锋模范作用的积极性更高了。群众在党员的带动下，踊跃参军参战，积极发展生产，根据地建设进入健康发展的快车道。

综上所述，边区根据地的创建、发展、扩大、巩固的全过程，离不开各阶层爱国人士的拥护、支持和参与。而各方面的积极性，主要来自无数党的干部以身作则、率先垂范和共产党员的先锋模范、骨干带头的影响力和感召力。这种影响力和感召力，是通过坚持党的领导来实现的。

新四军第五师和鄂豫边区党组织是如何开展群众工作的

文道贵*

今年是中国共产党建党100周年大庆，我们也迎来了新四军第五师建军80周年的大喜。70多年前，李先念率领160余人的新四军独立游击大队从河南竹沟南下鄂豫边区，广泛发动群众，汇集抗日武装，建立抗日根据地，坚持抗战。到1945年抗战胜利时，这支部队收复9万多平方公里的国土，建立8个专区、66个县抗日民主政权，解放1300多万人民，建立起地跨鄂豫皖湘赣五省交界地区的边区抗日根据地，成为一支拥有5万多人的新四军主力部队，还领导着30多万民兵武装力量。新四军第五师及其创建的根据地一跃成为华中新四军及其根据地中实力最强者和面积最大者。今天，重温新四军第五师及鄂豫边区抗战的光辉历史，深感五师与边区党组织正确把握了群众工作的脉搏，开展了切合实际而又扎实有效的群众工作，有力地支撑了边区抗日斗争和第五师的发展，为边区抗战胜利作出了突出贡献。

* 文道贵：武汉理工大学马克思主义学院教授、湖北省新四军研究会副会长。

一、群众工作的出发点就是营造同仇敌忾、共御外侮的抗日斗争局面，增强民族精神和民族凝聚力，把广大群众发动起来，组织到边区参加抗日斗争

日本帝国主义发动全面的侵华战争，就是企图变中国为它的殖民地。面对民族敌人，中国共产党率先高举全民抗战的大旗，提出全面抗战的路线，主动地发起和促成建立抗日民族统一战线。鄂豫边区群众工作的出发点和首要任务，就是贯彻落实抗日民族统一战线政策，尽可能地把边区各阶层群众发动和组织起来，壮大统一战线力量，增强抗日的凝聚力、战斗力。

1939 年 5 月，李先念率部南下鄂中后，他主动与地方党组织和游击队取得联系，积极向群众宣传共产党的抗日主张，扩大共产党及其领导的人民军队的政治影响，很快打开了边区合作抗日的局面。

1940 年春起，根据中共中央关于深入开展群众工作的决定精神，边区党委设立民运部，具体领导边区群众工作。1940 年 3 月，边区妇女救国总会成立。5 月，边区各界救国联合会总会成立。农救会、工救会、商救会和青救会也都相继建立起来。同时，新四军部队也相继建立了群众工作组织。边区初步形成了党政军民齐心协力开展群众工作的局面。

在群众工作中，李先念和边区党委要求转变群众工作方式，讲求群众工作方法，“使民众了解，全民总动员，是保卫家乡、保卫边区的基本条件；民众如果不参加长期的斗争，就无法保家乡，无法保护自己的父母和孩子、老婆、耕牛，民众的生活就无法改良”[①]。深入细致的群众工作产生了巨大作用，不仅边区广大群众被发动起来了，而且“团结了国民党的书记长、三青团负责人及各阶级的抗日的士绅、地主、富农、知识分子、农工商参加政权工作，实现真正的抗日各阶级联盟的新民主主义的民主政策，扩大了边区民主运

① 选自《鄂豫边区抗日根据地历史资料 · 政权建设专辑（1）》(内部资料)，第 129 页。

动”[①]，真正实现了边区团结抗日的局面。而且，由于群众工作的积极配合，新四军第五师能够在各种势力渗透、敌我友犬牙交错、三角斗争异常激烈的鄂豫边区得以立足、生根，建立根据地，从而实现了中共中央在鄂豫边区建立抗日游击支点的战略目标。

二、群众工作的着力点放在关注民生，激发群众的生产积极性，努力发展经济，为坚持抗战提供物质基础

鄂豫边区群众工作之所以能够有效开展，关键在于它把群众利益放在第一位，注重解决群众生活面临的突出问题，从而调动了群众生产和参军参战的积极性、创造性。

边区根据地初创时期，群众的负担十分沉重。除了封建地租、高利贷和国民党政府的苛捐杂税，在游击区和沦陷区，还要忍受日伪军名目繁多的肆意掠夺。此外还有天灾影响。1941 年的特大旱灾，60 年一遇，边区受灾人口 200 余万，孝（感）北、安（陆）北、应山、京山等地几乎颗粒无收。1944 年 8 月，边区又遭遇灾害。五师曾致电党中央和华中局说，“从本年秋季起，预算几乎一半是赤字”，边区公粮减少 10 万石以上，200 万人口中有一半是灾民。

在此背景下，要动员群众参加抗日斗争，首先必须解决群众的生存问题，减轻老百姓的负担。李先念和边区党委采取多种措施，把解决好民生问题作为群众工作的重要内容。他们提出：“我们要建立的一个社会，是一个新民主主义社会，新民主主义社会不能建立在一个贫困的废墟上的，人民贫穷的社会，算不得一个新民主主义社会……必须加强经济建设，把人民从贫穷困苦的深渊中拯救出来。”[②]

① 选自《鄂豫边区抗日根据地历史资料 · 政权建设专辑（1）》（内部资料），第 119 页。

② 选自湖北省档案馆编：《华中抗日根据地财经史料选编——鄂豫边区、新四军第五师部分》，湖北人民出版社 1989 年版，第 290 页。

1943 年 11 月，李先念在师直属机关干部生产动员大会上讲话指出，边区群众的负担太重了，“我们共产党员不好好认识这一点，就是非无产阶级的意识，是脱离群众路线。所以我们要从生产运动中来解决经济困难，来减轻群众负担，改善群众生活”[①]。

为此，首先是发动群众做好减租减息工作。1941 年 4 月，在鄂中、豫南部分地方试点的基础上，边区着手全面推进“二五减租”工作。以安（陆）应（山）县为例，该县 36 个乡中有 30 个乡实行了减租。据 30 个乡的统计，涉及减租的地主 26 户，共减去租谷 20600 石，得益佃户 16282 户；根据 6 个乡的统计，905 户业主共向 2207 户佃户退还押金 18069 元；据 5 个乡的统计，减租后农民生活得到了一定改善，贫农赶上中农生产生活条件的 496 户，中农赶上富农生产生活条件的 76 户。[②] 而据 1944 年秋收后的估计，仅边区中心区 80 多个乡共减去租谷 15 万石，大约 3000 万斤。[③] 减租减息政策的推行，得到了大多数开明地主的理解和支持，既减轻了农民的负担，一定程度上缓和了农村比较紧张的阶级矛盾，又弥补了边区粮食供应短缺的状况，成绩是显著的。

边区还实行合理的税收政策。边区财政税收主体来源于农业。农业税征收田赋公粮，按照实物征收。1941 年，边区政府开始实行累进税制。1942 年，边区又开始执行新的农业税政策，田少人多的少征，田多人少的多收，尽力均衡税收负担。由于税负比较合理，调动了人民群众的生产积极性，群众交纳田赋公粮也比较踊跃。边区政府主席许子威说：“自从田赋公粮开征之后，就把田亩抗日月捐和几近苛杂的一切临时摊派，全部取消，把春季向人民借

---

① 选自湖北省档案馆编：《华中抗日根据地财经史料选编——鄂豫边区、新四军第五师部分》，湖北人民出版社 1989 年版，第 472 页。

② 选自刘跃光：《华中抗日根据地鄂豫边区财政经济史》，武汉大学出版社 1987 年版，第 94 页。

③ 选自刘光明：《郑位三传》，武汉工业大学出版社 1988 年版，第 207 页。

的粮款全部清还，不仅真正执行了合理负担的原则，减轻了人民的负担，而且增加了政府的收入。”[①]

兴修水利，发展多种经济，也是边区群众工作的重要内容。边区政府时刻“注意蓄养民力和培养民力，以求得整个农村经济之迅速恢复和发展”[②]。在战争的间隙，积极组织和领导群众修复水塘、堤坝等农田水利设施；开展生产运动，发展多种经济。1941年冬、1944年，边区两次组织群众开展农田基本建设。天（门）京（山）潜（江）县实验乡开沟渠19条，共长50余里，灌溉面积12800余亩；天（门）汉（川、阳）地区养黄、倪家等乡群众修筑“百里长堤”，把13个小垸合围成一个大垸，使23000多亩田地受益；襄（河）南地区大搞水利建设，使近100万亩农田受益，可以保障江陵、潜江、监利、沔阳等县农民的生产生活；安（陆）应（山）县的“千塘百坝”运动共修坝106座、挖塘1063口，成为边区农田水利建设史上的典范。农田水利建设，使山乡湖泊充分发挥了农业灌溉及水利调节作用，保障了边区大部分地区的农业生产和群众生活。李先念高兴地说：“兴修塘堰这办法好，是一举两得，既修了水利，又度了荒年，它合乎人民的要求，今后要推广。”[③]此外，还发动群众开荒拓地、种菜种瓜，开办纺纱织布、造纸、榨油等手工业。李先念、陈少敏、任质斌等边区领导经常和普通干部战士群众一道参加农业生产。大生产运动的成效是显而易见的。1942年，汉川、京山等地开垦荒地，预计“年可产粮34万担，约供10万人全年的食用”[④]；边区合理的税负水平和税收政策，推动了群众的纳税积极性，边区税收比以前增加了3—5倍，缓解了边区

① 选自《鄂豫边区抗日根据地历史资料·政权建设专辑（1）》（内部资料），第138页。

② 选自湖北省档案馆编：《华中抗日根据地财经史料选编——鄂豫边区、新四军第五师部分》，湖北人民出版社1989年版，第346页。

③ 选自刘跃光：《华中抗日根据地鄂豫边区财政经济史》，武汉大学出版社1987年版，第118页。

④ 选自湖北省档案馆编：《华中抗日根据地财经史料选编——鄂豫边区、新四军第五师部分》，湖北人民出版社1989年版，第361页。

的财政经济困难，边区军政人员的吃饭穿衣问题得到基本解决。

三、群众工作的落脚点在于把卓有成效的群众工作转化成抗日救亡、保家卫国的强大动力，为夺取抗战的伟大胜利提供不竭的力量源泉

兵民是胜利之本，战争的伟力存在于最深厚的群众之中。边区群众工作的突出成就就在于，把各阶层群众组织和武装起来了。群众工作的一系列政策和措施，把有效的群众工作转化成为抗日救亡的强大动力，为最终夺取抗日战争的伟大胜利打下了坚实的基础。

群众工作成为联系各阶层团结抗战的桥梁和纽带。边区开展的民主政治建设，保护了各阶层群众的合法权利，赢得了开明地方绅士、地主的支持，扩大了政权的群众基础。经济上实行减租减息政策，兼顾地主和农民双方的利益。合理的税负政策，使群众负担趋于均衡。

群众工作密切配合各级党组织发动人民群众参军参战，保家卫国。据 1940 年秋不完全统计，两年来，鄂中群众参军人数，应城、京山两县都在 3000—4000 人，京（山）安（陆）县 2100 人左右，云梦县人数也在 1000 人以上；1943 年春夏，为落实蒋家楼子会议提出的扩军计划，豫南信阳中心县委在短短两三个月时间内，就组织淮河两岸地区的贫苦农民 8000 多人参加新四军。

边区群众积极开展拥军、优抗等活动，支持新四军抗战。据统计，1943 年上半年，云梦县优抗活动中，全县 1787 户抗属中的 859 户得到赠款、粮食和春耕时人力、畜力扶持等优待。此外，还有 18 户抗属得到借粮、854 户抗属得到贷款的帮助，解决了抗属的实际困难。1944 年 11 月，天（门）汉（川、阳）农救会作出“拥军决议”，提议在已缴纳 5000 石公粮的基础上，开展“节约一把米”运动；发动妇女为新四军做军鞋 8000 双不收钱；基本乡的

基干队员每人种 1 石拥军田；拥军 500 斤鱼、500 斤野鸭[①]。新四军在发展河南的过程中，信（阳）随（州）县群众为豫南兵团很快筹集粮食 10 万斤、柴草 20 万斤。由于人民群众的大力支持，到抗战胜利前后，尽管边区正规部队发展到 5 万余人、地方武装达 30 多万人，但“基本上做到每人每天供 1 斤半米、3 钱油、2 钱盐、1 斤菜；每人每月发津贴费 1 元 5 角；每人每年发 2 套单衣、1 套棉衣、1 副绑腿；不论冬夏，每人 1 条卧单、1 床夹被”[②]。

掩护新四军的军工生产设施，掩护新四军的后方医院及其伤病员、抗日战士的生命安全，也是经常性的群众工作。第五师的军工生产设施之所以能够在日伪频繁“扫荡”“清乡”的动荡环境中顺利进行生产，主要得益于人民群众的掩护。例如，第一印刷厂长期隐蔽在安陆陈家店的伍家燕窝的小村庄里，这里距日军在平汉铁路上的重要据点花园镇只有 10 余公里。工人们把印刷机隐藏在牛圈下面的地洞里，排字架安放在夹墙中，坚持生产达数月之久。尽管日军经常进村骚扰，但始终没有发现这个秘密。第二、三印刷厂长期隐蔽在湖汉芦苇荡的小渔村里，依靠群众严密封锁消息，静悄悄地印刷书报、钞票。一有敌情，就把机器搬到船上转移。[③]

边区人民群众还机智勇敢地掩护新四军伤病员的安全。1943 年，新四军重伤员莫光明被安排在京（山）南杨家畈李老太婆家中养伤。一天，日伪军“扫荡”根据地，婆媳两人急中生智，将莫光明放在儿媳妇床上，盖上被子，将窗户堵上，有意将尿罐弄倒，老太婆哭丧着脸坐在门口，大嫂坐在床边。两个日本兵气势汹汹进到房间用电筒一照，见大嫂坐在床边哭泣，房内又阴

---

① 选自刘跃光：《华中抗日根据地鄂豫边区财政经济史》，武汉大学出版社 1987 年版，第 206 页。

② 选自湖北省新四军暨华中抗日根据地历史研究会、鄂豫边区革命史编辑部编：《中原伟业》，武汉大学出版社 1996 年版，第 364 页。

③ 选自湖北省新四军暨华中抗日根据地历史研究会、鄂豫边区革命史编辑部编：《中原伟业》，武汉大学出版社 1996 年版，第 385 页。

又暗又脏又臭。一个伪军捏着鼻子对日本兵说是传染病，日本兵立即溜走了。陈少敏曾经指出：“边区抗日武装，自始至终是政治动员和人民在抗日保乡的立场自愿自觉的（在）发展起来的一支人民的武装，我们从没有用过拉丁抓夫、用绳子捆的政策扩大部队，这是边区的人民公认的事实。”①

群众路线是党的根本工作路线，重视群众工作是党的优良传统和政治优势。习近平总书记多次强调，“历史是最好的教科书”，学习党史、国史是“必修课”②，“对我们共产党人来说，中国革命历史是最好的营养剂”③。在《在党史学习教育动员大会上的讲话》中，习近平总书记深刻指出：“我们党来自人民，党的根基和血脉在人民。为人民而生，因人民而兴，始终同人民在一起，为人民利益而奋斗，是我们党立党兴党强党的根本出发点和落脚点。”“历史充分证明，江山就是人民，人民就是江山，人心向背关系党的生死存亡。赢得人民信任，得到人民支持，党就能够克服任何困难，就能够无往而不胜。反之，我们将一事无成，甚至走向衰败。”④以史为鉴，资政育人，就必须从历史中吸取丰富的营养。鄂豫边区的群众工作是一部生动的历史教科书。边区党组织在领导艰苦的抗日斗争实践中，提出了“新民主主义社会不能建立在一个贫困的废墟上的，人民贫穷的社会，算不得一个新民主主义社会”⑤；“群众好比母亲，小孩没有母亲就没有奶吃，我们党和军队没有群众，就不能生存”⑥等朴素而闪光的思想，探索了形式多样的适合边区实际的群众工作方式

① 选自湖北省档案馆编：《华中抗日根据地财经史料选编——鄂豫边区、新四军第五师部分》，湖北人民出版社 1989 年版，第 201—202 页。

② 选自习近平：《在对历史的深入思考中更好走向未来　交出发展中国特色社会主义合格答卷》，《人民日报》2013 年 6 月 27 日。

③ 选自习近平：《党面临的“赶考”远未结束——习近平总书记再访西柏坡侧记》，《人民日报》2013 年 7 月 14 日。

④ 选自习近平：《在党史学习教育动员大会上的讲话》，《求是》2021 年 3 月 30 日。

⑤ 选自湖北省档案馆编：《华中抗日根据地财经史料选编——鄂豫边区、新四军第五师部分》，湖北人民出版社 1989 年版，第 290 页。

⑥ 选自刘光明：《郑位三传》，武汉工业大学出版社 1988 年版，第 195 页。

方法，开展了卓有成效的群众工作，这是新四军第五师和边区党的群众工作的一笔宝贵财富，对于今天做好新时代的群众工作仍具有重大的现实指导意义。我们纪念新四军第五师建军80周年，既要牢记落后挨打、国破家亡的历史教训，缅怀人民群众对抗战的巨大功绩。同时，观照现实，在新的历史时期，仍然要大力发扬党的优良传统和作风，继承革命先辈正确的群众观，学习借鉴革命先辈群众工作的宝贵经验，牢记群众工作出发点、找准群众工作着力点、聚焦群众工作落脚点，创造性地开展群众工作，与人民群众同呼吸共命运，把人民群众的聪明才智引导到建设新时代中国特色社会主义的伟大事业中来，为实现中华民族伟大复兴的历史使命再立新功。

文化是新四军第五师的强军之魂

陈义万　高 剑 *

1941 年 1 月，皖南事变爆发后，中共中央决定重建新四军，李先念领导的豫鄂挺进纵队被编为新四军第五师。1941 年 4 月，李先念被任命为新四军第五师师长，从京山县八字门和安陆县白兆山回师大悟山，创建了以大悟山为中心的抗日根据地。1945 年 10 月，新四军第五师与八路军三五九旅南下支队、江汉军区部队、冀鲁豫军区部队组成中原军区，部队共有 5 万余人。1946 年 6 月 26 日，中原部队实施“中原突围”，拉开了解放战争的序幕。此后，被改称为中国人民解放军。

这支部队能够迅速发展壮大，与新四军第五师和师长李先念高度重视文化是分不开的。李先念本人是木匠出身，文化程度不高，但是他喜欢跟文化人交朋友，注重发挥文化人的作用，并虚心向文化人学习，在实践中学习提高。新四军第五师驻扎在大悟县大悟山下的白果树湾，长达五年之久，始终坚持政治建军、文化强军的思想理念，这里也成为驰骋鄂、豫、皖、湘、赣五省边界的抗战指挥中心。

---

* 陈义万：大悟县新四军历史研究会会长；高剑：大悟县新四军历史研究会常务理事。

广纳文化人才，部队素质不断提高

毛泽东同志曾指出，没有文化的军队，便是愚蠢的军队。新四军第五师注重广泛吸纳文化人才，让积极投身革命事业的知识分子、大学毕业生和进步青年，到新四军第五师施展才能。曾任《七七报》主编的李仓江，荣获斯大林文学奖的长篇小说《暴风骤雨》作者、曾任《七七报》编辑的著名作家周立波，曾任《七七报》社长的夏农苔，曾任新四军第五师文工团首任团长的唐亥，曾任《七七报》美术编辑的著名美术家武石，曾任鄂豫边区党校教务长的聂菊荪，曾任新四军第五师文工团副团长的周辛（女，创作过《打麦歌》等大量歌曲），曾任新四军第五师第三军分区政治部宣传科长的王匡（著有《王匡通讯选》等著作），曾任《七七报》编辑部主任的顾文华（后任《湖北日报》总编辑），曾任新四军第五师楚剧队队长的黄振（后任湖北戏曲学校校长），曾任新四军第五师某部指导员的傅庞如（后任湖北省军区副司令员），曾任新四军第五师文工团团长的作曲家邓耶，曾任新四军第五师十三旅宣传队长的韩光表（后任湖北省文化厅厅长），曾任《挺进报》总编辑的齐光，曾任鄂豫边区教育处长的李实（后任湖北省文化馆馆长），曾任新四军第五师文工团协理员的胡旋（女，后任珠江电影制片厂党委副书记），曾任中原军区鄂东军分区司令部通讯科长的郭非（后任《文学报》主编），曾任新四军第五师十三旅政治部副主任的姜铎（著有《姜铎文存》），等等。

1945 年 8 月，周恩来副主席从南方局调送了 800 名知识分子到解放区，来五师的有许伯然、丹敏、万川等人。

邓耶，湖北省宜昌市人，1923 年生，1938 年就读于恩施高中。1941 年夏，由地下共产党组织送到京山县八字门，在鄂豫边区党委办的洪山公学学习。年仅 17 岁的邓耶开始创作革命歌曲，先后创作了《战洪山》《我们战斗在大洪山下》《夺长江》《今年打败希特勒》《保卫大悟山》等近百首脍炙人口的歌曲。1944 年夏，游泳时被撞到石头上而不治身亡，年仅 21 岁。

武石，原名冯子树，湖南湘潭人，1915 年生，1934 年毕业于上海美术专科学校，1934 年通过中共地下党组织，到达鄂豫边区，安排在七七报社当美术编辑。他创作了《法令》《军民生活》《一个饲养员的房间》《行军路上》《鱼水情深》等大量版画作品，发表于《七七报》。武石因《苏联版画集》忘在上海家中，没有带到苏区而感到遗憾。过了一段时间，陈少敏就把那本《苏联版画集》交到了他手中，他很受感动。新中国成立后，武石做了湖北美术学院教授。

唐亥，原名唐耀伦，湖南长沙人，1911 年生，1935 年毕业于上海艺术专科学校，1940 年到鄂豫边区，任新四军第五师政治部艺术科科长兼文工团团长。他是集编、导、演、舞美设计于一身的全才。创作有楚剧《赵连新归队》《新古城会》《长沙沦陷记》、秧歌剧《营救》，并导演了《雾重庆》《李秀成之死》《正气歌》等大型剧目。新中国成立后，任湖北省文联副主席。

周立波，原名周绍仪，湖南益阳人，1908 年生，1944 年冬，任王震的秘书，随八路军三五九旅南下支队来到礼山（今大悟），任《七七报》编辑。在此期间，周立波写出了《南下集》《万里征程》两部报告文学集。1946 年 2 月，调北平军调部中共代表团工作。1948 年，创作长篇小说《暴风骤雨》，获斯大林文学奖。新中国成立后，任湖南省文联主席。

新四军第五师广纳优秀文化人才，提高了部队的整体文化素质，为文化兴军奠定了坚实的人才基础。

组建文艺团队，丰富战士文化生活

河南省确山县竹沟留守处，原来有一个孩子剧团，指导员是 16 岁的余溪（女），团长是 19 岁的胡旋同（女，后改名为胡旋）。李先念率部南下，部分孩子剧团的小演员也跟随部队南下。1939 年 11 月，部队到达京山县小花岭。将原来由地方党委领导的解放剧社改编为十月剧团，将孩子剧团改编为十月剧团的一个宣传队，胡旋同任队长，程里任指导员。1940 年 5 月，将宣传队的部分男演员调到连队任职，女演员送到党校学习，最后解散了宣传队。但是后来，以这些种子为骨干，各旅、团都陆续成立了文艺宣传队。

1941 年，师部党校驻京山县八字门，在党校举办的军民联欢会上，黄英雄①主演了小楚剧《新送十里凉亭》，受到干部战士的热烈欢迎，特别是湖北籍的战士，大呼“过瘾”。李先念就指示，由黄英雄负责，建立一支楚剧队。黄英雄从黄陂、孝感两县，动员一批民间艺人参军，主要有徐金山、冷月轩、殷世全等人，成立了楚剧组，不久发展成楚剧队。楚剧队表演的剧目，主要是历史剧《岳飞传》《罗通扫北》《逼上梁山》等，有力激发了战士们的革命斗志。随后黄英雄派他的哥哥黄启元到武汉物色演员，又组织了一大批有文化的青年充实到楚剧队。1943 年冬，楚剧队发展到 100 多人，分编为三个楚剧队，由黄英雄、李自强、王劫分别担任队长。

1944 年 11 月，师部举办了一个为期两个月的艺术训练班，由唐亥负责。艺训班指导员是胡旋同，班长是杨景成，协理员是冯森，教员有徐垠（女）、周辛、江沙。艺术班结束后，成立了文工团，团长是唐亥，副团长是方西。文工团下辖一个文工队、三个楚剧队。

文工队除演出《放下你的鞭子》《狐群狗党》《新四军快来》之类的独幕剧外，还排演了大型节目《太平天国》《雾重庆》等。特别是夏衍、曹禺创作的大型话剧《雾重庆》，当时没有剧场，连布景、道具都成问题，在演员也不够用的情况下，他们用麻袋装上稻草，蒙上布单，做成舞台上的沙发，并克服了很多其他的困难，硬是把戏搬上了舞台。各军分区、各旅的首长看戏后大加赞赏，甚至连整个边区都轰动了。

后来，文工队一分为三，派到十三旅的文工队长是方西，到十四旅的文工队长是张空凌，到十五旅的文工队长是杨景成。1946 年 1 月，楚剧一队与三队合并为楚剧一队。

八路军三五九旅南下，又给鄂豫边区带来一大批文艺工作者，他们与新

---

① 黄英雄：又名黄镇，新中国成立后曾任文化部部长。

四军第五师文工队在白果树湾门前举办了联欢活动，共同演出了《兄妹开荒》《朱永贵负伤》和《打花鼓》三个秧歌剧。唐亥又创作了秧歌剧《营救》，许伯然创作了秧歌剧《打应山》《天亮》《余家店》等精品剧目。

新四军第五师组建楚剧队、文工队，网罗大批文艺工作者采编大量精品剧目，演出众多脍炙人口的文艺节目，有力地丰富了战士的文化生活，极大地鼓舞了将士们的斗志。

创办抗大十分校，提升作战指挥能力

1942 年春，李先念根据军部意见，决定在新四军第五师随营军校的基础上，创办中国抗日军政大学第十分校。2 月 15 日，该校在随县白兆山区洛阳店正式举行开学典礼。李先念兼任校长和政治委员，黄春庭任副政治委员，肖远久、杨焕民任副校长，邝林任教育长，余潜任政治部主任，张水泉任训练部长。开学后不久，黄春庭在战斗中壮烈牺牲，郑绍文继任副政治委员。抗大十分校一直开办，直到 1945 年 9 月抗战胜利时才关闭，历时三年多。

抗大十分校第一期三个大队，有学员 1000 多人，其中一个大队是知识青年队，主要是河南地下党组织介绍来的青年学生，基础较好。课程设有军事课、政治课和文化课。军事课包括军事理论、基本战术、游击战术、简易测量等；政治课包括社会发展史、抗战理论、《论持久战》等；文化课主要有国文、算术、历史、地理等。

1942 年夏，新四军第五师三打伪军汪步青部，俘虏了一个军乐队。这是一支由 40 多人组成的管乐队，有很多乐器。师首长把全班人马全部调配到抗大十分校。

抗大十分校第二、三期仍然保持三个大队的培训规模，第四期迁至大悟山的麻沟，学员分别住在黄家畈、傅家塆、何家塆群众家里，在黄家畈一个 10 间屋的草棚里上课，只有一张方桌、两张大椅，教员有林维、李国超等，学员席地而坐。三个学员大队改称三个学员支队。1945 年春，第五期开学时，因第五师的部队增员和根据地扩大，十分校奉命派出干部和教育骨干到十三旅、鄂东军分区、二军分区、三军分区、四军分区创办了四个教导团。鄂东军区教导团，负责人有李国超、白相国、布风友、吴律西等人，下辖三个学员队，一队是连级干部队，二队是排级干部队，三队是班级干部队，每队 100 多人，另有一个警卫连。

1945 年 9 月，十分校于应山县吴家店举行毕业典礼，圆满完成了抗日军政大学第十分校的历史使命。其后，鄂东教导团（对外称鄂东独立团）配合鄂东军分区主力部队，参加了收复日寇在鄂东的重要据点的河口战斗。1946 年 1 月中旬，国共双方《停战协定》生效，教导团奉命开赴宣化店，将三个队的学员全部分配到各部队，然后撤销了教导团的建制。

抗大十分校共办五期，培训学员 5000 多人，师长李先念多次到分校视察、讲话、做报告，其中有两次住在大悟县芳畈镇傅家塆陈顺亮家里。抗大十分校以党员为骨干，以先进青年为重点，以培养人才为目标，涵盖基础文化、党建理论、军事知识等十二大科目，是党员干部锻炼党性的思想熔炉，是提高文化素养的读书学堂，是增强军事技能的实战阵地。经过抗大十分校的培养，部队的作战指挥能力大大提升了。

该校一直没有固定的校址，先后流动于随县、应山、大悟山、小悟山、孝感、黄陂、汉川、信阳等广大地区，所以被学员形象地称为流动的“背包大学”。

结束语

新四军第五师广大指战员大都文化基础差，但是，他们在文化人的教育、辅导、培训下，迅速成长为文武兼备的抗日战士。还有一部分文化人，用他们的文艺作品和精彩演出，极大地鼓舞了指战员的战斗士气。新四军第五师之所以能够迅速由小股的游击大队发展成一支抗日劲旅，得益于李先念、郑位三、陈少敏、任质斌等领导人对文化的高度重视。兴文化、练内功、强素质、壮队伍、熔精神、铸军魂是新四军第五师发展壮大的内在动力。文化，提高了新四军第五师的凝聚力和战斗力；文化，培育了新四军第五师的钢铁意志和坚韧毅力；文化，熔铸了新四军第五师的强军之魂。

从襄西抗日民主根据地的建立巩固发展看党同人民群众的血肉联系

望开国 *

襄西，指长江以北，襄河（汉水流经襄阳以下河段）以西，包括荆门、当阳、远安、南漳、保康等县和钟祥、宜城、江陵、宜昌、枝江、宜都等县的江北、河西地区。襄西敌后抗日民主根据地的开辟、创建，是在1940年5、6月日军发动“宜昌作战”（中国方面称枣宜会战）期间，根据中共中央中原局书记刘少奇的指示和新四军豫鄂挺进纵队司令员李先念的部署开展的，并得到了中央军委和毛泽东、朱德等的肯定和关怀。襄西抗日民主根据地自1940年12月正式建立，到1945年8月日本宣布无条件投降，历时近五年。它像刺向侵占宜昌日军脑后的一把钢刀，造成日军西犯或东撤都受到严重威胁，有力地配合了正面战场，显示了极为重要的战略地位，成为鄂豫边区抗日民主根据地伸向鄂西的前哨阵地、西部屏障和外围。

这块敌后抗日民主根据地从武装开辟时起，始终处在日伪顽军严重的三角夹击之中，且比鄂豫边区在华中抗日根据地中更是孤悬敌后。它之所以能在这种严重的局势中经受住长期的严峻考验，一直坚持战斗到全国抗日战争胜利，作出历史性的贡献，是由于中共襄西组织及其领导的军队、地方人民武装，在中央军委和毛泽东、朱德等领导的肯定和关怀下，在中共中央中原

---

* 望开国：中共宜昌市委党史办公室原科长，湖北省宜昌市中共党史学会秘书长。

局和鄂豫边区党委、新四军第五师的正确领导下，始终把人民群众的根本利益放在首位，同人民群众结成了血肉一样的联系，并实行了真正的全民武装，使之充分发挥了人民战争的作用，为夺取抗日战争胜利作出了应有的贡献。

一、中共襄西组织及其武装在开辟、创建、巩固、坚持和发展敌后抗日民主根据地中，始终把人民群众的根本利益和人民的生命财产安全放在首位，赢得了广大人民群众的爱戴、拥护和支持

日本军国主义发动的“宜昌作战”于 1940 年 5 月 1 日打响。日军在 31 日夜突破襄河后，即兵分数路南下和西进，直指目的地宜昌[①]。6 月 7 日至 12 日，日军先后攻占荆门、当阳、远安（不久恢复）及枝江、宜都等江北地区和宜昌城。日军攻占宜昌后，即以两个师团等部和一些特种部队，分别长期占领宜昌、当阳等襄西地区，并在公路沿线各大小城镇遍设据点，大肆网罗汉奸、特务，组织维持会、伪政权，收编伪军，不断对我党我军开辟、建立的抗日民主根据地实行“扫荡”“蚕食”。加之敌视共产党的国民党顽固派军队和多股在襄西的国民党地方土匪武装，他们拥兵自重、通敌扰民，猖狂地与共产党领导的新四军及人民抗日武装为敌。国民党顽固派为达到消灭共产党的目的，指示顽军及其地方土匪武装，不断对我党领导的军队及人民抗日武装制造摩擦，并对抗日民主根据地不断地进行“清剿”。因此，中共襄西组织及其领导的新四军襄西部队，从武装开辟襄西时起，直到日本宣布无条件投降，一直处在日伪顽军严重的“三角夹击”之中。

早在襄西沦陷前夕，中共荆（门）当（阳）地委根据李先念“向西发展的部署”[②]，将当阳、荆门等县地方武装 300 余人枪分别拉上荆当交界的大洪山

① 选自《攻占重庆的大门——宜昌战役》，见鄂豫边区革命史编辑部编:《鄂豫边区抗日根据地历史资料》第五辑，第 392 页。

② 选自李（先念）陈（少敏）任（质斌）:《向西发展的部署》，1940 年 5 月 15 日。

和荆（门）钟（祥）交界的北山，准备开展抗日游击战争。

襄西沦陷后不久，新四军豫鄂挺进纵队司令员李先念等为贯彻执行中共中央中原局“扩大与发展自己的力量”[①]，并根据中原局书记刘少奇“襄西失陷，纵队发展方向应暂向路西”[②]的指示，进一步作出向西发展部署[③]，即于1940年7月初派毛凯率纵队特务中队（原中共荆当远中心县委于1939年，通过驻远安的国民党第三十三集团军第七十七军副军长兼一七九师师长、中共特别党员何基沣在襄西组建的一七九师搜索队）开赴襄西，并与襄西地方武装会合。首先打击了石牌周良玉匪部，保护了人民群众的利益，取得了新四军在襄西的第一个立足点，赢得了人民群众的爱戴、拥护和支持，为我党我军尽快开辟和发展襄西抗日民主根据地奠定了坚实的群众基础。正如李先念等向中央的报告中说，我军在襄河西岸边缘活动之一个中队，现仍在该地坚持游击战争，颇受民众爱戴，并准备以三四个团向襄河西岸、南岸发展[④]。随后，李先念等又数次增派部队挺进襄西，开展襄西工作[⑤]。8月，成立了中共襄西军政委员会和襄西临时地委。随即进行大的扩军运动，建立新开辟地区的工作[⑥]，将襄西地方武装统一整编为新四军襄西独立团，并成立了由当阳县委领导的荆当大队等地方武装。10月，成立了当阳县四乡联合办事处（亦称当东区署），标志着当阳抗日民主根据地正式创建，为建立襄西抗日民主根据地

---

① 选自中共中央中原局:《争取中间势力的问题》，1940年2月27日。

② 选自胡服（刘少奇）给李（先念）任（质斌）陈（少敏）电报，1940年6月7日。

③ 选自李（先念）任（质斌）陈（少敏）王（翰）:《襄樊宜昌失守后，我向西发展部署》，1940年6月21日。

④ 选自李（先念）任（质斌）王（翰）向中央的报告:《关于部队情况及准备向河西岸、南岸发展》，1940年8月30日。

⑤ 选自李（先念）任（质斌）陈（少敏）:《襄西战事沉寂，我已派五六团开展襄西工作》，1940年8月11日。

⑥ 选自胡服（刘少奇）:《胡对五师地区扩军、扩区、锄奸、减租等项指示》，1940年8月13日。

奠定了基础。12 月，为“加紧发展襄西的游击战争。……创造河西根据地”[①]，撤销襄西临时地委，正式成立中共襄西地委；改组襄西军政委员会；将襄西独立团改编为纵队第八团，并扩大襄西地方武装；成立襄西行政委员会，并建立所属各县、区、乡抗日民主政府和群团组织。至此，襄西抗日民主根据地正式建立。李先念等在收到毛泽东、朱德等复电“你们的部署是对的”[②]等指示后，即以纵队司令部和党委军事部的名义联合发布命令，部署开展游击战争，并指示第六、八团“仍在荆（门）宜（昌）当（阳）江（陵）一带力求发展”。同时，决定成立新四军豫鄂挺进纵队襄西指挥部，“统辖现正在襄西活动的第六、八团及襄西各县的地方武装”[③]，巩固和发展襄西抗日民主根据地。在此前后，相继在当阳、钟（祥）西、荆门等地建立了县、区、乡抗日民主政府。后又开辟了江（陵）枝（江）当（阳）新区。

襄西抗日民主根据地在严重的“三角夹击”中能够得到巩固和发展，其根本原因，就是襄西党组织始终把保护人民群众的根本利益和人民群众生命财产安全放在首位，并使人民群众得到实际利益。根据地刚建立不久，新四军豫鄂挺进纵队政治部副主任王翰就于 1941 年初春到襄西检查指导工作，并制定了“二五减租”（把原租额减少 25%）等保护人民群众利益的具体政策。根据地在日伪顽军严重夹击时，襄西各级党组织广泛发动群众，组织群众，千方百计地保卫根据地人民群众的根本利益和人民生命财产安全，无数次地从敌人手中夺回被抢去的耕牛和粮食等物资交还给受害群众，深受广大人民群众的爱戴、拥护和支持。

① 选自李（先念）任（质斌）向中央军委报告：《顽敌情况与我军行动及方针》，1941 年 1 月 6 日。

② 选自毛（泽东）朱（德）王（稼祥）：《军委电李（先念）同意反王仲廉、陈大庆之战略布置》，1941 年 1 月 14 日。

③ 选自（新四军豫鄂挺进）纵队司令部、党委军事部：《命令：粉碎国民党军队的新进攻》，1941 年 1 月 23 日。

二、中共襄西组织造就了一大批在群众中扎下根的各级领导干部，并使这批干部融入广大人民群众之中——使襄西党组织及其领导的军队和人民武装同人民群众结成了血肉一样的联系，并实行了真正的全民武装

全民族抗战初期，中共襄西地方组织主要是省委从武汉等地派党员干部来重建的。最初重建的襄西党组织，是按照董必武“重建的党要在农村扎下根，要在贫雇农中扎下根，要联系上大革命、土地革命时期隐蔽保存下来的老同志”的指示重建的，使重建的襄西党组织一开始就扎正了根子，找准了依靠对象。同时，根据省委组织部长钱瑛“先通过抗日群众运动打下基础，以建立党的组织”的指示，在群众运动中发现积极分子，培养发展了一大批优秀党员。至 1938 年夏，襄西普遍建立了各级党组织。

武汉沦陷前夕，中共湖北省委决定创造荆、当、远据点，以便建立省委机关，领导鄂西、北、中各区组织，并决定今后工作主要转向农村[①]。随即，省委代理书记钱瑛随省委机关从武汉撤至宜昌。在此前后，省委加派干部到荆当远地区发展党的组织，壮大党员队伍，使襄西广大干部都扎根并融入当地广大人民群众之中。这批有民族气节的骨干[②]，继承和发扬党的光荣传统，正确贯彻执行党的路线和上级党委的指示，深入群众，依靠群众，放手发动群众，形成了一个个坚不可摧的战斗堡垒，使得抗日烽火熊熊燃烧于襄西大地。

中共襄西组织非常注意培养本地干部。襄西党组织先后选送了一批本地干部到鄂豫边区洪山公学、抗大十分校等学校深造。后又举办了五期干部培训班。这些干部归来后，又传帮带了更多的基层干部，从而造就了一大批与

① 选自钱瑛:《湖北各区工作报告》，1939 年 4 月 7 日。

② 选自李先念:《地方武装的成就与不够》，1941 年 7 月，原载于《七七月刊》第一卷第七期。

人民群众有血肉联系、有革命精神、有战争经验与工作经验的本地干部。他们战斗时拿枪、生产时拿锄，运用劳力和武力相结合[①]，融入广大人民群众之中。

中共襄西组织十分注重依靠、宣传、组织和发动群众投入抗日战争，使许多青年结队参加新四军。如当阳东安等乡的青壮年，在 1941 年参加新四军的就达 70% 以上。各地出现了许多母送子、妻送郎参军的动人场面。仅当阳县在 1944 年 11 月底，当阳（县）工委成立不到一个月，就动员了 800 多名青壮年参加新四军[②]。使新四军和地方部队得以及时补充和迅速发展，真正做到了把抗日的武装力量和地方居民血肉一样地联系起来，并建立了根深蒂固的关系，做到了真正军民统一，使军队每一个行动都得到居民的援助与支持[③]。

中共襄西组织实行了真正的全民武装。中共襄西地委、襄西指挥部及荆当大队，根据李先念“加紧进行长期斗争的准备”[④]“增加离开生产之部队”“增加不脱离生产的民兵”“实行真正的全民武装”等指示[⑤]，将荆当大队三次成建制地编入新四军正规部队，荆当大队又三次从各乡抗日游击武装中得到充实，重新组建。同时，襄西各地普遍成立了半脱产和不脱产的人民武装。仅当阳县到 1942 年 5 月，全县就成立了 13 个乡联队。这些人民武装成为扩大与巩固的半正规性的地方武装或真正成为完全群众的武装组织，使之实行了真正的全民武装[⑥]，使党与人民群众汇成了强大的抗日洪流，构筑了襄西敌后抗日游击战场坚不可摧的铜墙铁壁。

---

① 选自贺（炳炎）、廖（汉生）、王、魏、朱:《襄南情形报告》，1945 年 6 月 1 日。

② 选自鄂豫边区革命史编辑部编:《鄂豫边区抗日民主根据地史稿》，湖北人民出版社 1995 年版，第 420 页。

③ 选自李先念:《地方武装的成就与不够》，1941 年 7 月，原载于《七七月刊》第一卷第七期。

④ 选自李先念:《关于五师反顽斗争指挥方针情况与部署》，1941 年 6 月 11 日。

⑤ 选自李先念:《地方武装的成就与不够》，1941 年 7 月，原载于《七七月刊》第一卷第七期。

⑥ 选自李先念:《地方武装的成就与不够》，1941 年 7 月，原载于《七七月刊》第一卷第七期。

三、中共襄西组织及其领导的军队与襄西地方人民武装、广大人民群众紧密结合，并肩同敌战斗——发挥了人民战争的作用

中共襄西组织所领导的新四军正规部队纵队第六团、八团（1941 年 4 月改编为第五师第四十三团、四十五团）和后来新组建的独立第三十三团（这三个团大都是襄西籍的子弟兵）及荆当大队与襄西广大人民群众紧密地结合在一起，真正地把抗日的武装力量和地方居民血肉一样地联系起来，并建立了“根深蒂固的关系”[①]。在对敌战斗中，都是新四军正规部队与襄西地方武装、广大人民群众密切配合，并肩战斗，充分发挥了人民战争的作用。

中共襄西组织始终坚持毛泽东人民战争思想，大胆灵活运用人民战争思想，敢打敢胜，并不断地从战争中学习战争，“学习组织武装力量和党对武装的领导，真正将‘党员军事化’的口号，变成实际的行动”[②]，取得了周家集反口伪“扫荡”歼灭战和当阳得胜山阻击战、花园冲伏击战等胜利，受到了新四军豫鄂挺进纵队首长的好评：“襄西方面最近与敌寇打了几仗，影响很大。”[③]

中共襄西组织深入发动群众和组织、依靠群众，充分发挥人民战争的作用。其突出特点：一是建立群众性的情报网，掌握对敌斗争的主动权。襄西党组织及其领导的抗日武装，面对日伪顽军严重夹击的形势，根据鄂豫边区首长“地方党应首先去建立敌区工作，在敌人据点内和周围建立秘密的群众组织及党的组织”，[④]“以备在突然事变发生时，能迅速冲破对方之进攻，而坚持并巩固现有的阵地”等指示[⑤]，抽调一批精明强干的党员干部和革命青年打

---

① 选自李先念:《地方武装的成就与不够》，1941 年 7 月，原载于《七七月刊》第一卷第七期。

② 选自李先念:《地方武装的成就与不够》，1941 年 7 月，原载于《七七月刊》第一卷第七期。

③ 选自李先念、任质斌:《顽军向我军进攻及我军之部署》，1941 年 3 月。

④ 选自陈少敏:《检讨过去一年的经验教训，确定今后的战斗方针》，1940 年 7 月 16 日。

⑤ 选自任质斌、王翰:《击退顽军进攻之方针与部署》，1940 年 11 月 12 日。

入日伪组织中，逐步建立了庞大且十分严密的情报网。这个以共产党优秀分子为骨干组成的群众性的情报网络，成为根据地的“千里眼”“顺风耳”。因为情报准确，转送及时，使得日军出动尚在备马，根据地内就已防备就绪；所派奸细还未出发，根据地早已安排好捕捉计划。因此，襄西抗日民主根据地虽处在敌人的浅后方，又无深山大泽做依托，面对强大的日军，不仅未被“吃掉”，反而更加巩固和发展。二是发动群众站岗放哨，开展群众性的锄奸清匪防特斗争。根据地每个乡，普遍成立了锄奸队。在锄奸清匪防特斗争中，大都采用秘密跟踪，在摸清情况和活动规律后，待机抓捕，视情况由根据地抗日民主政府审判镇压，或布告周知正法，或就地处决，清除了根据地的隐患。三是以主力部队展开游击战争和大规模地组织群众开展反“扫荡”、反“蚕食”斗争相结合。战斗期间，为防止敌人报复给人民群众利益带来损失，尽量将部队拉到敌占区进行战斗。在反“扫荡”、反“蚕食”斗争中，主力部队和地方武装紧密配合，同敌人展开游击战争，狠狠地打击敌人，并在战斗中不断地“夺取敌人的武装来武装自己”[①]。同时，大规模地组织和发动群众，开展反筑路、破坏公路和拆毁电话线、电线杆等斗争。如1941年4、5月，发现驻淯溪日军经常乘汽车沿淯（溪）(河）溶公路到脚东一带“扫荡”。当阳县委即发动群众，趁黑夜毁坏了到脚东的卷桥和平桥，并将万寿山至脚东的公路全部挖断。在反筑路和拆毁电话线等斗争中，仅1944年，就迫使日军放弃了修筑麻城铺至后港公路的计划，县委还在9月组织荆当地区数千民众和部分地方武装，一夜之间破坏了荆门至沙市、沙市至河溶的公路，拆毁了电线、电杆，极大地震惊了日军。为此，伪当阳县党部主任黄丽堂因惧怕日军处治而逃离当阳。不久，伪当阳县县长傅作楫、伪淯溪区区长周鹏南等，因愆办民夫“不力”被日军撤职。襄西抗日民主根据地军民紧密结合，并肩

① 选自李先念.《地方武装的成就与不够》，1941年7月，原载于《七七月刊》第一卷第七期。

同敌战斗，充分发挥了人民战争的作用，使日本侵略者陷入了人民战争的汪洋大海之中。而襄西抗日民主根据地，不但未被日伪军在“扫荡”“蚕食”中消灭，反而更加巩固，并得到发展。正如当时李先念等在《襄西组织武装状况》中所说，“我襄西已开辟的大块地区”，“有党员八九百以上，经济亦可自给，其他江陵西北、当阳西南、远安东部、官城南部等地的组织，均由该各县委领导，我在基本区威信相当高”。[①]

综上所述，襄西抗日民主根据地能在日伪顽军严重的“三角夹击”中建立、巩固、坚持和发展，是中共襄西组织正确贯彻执行中央军委、中共中央中原局和鄂豫边区党委、新四军第五师的指示，依靠群众，发动群众，始终把保护人民群众的根本利益放在首位，使襄西党组织及其领导的军队、地方武装真正同人民群众结成了血肉一样的联系，并建立了根深蒂固的关系，实行了真正的全民武装，充分发挥了人民战争的作用，为夺取抗日战争胜利作出了应有的贡献。

以史鉴今，对于在中国特色社会主义新时代，加强党的建设，提高党的执政能力和执行能力，为带领人民到中国共产党成立100年时全面建成小康社会，夺取新时代中国特色社会主义伟大胜利，到新中国成立100年时建成富强、民主、文明、和谐的社会主义现代化国家，实现中华民族伟大复兴的中国梦而奋斗，具有深刻的历史意义和重大的现实意义。

---

① 选自李先念、任质斌:《襄西组织武装状况》，1994年10月5日。

新四军第五师走出的“铁匠”周志坚

李永来 *

抗日战争时期，鄂豫边根据地流行这样一句话：李木匠山上吊线，周铁匠山下打铁。李木匠指的是李先念，李先念确实当过木匠；可这个周铁匠从来没有打过铁，但因为他善打硬仗、恶仗，是一名“铁”将军，所以才有此名号。这句话说出了周志坚在整个鄂豫边根据地军事工作中的重要地位，就是说李先念作为新四军第五师师长兼政委，在全局工作上是掌握方向的（在山上吊线），而在军事工作的具体实施上，在具体的作战行动中，周志坚是打开局面的关键人物，是中央战略方针、五师党委具体军事行动的执行者。

一、“铁匠”得名意志坚

周志坚原名周裕发，1917 年出生于湖北省礼山县（今大悟县）周家塆一个贫苦农民家庭。两岁时父亲含恨离开人世，八岁时母亲又因劳累病亡，孤儿周志坚成了一个放牛娃。

几年后，大革命风暴席卷荆楚大地，“打土豪、分田地”让穷人直起了腰杆。周志坚的四个哥哥中有三个参加了革命，在他们影响下，周志坚也不自觉地投身于这场轰轰烈烈的运动之中。1929 年 3 月，在周志坚一次次要求下，

---

* 李永来：湖北省孝感市史志研究中心宣教科科长。

汉孝陂红军游击大队终于收留了他，年仅 12 岁的周志坚就此成为一名光荣的红军战士。

参加红军后，周志坚的心情格外舒畅，同志们的关心爱护更让他感受到了革命大家庭的特殊温暖。在后来的自传中，他写道，“从那时起，我便树立了为革命干一辈子的思想”。也是从那时起，周裕发正式更名为周志坚。

1930 年春，他被调到新成立的红军独立第一师当战士，随部队参加了保卫鄂豫皖苏区的斗争。在第四次反“围剿”作战中，由于表现出色，他被提拔为班长，1932 年底又被提拔为第十二师交通队排长，次年又光荣加入中国共产党。

红四方面军取得反“三路围攻”作战胜利后，第十二师扩编为红九军，周志坚被调到许世友任师长的红二十五师担任营教导员。1934 年 5 月，他被提升为该师第七十四团副团长。在担任副团长不到两个月后，周志坚便参加了壮烈的万源保卫战。在万源保卫战最激烈的时候，一股国民党军乘隙冲了进来，情况万分危急。随着激越的冲锋号声，周志坚大吼一声：“杀！”带领战士冲进敌阵，挥舞大刀左砍右劈，很快把国民党军压了下去。可没过一会儿，国民党军又如潮水般地冲了上来，周志坚带领战士们奋力迎战，守住了阵地。

孤注一掷的国民党军倾巢而出，周志坚率先冲出去，奋不顾身地杀向国民党军。在实施全线反击时，周志坚被子弹击中，鲜血直流，当即昏迷过去。战友们以为他牺牲了，谁知周志坚的生命力十分顽强。战后打扫战场准备掩埋烈士遗体时，战友们意外发现周志坚尚存一息，便将他抬回去抢救。半个月后，伤还未好，因战事紧张，周志坚又重返战场。1935 年，周志坚参加长征，三过草地，多次翻越大雪山。

二、“铁匠”打铁最果敢

抗战全面爆发后，周志坚被派往苏鲁豫皖边区从事抗日民族统一战线工作，短期担任中共豫东工委军事部长，不久被调到新四军第四支队第八团驻河南确山竹沟留守处。为扩大抗日武装，新四军决定组建豫鄂独立游击大队，李先念任司令员，周志坚任参谋长。1939 年 1 月，根据中共中央中原局指示，他随李先念带领队伍南下，穿越平汉铁路，挺进大别山，执行开辟武汉外围敌后抗日根据地的战略任务。同年 5 月，中共鄂豫边区区委决定在豫鄂独立游击大队基础上组建新四军挺进团。6 月，又成立了新四军豫鄂游击支队，下辖五个团，周志坚任第一团政治委员，团长张文津。

1940 年 1 月，鄂中、鄂东和豫南三个地区的抗日武装统一改编为新四军豫鄂挺进纵队，李先念任司令员，下辖五个团，周志坚任第二团团长。不久，纵队的三个团合编为平汉支队（后改称第一支队），周志坚担任支队长。为切断安陆和三阳店之间的日军联系，周志坚率领支队通过长途奔袭夺取了伪军驻守的坪坝镇，肃清了白兆山一带的日伪军。敌人不甘失败，从 7 月至 11 月，先后三次出兵进犯坪坝。在周志坚的正确指挥下，部队开展顽强的阵地阻击战，彻底粉碎了日伪军妄图攻占坪坝的企图。三次坪坝保卫战的胜利，为建立白兆山抗日根据地创造了条件，提供了保障。

皖南事变后，党中央和中央军委决定重建新四军，豫鄂挺进纵队整编为新四军第五师，李先念任师长兼政治委员，下辖三个旅，周志坚任第十三旅旅长，政治委员方正平。周志坚在誓师大会上号召全旅官兵同心协力，努力把十三旅建设成一支正规化的抗日武装，并在抗日烽火中锻造成一支精兵劲旅。

1941 年 8 月，经过前期侦察和缜密研究，周志坚决定以最小的代价，采取奇袭方式进攻日军鄂西兵站基地孝感。8 日上午，他挑选了四支精锐部队，加上旅部的手枪队一共 600 余人执行这一项计划。晚上 10 时，队伍抵达孝感城外，主攻西门。11 时，周志坚下令开战，西门的尖刀部队首先将伪军岗哨攻破，其他三路军也一并涌入城中，径直扑向日军的宣抚班驻地及伪机构。是役，新四军共击毙日本宣抚班 30 余人，烧毁汽车 10 多辆，给日军以重大心理打击。

奇袭孝感城，是新四军重建之后主动出击日寇的经典范例，极大地振奋了全国军民抗战胜利的信心，以事实驳斥了国民党顽固派对共产党所领导的军队“游而不击”的诬蔑。

随后，周志坚又率部打响了历时60天的侏儒山战役，共歼灭伪定国军第一师5000余人，毙伤日伪军200余人。此次战役是抗战中江汉平原最具影响力的一战，与平型关战役、百团大战、黄桥战役齐名。对新四军包围武汉、保障新四军来自江汉的物资供应、牵制第三次长沙会战中的日军和新四军在敌后的迅速壮大，都起到了很大作用。

由于作战勇敢、身先士卒、善打硬仗，周志坚被战友们誉为“铁将”，其英雄事迹也在根据地内广为传颂。由于口口相传等原因，“周铁将”逐渐演变成了“周铁匠”，但这丝毫没有影响“铁匠”的“打铁”干劲。据周志坚回忆，抗日战争期间，新四军第五师在边区人民支持下，先后抗击了15万日军和8万多伪军，对敌伪主要战斗1034次，对顽军作战878次，为抗日民族解放战争的胜利作出了重大贡献。

三、“铁匠”革命信念贞

1945年10月，新四军第五师与王震等率领的八路军南下支队以及王树声率领的河南军区部队在枣阳以北地区会师，成立了以李先念为司令员、郑位三为政委的中原军区，周志坚由十三旅旅长升任第二纵队副司令员。在这个职位上，周志坚的经历是他铁骨义胆的最好诠释。

1946年6月，蒋介石调集30万大军对我中原解放区发起疯狂进攻，叫嚣48小时内全歼中原解放军。危急关头，毛泽东以中共中央名义急电中原局：“立即突围，愈快愈好，不要有任何顾虑。生存第一，胜利第一！”中原解放区部队遵照中央指示，于6月26日开始分路突围。司令员李先念命令周志坚指挥纵队第十三旅、第十五旅第四十五团，掩护中原局和中原军区机关部队突围，并严肃地对他说：你的任务是光荣的，只能胜利，不能失败！

6月29日晚9时许，周志坚指挥部队发起了攻击。经过约一小时鏖战，歼灭了何家店和柳林车站的小股国民党军，但正如他事前所料想的那样，敌军很快从南北两边又扑了过来。周志坚当即按作战预案重新部署，战斗整整打了一夜，他率领战士们坚守住阵地，让中原局、中原军区机关以及主力部队抢在国民党军队发动总攻之前全部穿过平汉铁路，跳出第一道包围圈。

但当周志坚掩护中原局、中原军区机关以及突围部队胜利越过南化塘，准备率第四十五团归队时，忽然得知第三十九团在突围时遭到另一股国民党军阻击，损失很大。周志坚向军区首长请示，准备自己留下来接应和收容第三十九团。得到军区批准后，他留下来并找到了三十九团团部和一营，让他们赶快跟上大部队，但二营、三营还没有跟上来。于是他在前坡岭又等了四天，虽收容了部队，但却陷入敌人重重包围之中。周志坚率三十九团两个营左冲右突，都没有成功。最后，他和团营干部们商量，决定暂时将部队分散到当地，以避开敌人的重兵围攻，而后再寻机突围。他亲率一个营四处转战，随着伤亡不断增多，全营只余十几人。又经过几次战斗，身边仅剩下一名警卫员。敌人悬赏 8 万大洋，以抓捕解放军的这名“大官”。

在这种极端恶劣的环境下，周志坚没有丧失革命斗志，理想信念从未动摇。最终，他和警卫员化装成老百姓，躲过敌人层层搜捕，辗转千里之遥，最终打听到中共代表团在南京的办事处。经董必武安排，他终于回到阔别九年的延安。10 月 5 日，延安召开隆重集会，欢迎从中原突围中归来的将士。毛泽东、朱德等领导人前来向大家祝贺。当看到周志坚时，毛泽东热情地握着他的手说:“回到延安，要好好休息，再和蒋介石斗嘛!”

四、“铁匠”攻坚最勇猛

解放战争进入战略反攻阶段后，周志坚一路凯歌高奏，攻济南、战淮海、进上海，一路征战大江南北，为新中国解放事业立下了不朽功勋。

1948 年 7 月，周志坚率部与华野第七纵队攻占国民党军重兵防守的兖州，全歼守军 2.8 万余人。兖州解放后，中央军委决定集中华野主力，组成解放济南的攻城集团和打援集团，周志坚部受命担任攻城总预备队。济南是国民党重兵守备、设防坚固的大城市，设置三道防线，第二绥靖区司令官王耀武坐镇指挥，总兵力约 11 万人。

为坚决攻克济南，周志坚针对济南城防特点，在进行攻城准备的同时，组织所属部队以已解放的莱芜城作为假设阵地，认真模拟攻坚战法，寻找最佳突破点。他还和战士们一起，在云梯上攀上爬下，反复验证攻击效果。9 月 16 日，济南战役开始。18 日凌晨，周志坚率部向济南外围国民党军发起攻击，迅速扫清障碍，并通过奇袭夺取丁家山等据点，于次日拂晓进入指定的出发阵地。20 日晚，十三纵攻占商埠，抵近济南外城。在长期的战争生涯中，周志坚养成了靠前指挥的习惯。这一次，他仍然坚持到前沿一线查看地形和敌人火力部署情况。陪同人员劝他靠后一些，他严肃地说："选择突破口是攻城的关键，任何一点草率都会给部队造成严重损失。"经反复观察，他发现城墙下有一处十分隐蔽的大型暗堡。他和担任主攻任务的指挥员一起研究并确定具体攻击手段后，才返回指挥位置。

22 日黄昏，十三纵发起强攻，战至次日上午，夺取济南外城并逼近内城。按照作战计划，十三纵担负打开西南突破口的任务。守敌拼命顽抗，并用燃烧弹在阵前形成一道火障，给我攻城部队造成很大伤亡。第一〇九团第八连使用 70 多个炸药包才把城墙炸开一道口子，三个先头连突入城墙，苦战四小时后大部分伤亡，突破口被敌人重新封闭。危急时刻，周志坚果断命令，架梯子强攻！他亲自赶往坤顺门，对攻城突击队进行战地动员。战士们备受鼓舞，士气大增！最终，突击队登上城墙，打退守军多次反扑，巩固了突破口。他指挥其余部队适时投入纵深战斗，战至黄昏，十三纵与兄弟部队在大明湖畔胜利会师，济南战役结束。这次战役，十三纵在周志坚指挥下取得歼敌 1.5 万人的佳绩，下属第一〇九团被中央军委授予"济南第二团"光荣称号。

济南战役结束后，周志坚率部挺进淮北，参加淮海战役。11 月 7 日，他率部强渡运河，直插陇海铁路。十三纵受领的任务是夺取曹八集，切断黄百韬兵团西逃之路。经过激战，攻占曹八集，歼灭国民党军一个师 3000 余人，击毙敌师长刘声鹤。在随后的围歼战斗中，周志坚指挥部队攻击黄百韬兵团的外围阵地大宋庄、后荒滩等地，但进攻受挫，部队伤亡较大。周志坚及时召开军事会议，认真总结教训。他主动检讨，认为失利原因在于战法有问题，进攻战术没有迅速从城市攻坚作战转变为野战条件下的进逼作业。经过分析总结，大家统一了思想认识，在淮海战役后期阶段没有再犯类似错误。其后，周志坚又奉命率十三纵解放灵璧县城，歼灭守军 5000 余人。

12 月 13 日，对黄维兵团总攻开始。周志坚奉命率十三纵加入南集团，同东、西集团一起向黄维兵团猬集的双堆集核心阵地发起猛攻。战至 15 日，黄维兵团被全部歼灭。淮海战役，周志坚指挥的十三纵先后作战 15 次，歼敌 2.6 万人。淮海战役结束不久，周志坚又受命率部南下，开赴江苏淮阴、淮安，参加渡江战役。1949 年 2 月，根据中央军委命令，十三纵改称中国人民解放军第三十一军，隶属三野第十兵团建制，周志坚被任命为军长。渡江战役开始后，三十一军以雷霆之势向江南纵深挺进，一路追击兵败如山倒的国民党军。在连续八昼夜追击作战中，三十一军共歼敌 1.7 万余人。渡江战役结束后，部队来不及休整，立即开赴苏州，参加解放上海的战役。

兵贵神速。这一次，周志坚再度发挥善打硬仗的“铁匠”精神，率部克服疲劳和道路泥泞等诸多不利条件，连续急行军六昼夜，提前抵达浦东一带实施战役准备。上海战役开始后，周志坚受命统一指挥参与作战行动的三十军和三十一军，夺取高桥，切断国民党军海上退路。战至 26 日，浦东守军约 1.8 万人被全歼，我军完全封锁了黄浦江口，这对兄弟部队全歼上海守军起到了重要作用。仅隔一天，上海战役就胜利结束。

解放战争后期，周志坚率三十一军在第十兵团建制内挥师福建，追歼国民党军残余部队，先后参加福州战役、漳州战役和厦门战役，共歼敌 3.7 万余人。

中华人民共和国成立后，周志坚率领三十一军驻守福建前线，担负以厦门为中心的海防战备任务，剿灭了沿海匪患，又夺取东山岛并粉碎了国民党军反扑和窜犯大陆的企图，捍卫了海防安全，巩固了新生的人民政权。

周志坚，这位从新四军第五师走出的“铁匠”，是位真正意义上的“铁将”。他有铁一般的信仰，对革命的忠贞始终坚定不渝；他有铁一般的信念，对战争的胜利始终满怀信心；他有铁一般的纪律，对上级的要求始终坚决贯彻；他有铁一般的担当，对领受的任务始终坚决完成。他在战场上纵横驰骋、威震敌胆，为争取民族独立、人民解放作出了彪炳史册的贡献。他对革命、对信仰、对组织的铁骨铮铮，永远值得我们传颂和学习。

鄂州是鄂南抗日斗争的指挥中心

张忠义 *

抗日战争时期，鄂城（现为鄂州市，下同）是鄂豫边区党委和新四军第五师开辟鄂南、抗击日寇、往返长江南北、跳跃回旋的江南桥头堡，是鄂南党政军领导机关、鄂皖湘赣指挥部和湘鄂赣边区领导机关所在地，是鄂南抗日斗争的指挥中心。湖北省人民政府于 1992 年 6 月批准，鄂州麻羊垴“鄂南抗日根据地指挥中心”为革命传统教育基地。

一、党政军五个层次的领导机关所在地

（一）早期的抗日武装，点燃樊湖抗日烽火

抗日战争爆发后，人民大众坚决主张抗战，决心保卫祖国，在全国抗日救亡运动不断高涨和中国共产党倡议国共合作的形势下，鄂城地区的共产党员率先组织了抗日武装。

鄂南抗日游击第二纵队　1938 年 8 月，土地革命战争时期隐蔽下来的共产党员、红军干部郑世顺从武汉农民训练班学习回来，与原红军干部彭玉珍一起在鄂城毛铺（今属大冶市）收集国民党军逃跑时丢下的枪支弹药，组织了三四十个人的抗日武装，成立了鄂南抗日游击第二纵队，郑世顺任司令员，

---

* 张忠义：湖北省鄂州市新四军研究会会长。

彭玉珍任政委。司令部设在毛铺龙凤观。

鄂南抗日游击第二纵队成立后，在鄂（城）大（冶）边界地区开展抗日活动。由于队伍初建，混进了几个土地革命时期的民团骨干、土匪和地主分子，其中民团头目邓世金、土匪王能清还当上了排长。邓、王混进队伍后，即暗中与顽军勾结，伺机叛变投敌。1938 年 10 月 13 日夜，国民党顽固反共别动军田维中（打着湘鄂赣游击挺进队的旗号，暗中却与日寇勾结）所属曹家阁部与邓世金、王能清等里应外合，袭击郑家沟，鄂南抗日游击第二纵队仓促应战，终因寡不敌众，司令员郑世顺，政委彭玉珍，党员干部王坚德、李胜和等在战斗中牺牲，纵队瓦解。

冯欧抗日游击队 1938 年 10 月，共产党员冯玉亭由中共湖北省委举办的汤池（湖北应城）训练班（陶铸、李范一负责）毕业，之后来到鄂城内四乡，在太和一带联络土地革命战争时期隐蔽下来的共产党员高东明等人，发展党的组织，建立党支部，组建抗日游击大队。当时国民党独立六十旅驻扎在大冶县七里界下冯村。冯玉亭和该旅旅长过往甚密。为了筹集武器，冯玉亭主动组织了独立六十旅战地服务团，帮助解决军队给养问题，深得该旅长的信任。不久，独立六十旅移驻湖南，将带不走的 70 余支枪、几千发子弹、300 多颗手榴弹和一批军用物资交由冯玉亭保管。冯玉亭将这批武器用来武装抗日队伍，在太和地区成立了抗日游击大队，并与他的同学欧阳毅组织的 40 多人枪的抗日武装合并，成立了冯欧抗日游击队，200 余人枪。游击队成立后，在鄂城大冶交界地区开展抗日活动。

当时在鄂城、大冶交界地区有几支国民党杂牌军活动，他们对共产党领导的抗日队伍均有吞并之心。为了生存与发展，冯欧游击队由欧阳毅出面，与国民党第九战区挺进军第五纵队田维中部联系，将冯欧游击队编为田部第四支队。然而，田维中只求扩充势力，占地为王，毫无抗日之意。于是，冯玉亭、欧阳毅决定脱离田部，与湘鄂赣边区挺进军第八纵队司令方步舟谈判达成协议，方部改编冯欧抗日游击队为第三支队，允许共产党员到方部任职，冯玉亭任方部政治部主任，欧阳毅任第三支队队长。随后，共产党员彭济时、刘正旭、石教珍、曹洪波等同志相继到方部任职。方部很快发展到1000余人的队伍，主要活动在鄂城东沟、六十口一带。

1939年6月“平江惨案”后，方步舟急剧右转，接受国民党第九战区改编，在部队内清洗共产党员。冯玉亭、彭济时等共产党员被迫撤离方部，到天（门）汉（川、阳）地委工作。共产党员刘正旭在转移途中牺牲，冯欧游击队瓦解。

区委移驻涂家垴 1938年8月，当日寇逼近湖北时，中共湖北省委对时局进行了科学分析，明确指出，武汉失守后各级党组织的中心工作是扎根农村，发动群众，组织抗日武装。

省委委员、秘书长王翰派党员王水到武昌、鄂城边界开展工作，任湖北省委政治室宣传站武昌分站副主任，主要任务是宣传抗日救国，组织抗日武装。

8月，中共武昌区委书记调离后，省委调整了区委机构，肖子南任书记，组织委员王水，宣传委员王健民，武装委员潘斌。王翰指出：武汉沦陷后，区委的任务是到农村开展游击战争，以保福祠为据点。

1938年10月中旬，日军从三面包围武汉，守卫武汉的川军开始后撤。武昌区委的同志分头撤离，会合于保福祠（属武昌）。党员胡传经、许大鹏，爱国人士况公仆等先后到达。区委和党员干部会合保福祠后，即研究建立抗日据点（根据地）问题。经过对保福祠地区的地形、环境的考察，大家认为，保福祠虽有群众基础，但离公路、铁路较近（不出10公里），周围的贺胜桥、山坡、纸坊、五里界、油坊岭都驻有日军，无回旋余地。后来经过访问、座谈、实地考察、反复研究，大家一致认为，位于梁子湖畔的涂家垴，在土地改革时期是红色苏区，有较好的群众基础，离交通干线和日军据点较远，地形复杂，山峦起伏，湖汊交错，回旋余地大，是建立敌后抗日游击根据地较为理想的地方。于是，区委决定，前往涂家垴，开辟梁子湖抗日根据地。

建立梁湖抗日游击大队 1938年11月中旬，在发动群众和通过统战工作，收取商会和士绅收藏的一批枪支弹药的基础上，在涂家垴白云寺召开群众大会，成立了梁湖抗日游击大队，下辖三个中队。王水任大队长，王苏任第一副大队长兼一中队队长，潘斌任第二副大队长兼二中队队长，况公仆任第三副大队长兼三中队队长，鲁斗南为参谋长兼军需部主任。战士150余人，枪支150余支，其中机枪4挺。不久，梁湖抗日游击大队发展到200多人。活动范围扩大到北抵鄂城梁子湖，东抵沙咀，南抵咸宁花坪，西至武昌西梁子湖一带。

梁湖抗日游击大队是在党领导下组建的一支抗日武装。大队成立后，即张贴布告，宣传建队宗旨:“抗击日寇，铲除汉奸，维护商民，保卫地方。”大队部及一中队驻白云寺，二中队驻梁子镇，三中队驻涂家垴。为及时掌握敌情，分别在北咀、南咀、徐桥、倪家庄、保福祠等地建立了瞭望哨。梁湖大队在鄂城、武昌梁子湖周围，进行了灵活机动的武装斗争，给日伪顽、土匪以沉重的打击。

（二）樊湖抗日根据地的开辟，县、乡政权组织相继建立

1939年1月，国民党五届五中全会炮制了“防共、限共、溶共、反共”的反动政策。6月制造了震惊全国的“平江惨案”。9月国民党顽固派炮制了鄂东“夏家山事件”。桂军一七二师师长程树芬率两个团联合鄂东程汝怀的第十八游击纵队及黄冈、麻城县自卫队，向驻在夏家山、龙王山等地的张体学领导的独立游击第五大队发动突然袭击。五大队分批突围，主力转移到平汉路西机动作战。但大队部机关、第一中队在突围中遭受重大损失。黄冈的党组织亦遭受严重破坏。

中共黄冈中心县委认真总结了“夏家榜事件”的经验教训，深刻地认识到，坚持敌后游击战争，必须建立有回旋余地的根据地。为了坚持抗日斗争，根据上级指示，将活动区域扩大到沿江湖区。

中共樊湖工委成立　樊湖位于鄂城城关与武汉之间，以鄂城樊湖为中心，西起左岭与武汉东部交界，东至樊口（时属黄冈）与鄂城西郊，北依长江，

南临 90 里樊川和大片湖区水网，纵横百余里。进可以深入大幕山鄂南腹地，退可以北渡长江依靠鄂东根据地，对于巩固江北抗日根据地、发展鄂南，具有战略地位。

1939 年 9 月，中共黄冈中心县委派共产党员陈大发、喻南山、杨涤尘、汪穆桂（女）、胡益民、胡朗山等同志来到葛（店）华（容）段（店）地区的刘家弄、陶塘、古城庙、胡家咀、铁咀等地，以抗日宪政促进会的名义，进行抗日救国宣传。以刘家弄地区为中心，访贫问苦，秘密发展党员，建立党组织。接着又派陈大行、郭穆生、陈礼山、付大春、夏月波、谭道如、高佑龙等同志来到鄂城，以行医、打鼓说书、卖艺、教书的身份做掩护，深入群众，秘密串联，宣传党的抗日主张，建立抗日群众团体，秘密发展党员，建立地下党组织。在此基础上，于 9 月底建立了中共樊湖工作委员会。陈大发任书记，陈大行任组织部长，喻南山任宣传部长，郭穆生任统战部长。从此，江南、江北紧密联系，互为掩护，扩大了抗日斗争的回旋余地。

中共樊湖工委成立后，开辟抗日根据地的工作迅速向樊湖纵深推进。工委将樊湖地区划分为华北、华滨、华南、五合、共和、德马、小庙等七大片，工委委员分片负责，带领干部和党员，深入各片开展工作，揭开了樊湖抗日根据地的序幕。

为了尽快打开樊湖地区抗日斗争的局面，1939 年 10 月，黄冈中心县委派黄冈抗日游击大队大队长漆少川率 100 余人的队伍来到樊湖地区宣传抗日，动员群众参加抗日斗争。樊湖工委把握时机，建立了鄂城沿江抗日便衣队，20 多人枪。同时，进一步加强了党组织的建设与发展，迅速在各乡建立了党组织。

1939 年 10 月，中共樊湖华滨乡分区委成立，曾发臣任书记，胡少甫任组织委员，秦秀山任宣传委员。

1940 年 1 月，中共樊湖五合乡分区委成立，高佑龙任书记，徐瑞祥任组织委员，王春祥任宣传委员。

2 月，中共樊湖共和乡分区委成立，喻南山任书记，陈发安任组织委员，刘志成任宣传委员。

2 月，中共樊湖德马乡分区委成立，书记周振芳，委员有黄少安、涂威、许臣诚、包继云。

2 月，中共樊湖华北乡分区委成立，书记张金照，委员有王少甫、张国民、张甘树。

8 月，中共樊湖小庙乡分区委成立，书记肖柏林。

9 月，中共樊湖华南乡分区委成立，书记周华庭，委员有姜少山、周吉庭、廖晓舟、廖镜明。

鄂城行政委员会成立　中共樊湖工委成立后，为了广泛团结各界人士共同抗日，着手筹建政权组织。1939 年 10 月，成立鄂城宪政促进会，胡益民任会长，宪政促进会反对蒋介石独裁，主张实行民主政治，团结各党派、各界人士共同抗日。1940 年 1 月，撤销鄂城宪政促进会，成立鄂城行政委员会，陈大发任主席。鄂城行政委员会是鄂城第一个抗日民主政府，下设司法、联络、财粮等科。

鄂城行政委员会成立之后，各乡政权相继建立，有五合乡、华滨乡、德马乡、华北乡、小庙乡、华南乡、兴利乡等。

乡政府设乡长、副乡长和督导员。乡长、副乡长大部分由本地党员或抗日斗争积极分子担任，督导员基本上由黄冈中心县委指派党员干部担任。

随着统一战线工作的深入开展和对敌斗争的需要，尤其是一批党员、乡干部相继牺牲，县行政委员会物色了一批爱国人士担任抗日民主乡政府的领导职务。

1940 年，先后建立了葛华、港畈、五合三个抗日民主中心区政府。葛华区区长彭子云（曾任国民党区长），港畈区区长冯少甫（鄂城知名士绅）、副区长孙金泉，五合区区长徐瑞祥。

各抗日民主政权组织开始是秘密活动。随着抗日民主根据地的发展，民主政府的活动逐步半公开。对那些伪乡（保）长采取控制手段，努力改造他们成为“白皮红心”的两面人物，为抗日政府办事。县行政委员会还及时制定和推行一些民主法令，如《抗日守则》《惩治汉奸办法》等。同时，还筹集粮款，保障党政军的供给。到1940年底，抗日政府的政令已达各乡村。

中共鄂南中心县委成立 1939年11月，中共通山中心县委暂由中共豫鄂边区委领导。1940年1月，通山中心县委与湘鄂赣特委再次接上关系后，湘鄂赣特委将通山中心县委改为中共鄂南代表团，书记李平。鄂南代表团下辖中共咸宁、崇阳、通城、阳新、大冶、阳通等县和武昌、阳（新）大（冶）、樊湖等三个工委。同年4月，湘鄂赣特委在平江再次遭受破坏。6月，鄂南代表团与豫鄂边区接上关系，正式划为边区党委领导。

1940年12月，中共豫鄂边区党委根据战争形势的发展，为加强鄂南党的领导力量，决定撤销中共鄂南代表团，以鄂南代表团为基础，组建中共鄂南游击地委，委员六人，书记李平，组织部长黄全德，宣传部长王佛炳，军事部长王苏，统战部长钱远镜，青年部长潘际汉，并将原属黄冈中心县委领导的樊湖工委划为鄂南游击地委领导，地委领导机关由金水流域迁至樊湖。

1941年4月，为适应新变化，豫鄂边区党委决定，鄂南游击地委改为中共鄂南中心县委，调李平到鄂东特委工作，黄全德任书记，钱远镜任组织部长，王佛炳任宣传部长，王苏任军事部长，何愚任统战部长，舒江皋任民运部长。

组建新四军鄂南独立五团 1940年12月，在豫鄂边区党委建立中共鄂南游击地委的同时，决定组建鄂南地方武装——新四军豫鄂挺进纵队鄂南独立第五团，并增调干部和部分武装，支援鄂南斗争。鄂南游击地委以鄂南抗日挺进队、樊湖工委领导的沿江便衣队和原梁湖抗日游击大队的力量为基础，组建鄂南独立第五团。

1941年1月26日（农历除夕），中共鄂南游击地委准备在段店周家咀（沙家咀）召开会议，传达豫鄂边区党委指示，宣布成立新四军鄂南独立第五团。与会人员尚未到齐，就发现日寇对段店滨湖地区开始大规模的“扫荡”，已集中人员迅速分散。中共樊湖工委组织部长陈大行、统战部长郭穆生为掩护地委书记李平，不幸被捕，惨遭毒打，宁死不屈，被日寇杀害于泥矶码头，抛尸于江中。

1941 年 2 月，中共鄂南游击地委在小庙乡周家墩召开会议，宣布新四军独立第五团成立。王苏任团长，李平任政委，下辖三个营，一、二营虚设，三营营长熊辉祥，教导员秦文卿，拥有机枪 2 挺，步枪 70 余支，手枪 10 余支，指战员 100 多人。

鄂南独立第五团的成立，在鄂南第一次公开举起了新四军抗日的旗帜。在党的领导下，独立第五团采取灵活机动的游击战术，打击日伪，歼灭土匪，首创日伪设在段店武圣宫的“天谷”剿共司令部，毙伤日军多人，击毙汉奸刘洪、骆欢生，敌人被迫撤除了武圣宫据点；击退了在南咀扫荡的一股日军；在华容魏家咀消灭了民愤极大的土匪魏老幺部，镇压了华容杀人越货的土匪头子、汉奸周九勾子；在华南乡歼灭了顽军廖义华部特务中队一部，俘中队长姜楚泉等 30 余人，缴获机枪 1 挺、长短枪 30 余支。独立五团数战告捷，军威大振，人民群众拍手称快，队伍发展到 200 多人，活动范围扩大到武北和梁子湖地区，进一步发展和巩固了鄂城武昌沿江抗日根据地。

（三）五师十四旅挺进鄂南，中共长江地委成立

1942 年初，日军开始进攻浙赣线。为牵制敌人的新进攻，豫鄂边区党委和新四军第五师根据中共中央中原局和新四军军部的指示，决定开辟鄂南，创建鄂南敌后抗日根据地。

5 月，十四旅主力组成挺进鄂南的第一梯队，分东西两路（西路部队 400 余人，由四十一团政委罗通、鄂南中心县委书记李平率领，5 月 2 日从黄州长圻寮过江；东路部队 1000 余人，由十四旅旅长吴林焕、副旅长熊作芳率领，5 月 14 日从蕲春和广济田家镇之间的银山垅渡江）南渡长江进入鄂南，以加强鄂南抗日斗争的领导，尽快打开鄂南抗战的局面，形成自南线包围武汉之敌的战略态势，以实现新四军“控制长江下游”的战略意图。

鄂皖湘赣兵团指挥部成立 1942年8月中旬，日军以三百兵力扫荡咸宁公路两侧。鄂豫边区党委和五师决定部队立即重返鄂南，建立鄂皖湘赣兵团指挥部（亦称江南兵团指挥部），并从边区根据地抽调鲁明健、吴师筑为首的近百名干部组成鄂南政务工作团，随部队开赴鄂南。鄂豫边区党委组织部长杨学诚来到黄冈方高坪传达上级指示。师参谋长刘少卿立即率领部队再渡长江，进入谈家桥，杨学诚率领政务工作团随后跟进。1942年8月，在谈家桥正式成立鄂皖湘赣兵团指挥部，刘少卿任指挥长，杨学诚任政委，吴林焕任副指挥长，熊作芳任参谋长，夏农苔任政治部主任。同时，由上述五人组成指挥部党委，杨学诚任书记。

中共长江地委成立 为了巩固鄂城沿江抗日根据地，以此作为发展鄂南的依托，杨学诚建议并请示鄂豫边区党委批准，于1943年1月成立中共长江地委（亦称四地委）和长江行署及第四军分区，统一领导鄂南、黄冈地区的抗日战争，使江南、江北两块根据地连在一起，互为依托，互相支持。夏农苔任地委书记兼四军分区政委，熊作芳任四军分区司令员，贺建华任行署专员，鲁明健任副专员。中共长江地委先后隶属鄂豫边区党委、鄂皖湘赣区党委，领导鄂南工委和黄冈县委。地委、行署机关设在鄂城麻羊垴。

中共鄂南工委成立 1942年8月，在成立鄂皖湘赣指挥部党委后，即成立了中共鄂南工作委员会，鲁明健任书记，吴师筑任副书记，负责领导鄂南沿江抗日根据地的工作，工委机关设在鄂城麻羊垴。

鄂南政务委员会成立 1942年8月，成立了鄂南政务委员会，统一领导鄂南各县的政权工作。吴师筑任主席，鲁明健任副主席。

鄂南（中心县委）军事指挥部成立 1943年4月，中共咸崇蒲中心县委和鄂南工委合并，成立鄂南中心县委。6月，建立鄂南军事指挥部，下辖鄂南中心县委所辖各县地方武装。指挥长熊作芳（后为罗通），政委鲁明健。鄂南指挥部为鄂南最高军事领导机构，以新四军十四旅四十一团一部和鄂南挺进十五团为直属主力，统一指挥鄂南的地方武装。

鄂南总队成立　1943 年 7 月，中共鄂南中心县委根据鄂南抗日斗争形势，决定加大游击战争的力度，实行主力部队地方化、党政人员军事化，大力发展地方武装。因此，将新四军十四旅四十一团和鄂大、樊湖部分地方武装共 500 余人，合编为鄂南抗日游击总队，简称鄂南总队。汤楚英任司令员，李平任政委。鄂南总队直属鄂南指挥部领导，以鄂城麻羊垴为基地。

新四军第五师十四旅主力过江后，特别是江南兵团指挥部成立后，鄂城地区的形势发生了很大的变化。先后建立了鄂（城）大（冶）、大（冶）鄂（城）、咸（宁）武（昌）鄂（城）三块抗日根据地，与原先开辟的樊湖抗日根据地连成一片。

（四）南下支队挺进江南，湘鄂赣边区机关迁驻六十口邱家大湾

随着抗日战争由相持阶段向战略反攻阶段的转变，1944 年 9 月，党中央决定派王震、王首道等率八路军一二〇师三五九旅的主力，并抽调一批干部作为开展湘鄂赣及华南地区敌后工作的南下支队。10 月 31 日，该部队正式授名为国民革命军第十八集团军独立第一游击支队（简称南下支队），支队司令员王震，政委王首道，副司令员郭鹏，副政委王恩茂，参谋长朱早观，副参谋长苏鳌、邹毕兆，政治部主任刘型，副主任李立。全军共 5000 余人，中央决定由王震、王首道、贺炳炎、廖汉生、王恩茂、文建武、张成台、刘型等组成军政委员会，王首道为书记，统一领导全军的政治军事工作。

1945 年 4 月 28 日，南下支队向党中央和鄂豫边区党委请示："拟成立湘鄂边区党委及行政公署。"党中央电示王震、王首道、郑位三、李先念："湘鄂赣边区根据地必须建立，以为南北枢纽，区委组成问题，另行通知。"

不久，鄂豫边区党委和五师党委作出关于成立中共湘鄂赣边区临时党委、湘鄂赣军区、湘鄂赣边区行政公署的批示，湘鄂赣边区正式成立。王震任军区司令员，王首道任边区党委书记兼军区政委，张体学任军区副司令员，朱早观任军区参谋长，刘型任军区政治部主任，聂洪钧任区行政公署主席。边区党委和军区分别下辖三个地委和三个军分区。6 月，边区党政军机关迁至鄂城六十口邱家大湾。

二、敌后交通工作网络健全

（一）鄂南中心交通站的成立

抗日战争时期，我们党为了建立和巩固鄂南敌后抗日根据地，及时有力地打击敌人，建立了鄂南中心交通站。各根据地党组织紧紧地依靠群众，积极发展敌后交通工作，先后在武鄂（樊湖）、鄂大、大鄂、咸武鄂建立了分站，形成了一张红色的敌后交通网。在环境险恶、斗争艰苦复杂的情况下，交通站的同志出生入死，往返大江南北，出色地完成了一次又一次的艰巨任务，为各级领导正确决策提供依据。因此，曾被鄂豫边区交通总局誉为“交通线上的红色尖兵”。

1939 年底，中共鄂南领导机关（通山中心县委）从鄂城涂家垴迁往金水流域，建立了地下交通站，张曙光任站长。

1942 年 5 月，新四军第五师十四旅主力挺进江南，鄂南地区的革命形势发生了很大改变。为适应形势发展的需要，中共鄂南中心县委成立了樊湖交通情报站，郭履忠任站长。

樊湖交通情报站开始设在樊湖姜家咀。姜家咀三面环水，黄金桥与桥庙是走水路的两个重要关口，便在这里设了分站。不久又建立了付家墩分站。交通情报站建站时有十几个人，只开通了大鄂谈家桥、鄂东辛家冲、黄冈堵城等几条交通线。

1943 年 3 月，鄂东交通分局副局长林又喜（化名张元）和徐魁来到樊湖指导工作，使鄂南与鄂东的敌后交通正式建立了直接联系。樊湖交通情报站改为鄂南中心交通站，郭履忠任站长。1943 年至 1945 年，中心站一般随党政机关行动，先后移驻付家墩、横山、峒山、付家咀、麻羊垴、毛家湾、赵家寨等地，发展到 30 多人，并加强了领导力量，配备了协理员。协理员主要负责思想政治工作，先后有高佑龙、孙仲卿、董定才、吴华亭（后叛变投敌）

等人担任过中心交通站协理员。还有文书、收发员等。交通员一般由交通站物色、党的组织部门调配，经费由地方政府供给。

（二）地下交通网络的形成

1942年底，鄂大、大鄂、武鄂、咸武鄂相继建立了交通分站。分站直属鄂南交通中心站领导，并建立了交通联系点50多个。至此，鄂城抗日根据地的交通情报网络已经形成。

鄂南中心交通站的主要联系地点有：鄂东的熊家嘴、禹王城、堵城、罗霍洲、团风、黄州、长圻寮，鄂南的峒山、横山、沈家台、付家墩、六十口、上下倪、付家咀、吕家咀、朱汤村、麻羊垴、山坡（保福祠）、贺胜桥等地。主要交通线路有：樊湖（峒山）—团风，途经胡林、三江口、江北的林家河；樊湖（谭家墩）—鄂大麻羊垴，过长港经范家墩、洪港、月陂；樊湖（付家墩）—江北王家坊，途经棠梨村，过张白湖，渡长江到罗霍洲；鄂大（麻羊垴）—江北长圻寮；鄂大（麻羊垴）—咸宗蒲西岭挂榜山；樊湖（三山）—大鄂谈家桥；樊湖（三山）—咸武鄂保福祠。

交通员执行任务时一般都要化装。有的装扮成小商贩，有的装扮成要饭的，有的装扮成手艺人，有的装扮成串亲访友的，利用亲戚朋友关系做掩护；等等。总之，要根据季节、环境、信件的体积等具体情况而定，千方百计麻痹敌人，保护自己。为了保证信件的安全，交通员执行任务时一般不带武器。无论遇到什么情况，都要想方设法保证信件的安全。

为了确保交通线路畅通无阻，经常改变线路和联络办法。交通员一般不跑固定路线，而是采取南线北线经常轮换、长途短途相结合的办法，使敌人摸不清交通员的活动规律。重要情报和信件都要求总站交通员直接送达指定地点，一般信件可由联络站逐级传递。交通员执行任务时一般两人一起活动，一人在前探路、做掩护。跨区执行任务的交通员，由当地交通员带路并掩护。同时，交通站在各根据地党组织领导下，紧密依靠群众，秘密扩大交通队伍。1943年下半年，各区、乡基本上都建立了地下交通联络站。

（三）交通站出色地完成了各项工作任务

交通站的重要任务是传递情报和信件，分站及联络站则肩负起掩护总站交通员、搜集情报的责任。敌后斗争取得了一个又一个胜利，鄂南中心交通站功不可没。

1943 年 8 月，交通员黄清成奉命送一密件到鄂南指挥部，途经段店附近时，被侦缉队逮捕，危急时刻黄清成将密件撕毁。黄清成被关八天，受尽酷刑，没有一句供词，后惨遭杀害，悬首示众，年仅 28 岁。

1943 年 10 月，交通员老谢奉命到黄冈交通分局领取一批文件，由黄冈交通分局交通员小龙护送，同行的还有交通分局房东小张。他们途经大埠街时，被伪军发现，交通员当机立断，二人掩护，一人将文件藏在树林里。三人被捕后，伪军用尽酷刑，一无所获。残暴的敌人将三人活埋。当地群众目睹了三人英勇就义的情景，无不失声痛哭。

1944 年 3 月，顽军马钦武、廖义华联合率部 1500 余人进犯鄂大地区，形势十分危急。交通站以十万火急的急件，冒险走近道穿过敌封锁线，将情报送到四军分区司令员张体学手中。主力部队连夜赶到江南，发起了麻羊垴战斗，大败顽军，保卫了鄂大根据地。

1944 年 12 月，鄂大工委及时转移了为迎接三五九旅南下支队而秘密储备于马田铺的 10 万余斤粮食，使日军抢粮扑空。这次胜利归功于交通站将准确的情报及时地送到了工委负责人的手中。

鄂南敌后交通站从建站到抗战胜利的六年中，传送了数以千计的信件、情报，安全地护送了数以百计的部队首长和伤病员，为抗战胜利作出了贡献。英雄的交通员，为民族的独立解放，不怕艰苦，不避艰险，舍生忘死，出色地完成了各项任务，用汗水和鲜血浇灌了抗战胜利之花。

三、统一战线工作发挥了重要作用

鄂城地区抗日根据地在建立和发展过程中，党组织十分重视、认真贯彻党的抗日民族统一战线和策略方针，不断壮大抗战力量，有力地打击了日伪顽势力，使孤悬敌后的鄂城抗日根据地不断得到巩固和发展。

（一）各级领导亲自抓统战工作

1942 年 5 月，鄂豫边区党委和新四军第五师，根据党中央指示，令五师十四旅主力挺进江南，开辟鄂南敌后抗日根据地。8 月，在鄂城地区谈家桥成立了鄂皖湘赣指挥部。指挥部党委十分重视统一战线工作。党委书记杨学诚，亲自抓统战工作。在指挥部驻地谈家桥，多次登门拜访有声望的士绅，召开民主人士座谈会。一些爱国士绅和民主人士深受感动，感慨地说："共产党光明磊落，肝胆照人，乃民族之希望，百姓之救星。"随后，一些爱国人士踊跃参加县、乡民主政府工作，为大鄂抗日根据地的发展作出了一定的贡献。

1943 年 11 月，郑位三同志途经鄂城，视察了鄂大地区。在听取鄂大工委书记王表的工作汇报后，指出：鄂城沿江地区是江南的桥头堡，很重要。要坚守这块阵地，一定要加强统战工作，注意斗争策略，广泛地团结各阶层人士共同抗日，扩大我党影响，壮大抗日力量。鄂南中心县委随即在麻羊垴召开沿江各工委书记会议，传达郑位三指示，使各级领导进一步提高了对统一战线重要性的认识。

1945 年 2 月，王震、王首道率南下支队挺进江南，先后和敌伪进行大小战斗 130 余次，毙俘敌伪 3000 余人，收复大小城镇、乡村 270 多个，取得了辉煌的战绩。5 月中旬，利用战斗间隙，王首道政委主持召开了各界代表人士座谈会。听完王首道的讲话之后，一位银须士绅慷慨陈词："我堂堂华胄，开化极早，历史文明。近世只缘内忧外患，落于人后。今遇日寇入侵，实有亡国灭种之虞。贵党贵军决策英明，勇猛御敌，风靡天下，实不愧当世英雄。此次南来，历尽艰辛，不计旧时私怨，深明大义，为国为民，余人不胜感激之至。古人云：'国家兴亡，匹夫有责。'老朽年迈，虽不能驰骋沙场，但愿奉献余生微力，以期早日驱逐日寇，复兴中华！"充分表达了广大民主人士的爱国之心和对共产党的无比信赖之情。

（二）发展进步势力，争取中间力量，打击顽固势力

为了团结一切可以团结的力量，共同抗日，根据地党委坚决贯彻执行党的“发展进步势力，争取中间势力，打击顽固势力”的政策和策略，团结各阶层民众，分化民间顽固势力，壮大抗日力量。

樊湖泥矶知名人士秦宏甫曾留学日本，回国后在甘肃省盐业局供职。抗战爆发后回乡办学，立志教育救国。中共樊湖工委成立后，统战部长郭穆生多次登门拜访，动员秦先生发挥学识和社会关系的优势，投身抗日救国运动。秦先生慷慨表示：身为炎黄子孙，抗日救国，义不容辞。工委派他到省城建立情报站，多渠道地搜集情报。秦先生利用同学的关系，以汉口民众教育馆工作为掩护，积极开展工作，广泛搜集情报，分批秘密交由联络员秦白树带回泥矶交给郭穆生。

樊湖胡林知名人士冯少甫与季法清、倪达山等社会名流结成“三十六友会”，在樊湖一带可谓呼风唤雨的人物。在抗日民族统一战线的感召下，冯少甫积极投身抗日民主运动。在他的带动下，“三十六友会”大多数人为抗日做了许多有益的工作。冯老先生的家成为樊湖工委干部们隐蔽活动的安全歇脚点。他还帮助鄂东税务局在樊湖建立了第一个税务所。他的房侄冯汉生（地下党员）利用他的关系，在段店镇开办合作社，从事地下交通工作，并多次为新四军购买药品和医疗器械。由于冯先生的出色表现，中共樊湖工委聘请他担任港畈区区长、县政务委员会委员。

樊湖段店镇有位私塾老先生叫谢司农，在当地名望较高。由于段店伪维持会长熊才清被樊湖手枪队处决，日军想聘请他为伪维持会长，谢老先生严词拒绝。中共武鄂工委派委员张弦上门做他的工作，动员他以民族利益为重，做一个“白皮红心”的维持会长。谢司农欣然应允。为不使日军生疑，工委利用内线关系向日军暗示：谢老先生要礼贤下士，方肯出山，日军大喜，于是聘请谢司农为段店维持会长。

鄂大地区知名人士阮子霞，曾留学日本。日军多次聘请他出任伪职，均

遭拒绝。在共产党统战政策的感召下，他带头参加鄂大抗日民主政府工作。同时，还动员医生王小庭，主动带药上前线抢救新四军伤病员，受到指战员的高度赞扬。1944 年 1 月，鄂大抗日根据地召开民主代表大会，按“三三制”原则选举鄂大政务委员会，阮子霞、王小庭等进步人士均当选为委员。

在大力发展进步势力的同时，还积极争取中间势力，争取一些中等资产阶级、开明士绅和地方实力派。对于国民党反共顽固派的斗争，各根据地都坚持了“有理、有利、有节”的原则，利用矛盾，争取多数，打击少数，争取最广泛的同盟者，化消极因素为积极因素，扩大抗日统一战线。

抗日战争时期，鄂城是鄂大、大鄂和鄂南党、政、军及鄂皖湘赣指挥部、新四军第五师十四旅、新四军第五师鄂南独立团首脑机关和指挥机关的所在地。抗日战争后期，中共湘鄂赣边区党委、行署和军区机关也迁至鄂城樊湖六十口邱家大湾。各层次党政首脑机关之所以能在鄂城站稳脚，因为一方面有江北根据地做后盾，另一方面鄂城根据地的经济工作基础较好，能给过往部队提供后勤保障。交通情报工作网络健全，能及时传递情报，使各层次的军事机关指挥灵敏。统一战线工作扎实、有效，为各层次的抗日组织开展活动提供了较好的群众基础。所以，鄂城既是五级首脑机关的所在地，也是鄂南抗日斗争的指挥中心。

鄂城抗日根据地的经济斗争

袁仲国 *

抗日战争时期，鄂城（现鄂州市，下同）人民在中国共产党的领导下，恢复和重建了党的各级组织，建立和发展了各抗日根据地。在坚持敌后武装斗争的同时，开展了艰苦卓绝的经济斗争，为建立和巩固抗日根据地，为新四军和南下支队的对敌作战，提供了有力的后勤保障。

一、依托抗日根据地，建立和健全经济工作机构

全民族抗战初期，鄂城抗日根据地在初创时期，没有稳定的经济来源，日常开支主要是依靠党员干部和人民群众的自发资助。随着根据地的巩固与发展，特别是中共樊湖工委的建立，于1939年秋有了自己的税务所，开展了税收工作。先是在沿江设立了几个税卡，对过往商船进行收税。税所负责人是王应钦。税所属鄂东财委会领导（第五师鄂东财委会），同时也属鄂豫边区总税务局领导。1940年税所扩大，设立了鄂东税务局，局长是张谦（后叛变）、徐瑞庭。1942年武鄂县成立的同时成立了税务局，局长是陈立三。后来李和当正局长，陈立三当副局长。1942年8月，设立了鄂南税务总局，局长李壁东、杜协成，属鄂豫边区贸易统制总局领导。下设四个分局：一分局

* 袁仲国：鄂州新四军研究会副会长。

（武鄂税务局）设在五分姜唐家塆；二分局（鄂大税务局）设在麻羊垴映皮乡；三分局设在黄冈；四分局设在樊湖龙王庙。1944 年，税务体制进行改革，进一步加强民主政府对经济工作的领导，各县相继成立了财经局，统一领导财政、税务、粮食局（科），由县长或政务委员会主席兼任财经局长。税务局仍实行双重领导。1945 年又设立了咸武鄂西分区税务局，樊湖行政委员会副主席张弦首任武鄂税务局局长，后由李鹤接任。鄂大临时工委书记谭道如首任鄂大税务局局长，后由曹洪波接任。葛华区区长黄伯儒首任四分局局长，后由彭云先接任。

随着税务局的建立，内设机构和税务人员分工明确，职责清晰。税务局内设科室，下设分局，并设有税警队。分局下设税所，税所下设税卡，各税所设税卡数是根据所在区域的地理环境和税源而定，一般设 3—6 个税卡。税所设有所长、司票员、检查员；税卡设有卡长、检查员、司票员等。所长负责一个乡（或一个区域）的税收，卡长负责一个路口或一个渡口（江段）的税收；司票员专门负责裁票；检查员负责查验货物；税警队负责检查税票，督促过税、换票等工作。

二、确立税收原则，制定税收政策

鄂城根据地税种主要有行商税、营业（坐商）税和农业税。开始时，由于没有统一的规章，基本上由各根据地自行制定税收政策。1941 年后，鄂豫地区行政公署成立后，统一了税制。1943 年 11 月，鄂豫地区物资统制局发布了《鄂豫地区物资统制关税税则》《关税征收办法》《关税税率》。总的原则是：保护正当的自由贸易，严禁奸商囤积居奇，保护水陆运输，禁止根据地军需物资“出口”，限制非必需品“进口”，粉碎敌人的经济封锁和垄断阴谋。这些规章的出台和税收原则的确立，有力地指导了各根据地的税收工作。鄂东税务局结合当地实际，相应地出台了税务工作原则，即税收工作实行“县不出县、区不出区，各司其职，各守域界，严守税制，互不干扰”。并且还颁布了：

1. 耕牛不许买卖，凡买卖耕牛的一律没收；

2. 对化妆品和消费品抽 20%—25% 的税；

3. 对根据地、友邻区（国民党统治区，下同）、敌占区（指日本占领区）区别对待。

在具体执行中实行区别对待的征收办法：

（一）过境（行商）税的征收办法：凡我区（根据地）所需货物，尤其特别急需货物，无论是从敌占区或友区运来的，一律免税；我区到友区或敌区到友区路经我区的就只抽很轻的税（1%）；禁止根据地军需物资“出口”，限制非必需品“进口”。像桐油、牛皮等军用物资抽税就很重，有的达 30%。一般商品税，不管哪里到哪里，只抽 1% 左右，比较轻。

（二）营业（坐商）税的征收办法：营业税的征收是按销售额计征。大则多收，小则少收，一般按 1% 收取。但对开行，行商（赚佃钱的）则特别重，抽 10%—30%。

（三）农业税的征收办法：1941 年鄂豫地区军政大会通过了整顿田赋、整理捐税、开源节流等提案，把田赋收入作为边区收入的主要来源之一。1942 年鄂城根据地开始征收农业税。不论是出租还是自耕土地，都有纳费任务，亦称“完粮”。农业税由县政府粮食局（科）负责征收，武工队协助办理。农业税由于涉及面广，合理分担把握难度大。1944 年，根据民主人士建议，鄂大政府重新登记田亩，颁发契约，盖上抗日政府大印，附上税则税率，称为“红契”。红契是土地所有权证明。持有“红契”者承担田赋，减轻了佃农的压力。

三、反封锁、反掠夺，开展积极的经济斗争

鄂城抗日根据地处在日伪顽的夹缝中，中心城镇、经济活跃的城镇均被日伪军占领。与此同时，日伪军对抗日根据地反复进行扫荡、清剿，实行烧光、杀光、抢光的“三光”政策。为战胜严重的经济困难，巩固和发展抗日

根据地，各级党组织在坚持敌后武装斗争的同时，充分依靠群众，开展了艰苦卓绝的经济斗争，有力地打破了敌人的经济封锁，粉碎了日军在鄂城地区推行的“以战养战”阴谋。

（一）积极宣传党的抗日主张，申明大义，把税收工作的触角渗透到敌占区

一是通过根据地联络人员与伪商会、维持会联系协商，并依照根据地行商、坐商税制协定税额，通过单线联系，秘密交接办法进行收取。伪商会、维持会慑于抗日民主政府压力，也为自己留有后路，一般情况下能按协定交税。二是通过开明绅士做工作，牵线搭桥。不少日伪人员虽身居伪职，但尚有良知，暗中予以配合。如鄂大税务分局通过开明绅士牵线，促成鄂城城关区每月交纳 800 块银圆税额。三是惩恶扬善，打压结合，促其纳税。在敌占区收费，无异于与虎谋皮。对于那些阳奉阴违、顽固抗税的采取打教结合，促其悔过自新，保证纳税。如华容商会几个头目，自恃日伪驻军多，税收人员不能深入敌据点，因此，放出狠话，“要税自己来拿”。我税警队和便衣队不信邪，巧捉了三个最坏的头目，没收了一批布匹等物品，并罚了他们的款。此后，华容商会就老老实实地向我们交税了。对于那些经教育无效、坚持与我为敌的汉奸，则坚决进行镇压。段店商会会长刘波平，死心塌地当汉奸，坚持与我民主政府为敌。我民主政府选准时机把他镇压了，拔掉了这颗钉子，起到了惩一儆百的作用。此后，在段店敌据点开展税收工作也顺利多了。

（二）反封锁、反掠夺，武装夺取军需物资

为打破日寇的经济封锁，保障根据地的生存与发展，保障新四军第五师的作战需要，我抗日根据地军民配合新四军十四旅开展了积极的武装斗争，从敌人手中夺取军用物资和生活用品。

1943 年春，武鄂总队在樊湖附近伏击四辆日军军用汽车，缴获大批军用物资；1943 年 5 月，樊湖工委陈礼山率领便衣队在鸭儿湖白马洲截击了汉奸姜辉煌运往顽军廖义华部的食盐 7000 余斤。在沿江地区，武工队在泥矶袭击

日军盐船1艘，缴获食盐10吨。同年7月，武鄂工委地方武装在梁子湖出口处，成功地截击了伪军成渠部由金牛运往鄂城城关的40万斤粮食。1944年，新四军十四旅主力在地方武装的配合下，对鄂城城关实施反封锁，迫使日伪鄂城区区长张静山主动出城谈判，按要求向指定地点交足每月800块银圆税金和食盐，并补交了三个月的欠税。1945年6月，武鄂指挥部一部化装成伪军，在团风至鄂城的江面上截击日军汽艇和拖带的数只木船，缴获了大量的布匹和药品。6月，武鄂指挥部夜袭华容保安队，打开日军粮仓，缴获粮食2万多斤。充分依靠群众，准确掌握敌人的经济信息，巧妙地开展各种经济斗争，有力地粉碎了敌人的经济封锁。

四、减租减息，发展生产，保障供给

（一）减租减息，激发群众抗日热情

1944年7月，鄂城抗日根据地开展了减租减息的群众运动。鄂大政务委员会召开了民主代表大会，通过了《减租减息决议》和《实施细则》，实施“二五减租、分半减息”。其主要做法是：深入发动群众和乡村，成立若干调查组，广泛宣传减租减息政策，打消群众思想顾虑，算清剥削账，提高对减租减息工作的认识。确定试点，开展培训，明确减息额度，在原租原息的基础上，减掉25%的租和50%的利息。坚持说理斗争，对那些企图蒙混过关、抵制减租减息运动的地主老财坚决打击，严肃处理。通过轰轰烈烈的减租减息运动，极大地激发了人民群众的抗日热情，密切了党和政府同人民群众的联系，促进了农村经济的发展。

（二）整修水利，发展生产

为了加强根据地的经济建设、增加财政收入，遵照党中央“发展经济、保障供给”的方针，鄂城抗日根据地军民合力，整修江堤，疏通河港，挖塘筑堰，抗御旱涝灾害，保证农业丰收。

1942年冬，武鄂工委组织五合、华北、华南三乡群众，开通两条长达15

里的大港，筑塘堰150余处；鄂大工委整修江堤10余公里，使大片良田免受旱涝灾害。在兴修水利的同时，各级党组织还组织动员群众，打破传统的耕作方式，开展生产互助运动，以自然村为单位，组织生产互助组，统一支配劳力和耕牛等生产工具，提高了抗御自然灾害的能力，促进了生产力的发展。

（三）创建敌后供销合作社

为了促进鄂城抗日根据地的发展，武鄂和鄂大创建了多个合作社。其主要职能是筹集军需物资和经费，搞活经济，保障供给。这些供销社有的办在根据地，有的办在敌据点。合作社属税务局领导，主要任务一是在敌占区采购军用物资，通过内线关系运出。二是调剂余缺。三是接受罚没处置商品。四是以货代税。合作社的建立，不仅有力地打击了敌伪的经济封锁，而且为新四军和地方部队作战筹措了大量的药棉、药品、医疗器械、食盐等军需物资。

（四）自己动手，创办工厂

随着根据地经济实力的增长，特别是新四军十四旅主力部队挺进鄂南，从1942年起，鄂城根据地建立了三家被服厂以及多个被服加工点。武鄂被服厂设在胡林下冯村；鄂大被服厂设在麻羊垴山下；咸武鄂被服厂设在保福祠石牌码头附近的张家。被服厂主要加工军被、军服、军帽、子弹带、粮袋等。采取集中和分散流动的加工办法，一种是将棉花、布料分散到可靠的群众家里缝制、保管，需要时再收取；另一种是集中熟练工人，集中缝制。由于斗争环境复杂，被服厂都是地下的，并且要经常转移。到1945年，鄂城抗日根据地已建成了大小被服厂30多家。

枪械修理所也基本上采取服装厂的做法，土法上马，隐蔽分散与集中相结合，对外是打造民用工具，秘密进行枪械修理。1942年在麻羊垴建立了鄂大修械所；1943年在保福祠古岭建立了鄂豫边区第四军分区修械所；1943年，鄂南指挥部在沙窝龚家塆开办了一家兵工厂。这些修理所，把乡村中一些富有经验的铁匠、铜匠组织起来，凭着工人们的双手，修理大量的枪械，复制了子弹，有的还可以加工撅把子手枪，有力地满足了前线的作战需要。

敌后根据地的经济工作，是一场曲折而又特殊的斗争，从事经济工作的人员，在党的领导下，不怕牺牲，前赴后继，为根据地的发展和前线作战提供了坚强的物资保障。数十位从事经济工作的同志为此付出了宝贵的生命，鄂豫边区党委赞誉他们是“站在抗日最前哨的战士”。在共和国成立 72 周年之际，我们更加怀念那些为抗日战争的胜利而牺牲的先烈。我们一定要继承他们的遗志，不忘初心，开创更加光辉灿烂的未来。

鄂城抗战时期的统一战线工作

余三毛*

1939年10月4日，毛泽东发表了《〈共产党人〉发刊词》，指出：“统一战线、武装斗争、党的建设，是中国共产党在中国革命中战胜敌人的三个法宝。”鄂城抗日根据地在建立及其发展过程中，统战工作发挥了非常重要的作用。各级党组织十分重视统一战线工作，认真贯彻党的“为争取千百万群众进入抗日民族统一战线而斗争”的方针，坚决执行“发展进步势力，争取中间势力，反对顽固势力”的政策，真心诚意地团结各阶层人士共同抗日，不断地壮大抗日力量，有力地打击了日伪及其他反动势力，使远离鄂豫边区、强敌环伺的鄂城抗日根据地逐步发展壮大，成为坚固的江南桥头堡。

一、党在抗日战争时期的统一战线政策

1937年8月27日，毛泽东在中央政治局常委会召开的座谈会上再次强调指出，在统一战线中，有一个是共产党吸引国民党、还是国民党吸引共产党的问题。也就是说，是把国民党提高到共产党所主张的全面抗战呢，还是把共产党降低到国民党的片面抗战的问题。两党之间互相吸引的问题，要在斗争中解决。

---

* 余三毛：鄂州市档案馆副馆长。

抗日民族统一战线具有广泛的社会基础。作为统一战线主体的国共两大政党，分别代表着不同的阶级利益和社会发展方向。抗日战争时期，虽然中日民族矛盾始终是基本的和主要的，国内阶级矛盾处于次要和服从的地位，但国内阶级矛盾有时还会以尖锐的形式表现出来。抗日战争时期，国共两党之间的斗争，主要表现为两党、两军之间的政治斗争和军事摩擦。

毛泽东指出，党的统一战线政策的根本指导原则，是又联合又斗争，以斗争求团结。要把主张抗日的英美派大地主大资产阶级和反对抗日的亲日派大地主大资产阶级加以区别；把两面性较少的民族资产阶级、中小地主、开明绅士同大地主大资产阶级加以区别；把亲英美派大资产阶级为主体的国民党内的民主派和法西斯派加以区别；把汉奸亲日派中的两面分子和死硬汉奸加以区别。在正确的阶级分析基础上，中共中央提出的对国内各阶级相互关系的基本政策是：发展进步势力，争取中间势力，孤立顽固势力。发展进步势力，就是要放手发动工人、农民和城市小资产阶级参加抗日斗争和民主运动，放手扩大八路军、新四军及其他人民武装力量，广泛地创立抗日民主根据地，发展共产党的组织到全国。进步势力是中国革命的基本力量，是抗日民族统一战线的支柱。争取中间势力，主要是争取中等资产阶级、开明绅士和地方实力派这三部分人。随着抗日民族统一战线的发展，中间势力包括了国民党中的多数党员、中央军中的多数军官、多数的杂牌军军官、各抗日小党派等。孤立顽固势力，主要是孤立抗战阵营内部的大地主大资产阶级。他们的代表是国民党蒋介石集团。

为了巩固和扩大抗日民族统一战线，中共中央还相应地制定和重申了各方面的具体政策。关于政权组织，提出必须坚决贯彻“三三制”（共产党员、党外进步人士、中间派各占三分之一），切忌党包办一切，只破坏大地主大资产阶级的专政，并不代之以共产党的一党专政。关于人民权利，提出一切不反对抗日的地主、资本家同工人、农民有同等的人权、财权、选举权，以及言论、集会、结社、思想、信仰的自由权。关于锄奸政策，规定坚决镇压那些坚决的汉奸分子和坚决的反共分子，但决不可多杀人，决不可牵涉任何无辜的分子。关于军事政策，提出发展扩大八路军、新四军等革命武装，对国民党军队尽量开展交朋友的工作，并实行人不犯我、我不犯人的方针。关于劳动政策，提出在改善工人生活的同时，工人必须遵守劳动纪律，必须使资本家有利可图。关于土地政策，提出一方面地主要减租减息，另一方面农民要交租交息。关于税收政策，提出税收的原则是按收入多少纳税，不论工人、农民均须负担国家赋税，不应该将负担完全放在地主、资本家身上。关于经济政策，提出吸引外地资本家到抗日根据地开办实业，奖励民营企业。

1938 年 3 月 15 日，中共中央作出《关于大量发展党员的决议》，要求各地党组织大胆地向着积极的工人、雇农、城市与乡村中革命的青年学生、知识分子，以及坚决的勇敢的下级官兵开门，把发展党的注意力放在吸收抗战中新的积极分子与扩大党的无产阶级基础之上。要特别注意在战区、前线大量地吸收新党员，建立强大的党组织。在后方无党组织的地区，应有计划地、迅速地去重新建立与发展党的组织。在中共中央正确方针的指导下，党的组织和党的队伍得到了迅速发展。到 1938 年底，共产党员人数已从全国抗战开始的 4 万多发展到 50 余万，党的组织已从狭小的圈子走了出来，成为具有广泛群众基础的大党。

二、鄂城的抗日民族统一战线

鄂城的抗日民族统一战线严格按照党中央和鄂豫边区的政策执行。在政权建设上，为了实现党的统一战线，团结当时全国一切所能团结的力量一致抗日，实行“三三制”，在具体执行中，只要原来的乡保组织服从党的领导，就按原组织机构保留下来做政权机构。在县一级机关中，一般而言，县长和副县长皆是党员，但也有例外。对富绅的态度，只要是真正愿意和拥护抗日的都是我们团结的对象，如当时对土豪劣绅，一般不斗争，抽税按规定，在实行“二五减租”时，是通过谈判方式进行劝解说服，不是利用强制手段，在政治上，只要积极拥护抗日的都可参加政府工作。也有个别经过两三次教育都不回心转变的就惩罚他。对某些可利用的豪绅很客气，逢年过节，请他们吃肉、喝酒送礼、请他们看戏等。对伪顽的态度，一般采取“你不犯我，我不犯你”的原则，给他们送传单、送信，希望他们不要与我们作对，应该枪口朝外，一致对付日本人。对伪维持会和皇协军的态度，一般是通过一些社会关系，如亲友、民主人士，以及他们的家属给他们传话。“中国人不要害中国人，倘若不听共产党的劝告，将来要吃共产党的亏”，同时也派联络科的人在他们中间宣传。经过我们做工作，维持会和所属的保长常常给我们通风报信。

（一）党的各级领导在鄂城开展统战工作

1942 年夏，根据毛泽东主席、朱德总司令关于开辟鄂南敌后战场的指示，新四军第五师十四旅及师特务团挺进鄂南，于 8 月在鄂城谈家桥成立了鄂皖湘赣指挥部。指挥部党委十分重视统一战线工作，严格执行党的抗日统一战线政策和策略，在敌伪顽数倍于我兵力的夹击下，依然很快地打开了工作局面。党委书记杨学诚以身作则，亲自做统战工作，争取地方士绅和社会名流共同抗日。在指挥部驻地谈家桥，他多次登门拜访有声望的士绅，召开民主人士座谈会，向他们宣传共产党的抗日主张与抗日统一战线政策；介绍共产党领导的各抗日根据地军民英勇抗日和民主人士积极参与抗日的事迹；呼吁各界人士本着“国家兴亡，匹夫有责”的民族精神，团结一致，共赴国难；热忱欢迎他们参加抗日民主政府工作，有钱出钱，有力出力，有知识出知识，为驱除倭寇、还我河山各尽其力。一些爱国士绅深受感动，感慨地说：“共产党光明磊落，肝胆照人，乃民族之希望，百姓之救星。”其时，大小雷山两位声望甚高的绅士带头参加大鄂政务委员会工作，随后一批爱国民主人士踊跃参加县乡民主政府工作，为大鄂抗日根据地的创立作出一定的贡献。

1943 年 11 月，鄂豫边区党委书记郑位三来到鄂大，听取了工委书记王表的工作汇报后做了重要指示，强调指出：鄂城沿江地区是江南的桥头堡，很重要。要坚守住这块阵地，一定要加强统战工作，注意斗争策略，广泛地团结各阶层人士共同抗日，扩大我党影响，壮大抗日力量。鄂南工委随即在鄂大麻羊垴召开会议，传达郑位三的指示，沿江各工委书记都参加了会议，使大家更进一步提高了对统战工作重要性的认识。

1945 年春，王震、王首道率领南下支队挺进江南，先后和敌伪进行大小战斗 130 余次，毙俘敌伪 3000 多人，收复大小城镇、乡村 270 多个，取得了辉煌的战绩。所到之处，他们总是利用紧张的战斗间隙，抓住一切机会，做抗日民族统一战线的宣传工作。在樊湖，王首道政委主持召开了各界人士参加的座谈会，收到了很好的效果。与会者听了王首道等领导同志的讲话后，受到极大鼓舞，大家畅所欲言，各抒胸臆。

（二）鄂城统战的群众基础

新四军第五师的创立，与八路军和新四军一至四师不同，她是在没有成建制的部队、武装基础极为薄弱的情况下自主自力，组织和创建武装部队，滚雪球式地发展壮大起来的。新四军第五师中，一方面，集中了大革命时期留下来的最优秀的分子，这些人构成了部队的骨干和灵魂。另一方面，其主要成分还是当地的农民。此外，还有知识分子和其他各式各样的人。鉴于此，1941 年 6 月，新四军第五师召开了政治工作会议，主题就是贯彻政治建军思想。而统战工作是政治建军的重要内容。这也正是新四军第五师发展壮大的重要因素。鄂城抗战的发展壮大，鄂城的统一战线工作，首先就是从筑牢群众基础开始的，而群团组织正是群众基础的核心。

兄弟会 1942 年在临江一带有一个现象，就是到处都有兄弟会（也叫“山头”），每个山头都在你争我夺争人头，扩大各自势力。我党同志钱华山利用当地有名望的陈姓绅士发展了很多成员，成立了钱华山兄弟会。该会属于党组织的外围组织。加入该会要喝雄鸡血酒，焚香跪拜，发誓效忠。党在这个组织里可以宣传抗日政策，如自己人不打自己人，枪口对外。党员还可以借用这种以迷信为名的兄弟会名义，开展抗日活动。

青年队 今华容一带于1942年成立了部分青年队。它接受党的领导。其主要任务是在夜晚和风雨中送信。

儿童团 1943年开始成立儿童团。其成员大多是12—15岁的男女儿童。儿童团的任务是站岗、放哨。如发现日军从某一个村子出发，儿童团员就赶快向新四军或当地抗日政府报告。

船救会 船救会成立于1940年，有会长和会员。其任务是组织船员为新四军送干部、送信。特别是任务紧急时或陆地不能行动时。如“夏家榜事件”撤退时，就是几位船民主动护送的，其中船民夏清柱牺牲，夏元照负伤。还有池湖交通站，主要是靠附近船民负责摆渡。

妇救会 1942年临江得马一带就成立了妇救会。参加妇救会的大多是无产阶级或少数有产阶级的妇女，尤其是成分好、历史好、思想好的青年妇女。妇救会的工作首先是掩护革命干部，如有干部到她家，别人问起时，就说是她家老表。其次是给新四军补衣服、做鞋。还有就是利用妇女目标小的优势，探听敌人的情报。

基干民兵 1942年就成立了基干民兵。参加者都是同情革命的青年男子。有正副队长，下分小队，每个小队有8—10人。基干民兵没有枪，主要是放哨和送信。

抗日十人团 鄂大政务委员会于1941年开始成立的。以后，发展到其他根据地。参加者大多是优秀的贫雇农和手工业者，还要有介绍人。抗日十人团设有团长一人，团下有小组（或小团），三人为一组，有小组长。其主要任务有五项：一是调查户口，防止坏人，发现坏人，搜集坏人材料，如果有人说坏话就跟着他，看他的行动，调查他的历史和社会关系。二是搜集军用品，看哪家或哪里有军用品，就动员上缴，或搜集敌人抛弃的军用品。三是给新四军送信、探路。四是关心贫苦农民的生活，帮穷人借粮、钱，兴修小型水利等。五是在群众中宣传党的政策，号召人民群众支持抗日，支持新四军。抗日十人团成员的家大都是我党人员的落脚点。抗日十人团中，对那些表现积极、热心革命的成员做进一步培养，合格者最终加入共产党，从而广泛扩大了党的群众基础。

（三）统战工作的鲜活案例

1. 同情共产党的进步人士和社会名流。抗日战争相持阶段，日军因其战线过长，兵力不足，极力推行“以华治华”方针，企图笼络一些社会名流为其所用。鄂城物华天宝，人杰地灵，有一大批饱学之士，日军以利禄相诱，以淫威相逼，千方百计迫使他们参加伪政权，以维护其所谓新秩序、“共荣圈”。为了粉碎日军的阴谋，鄂城地区党组织在放手发动群众、大力发展基层党政及抗日群众组织和武装力量的同时，遵照党的“争取一切进步的知识分子于我们党的影响之下，是一个必要的重大的政策”的指示，广泛开展民主宪政运动，动员那些爱国民主人士、知识分子投身抗日救国运动，参加抗日民主政府工作。他们有的被安排担任区乡长，有的担任县政务委员会副主席或参事，有的被派遣打入伪政权。这些爱国人士利用自身的优势，搜集敌军情报，购买军用物资，分化瓦解敌伪，营救被捕同志，做了许多工作，为抗日作出了一定的贡献。

梁湖抗日游击大队成立之初，聘请知名绅士鲁斗南（属商会）担任游击大队的军需主任。游击大队还成立了参议会，鲁斗南等士绅担任参议。在当时特殊的斗争环境里，参议会为游击大队协调地方关系、联络商贾、筹集粮饷发挥了很大的作用。

胡林知名人士冯少甫，在樊湖一带可谓呼风唤雨的人物，与季法清、倪达山等社会名流结成三十六友会。樊湖工委建立后，立即着手做冯老先生的动员工作。在党的统战政策的感召下，冯老先生积极投身抗日民主运动。在他的带动下，三十六友会大多数人都能为抗日做些有益的工作。冯老先生的家成为樊湖工委干部们安全的歇脚点。樊湖抗日武装建立之初，缺少枪支弹药，群众举报地主王预甲私藏有两条枪，冯少甫利用同学王殿生的关系，积极做工作，千方百计把这两条枪搞到手并交给了手枪队。鄂东税务分局干部陈式一是冯先生的世侄，在冯先生的大力帮助下，陈长期住在冯家以做生意为掩护，积极开展税收工作，在樊湖建立了第一个税务所。地下党员冯汉生是冯少甫的房侄，他利用叔父的社会关系，在段店镇开办合作社，从事地下交通工作，多次到武汉和鄂城购买新四军急需的药品药棉。鉴于冯先生的出色表现，中共樊湖工委聘请他担任县政务委员会委员、港畈区抗日民主政府区长。冯先生积极从事抗日工作，日军十分恼怒，将他抓起来关押于县城。樊湖工委千方百计想办法营救，不顾危险，派干部深入虎穴，给城区伪区政府施加压力，迫使城区维持会长张静舟等人出面保释，使冯先生平安出狱。冯少甫和一些民主人士见中共樊湖工委如此关心他们，深受感动，抗日积极性更高了。

段店镇有位私塾老先生叫谢司农，才高望重。由于该镇伪维持会两任会长都死心塌地充当汉奸走狗，为虎作伥，被新四军樊湖手枪队处决。日军想聘请谢司农出任维持会长，然而谢老先生一直为沦为亡国奴而悲愤，岂肯充当日寇鹰犬？因此严词拒绝。中共樊湖工委为了乘机打进敌人内部，使伪维持会为我所用，派工委委员张弦利用与谢老先生的师生关系，登门拜访，深刻剖析维持会长一职为敌所用和为我所用之天壤之别，动员他以民族利益为重，忍辱负重，做一个“白皮红心”的维持会长。谢老先生见共产党如此信任，激动不已，欣然应允。为了不使日军起疑和有利于今后开展工作，工委利用内线关系，向日军婉转暗示：要谢司农出山，须得以礼相聘。日军采纳，礼聘谢司农为段店维持会长。谢司农担任段店维持会长后，做了许多抗日工作。他表面上与日军周旋，“为皇军效力”，暗地里搜集日军情报，掩护革命同志。他多次在日军面前为被捕同志担保，使这些同志得以释放。在保释交通员大老朱和港畈区区长冯少甫之子冯定民一案中，开始，日军不允所保，谢老先生力辩再三，并以军刀断指为誓，终释日军之疑，使朱、冯两人脱险。事后，张弦代表工委慰问谢老先生，谢老先生豪迈地说：“同为抗日，共产党人不畏牺牲，老朽何惜一指？”

1943年秋，谢司农和冯少甫等人一起，配合工委联络科长范定一，争取了段店保安小队长范正天反正。同年10月，便衣队在华容街打死两名日军，日军大为恼怒，全力追查。樊湖工委利用这一事件，巧施连环计，指示谢司农等人“密报”日军，指控此案是土匪为抢枪而勾结侦缉队长姜少春所为，日军盛怒之下，不辨真伪，将姜少春格杀。樊湖工委借日军的屠刀，除掉了这个双手沾满革命同志鲜血的汉奸走狗。

谢司农不仅自己积极投身抗日运动，还动员儿子谢友炎和侄儿参加抗日革命队伍。1944年9月，谢友炎惨遭顽军杀害，谢老先生惊闻噩耗，没有被悲痛所压倒，而是化悲痛为力量，自豪地说：“吾儿为抗战捐躯，虽死犹生，虽死犹荣。”

葛店镇的张肖鹄先生也是一位深孚众望的有识之士。民国初年任武汉《大江报》主笔，后投笔从戎，任鄂西靖国军秘书。北伐后曾任宜都等县县长，后辞官回乡创办神山中学，致力于教育救国。1944年2月，樊湖工委委员张弦及武工队余振峰、张少卿等人在廖家窑战斗中被俘。日伪对张弦恨之入骨，欲处死刑。樊湖工委动员张肖鹄出面保释，张老先生慨然应允，利用与日军驻葛店司令官山本中佐为“诗友”的交情，多次出面说情。由于张老先生在葛店声望极高，山本不得不改张弦等人的死刑为送武昌机场服劳役，使张弦等人后来有机会逃脱虎口，重归革命队伍。

樊湖泥矶知名人士秦宏甫，曾留学日本，学成回国后在甘肃省盐业局供职。抗战全面爆发后回乡从事乡土教学，立志教育救国。中共樊湖工委成立后，统战部长郭穆生多次登门拜访，动员秦先生发挥学识和社会关系的优势，站在统一战线旗帜下，投身抗日救国运动。秦先生慷慨表示：身为炎黄子孙，抗日救国，义不容辞。为了多渠道搜集日伪情报，樊湖工委派秦宏甫到省城建立情报站。秦先生利用一些同学的关系，到武汉民众教育馆谋得一份职业。他积极开展工作，主动与社会各界接触，广泛搜集情报，把搜集的日伪情报、有重要消息的报纸，分批秘密交由联络员秦自树带回泥矶，交给郭穆生。

鄂大地区的知名人士阮子霞曾留学日本，日军多次聘请他出任伪职，均遭拒绝。在中国共产党统战政策的感召下，他积极响应抗日民主政府的动员，甘冒危险，带头参加鄂大抗日民主政府工作，为鄂大民主人士抗日之模范。鄂大医生王小庭也是一位为抗日作出贡献的知识分子，在谈傅刘战役中，他主动上火线义务抢救新四军伤员，受到指战员的高度赞扬。1944 年 1 月，鄂大地区召开民主代表大会，按“三三制”原则选举鄂大政务委员会，阮子霞、王小庭等民主人士均当选为委员，极大地调动了各界人士的积极性。

咸武鄂根据地有位老先生叫钱仲衡，大革命时期曾任咸宁县县长，抗战全面爆发后即闲居家中。为了团结钱老先生于统战旗帜下，党组织把他作为重点对象，积极主动与其接触，真诚地与其交朋友，动员他为抗日工作出力献策。钱老先生的家离日军据点不过数里，一有风吹草动，日军顷刻就可到达，然而他却不顾自身安危，经常为出入咸崇蒲山区的党政干部打掩护，安排食宿，他家成为可靠的歇脚点。熊作芳、罗通、李平等人都多次在他家住宿。1943 年秋，熊作芳、罗通为争取伪军和二师起义，住在他家数日，钱老先生不仅负责他们的安全和衣食住行，还主动担任了联络工作，为策反工作的顺利进行起了一定的作用。临别时，熊、罗等人知道钱老先生不会收伙食费，但吃饭付钱是新四军铁的纪律，坚持付钱又恐使他产生见外错觉而引起不快，事出两难。于是熊、罗等人想出一计，将采购来的准备带回鄂豫边区的木耳用水泡涨，临行时借口体积大不便携带而留下。钱老先生对他们的良苦用心十分清楚，见他们这些旅、团级干部为一点伙食费如此煞费苦心，不胜感慨地说：“新四军一心为国为民，纪律严明，如此仁义之师，乃震古烁今，民众焉有不拥戴之理？共产党现在力量虽小，但天下将属共产党毋庸置疑。”后来，钱仲衡先生被选为咸武鄂政务委员会副主席。

2. 中间势力。早在鄂城抗日根据地创建之初，党组织就十分重视争取中间势力，尽可能地化消极因素为积极因素，扩大抗日统一战线。湘鄂赣游击纵队司令方步舟，大冶人氏，原系红军师政委，被国民党逮捕而叛变革命。

抗战风烟一起，即招兵买马拉杆子，在梁子湖畔建立据点，成为梁子湖地区乃至鄂南实力较强的一股地方势力。1939 年夏，鄂南中心县委奉湘鄂赣特委指示，派李平三次到樊湖与方部谈判，说服方以民族利益为重，共同抗日。谈判取得了较大的进展，后因国民党炮制了“平江惨案”，湘鄂赣特委损失殆尽，谈判中断。与此同时，共产党员冯玉亭、欧阳毅等人在梁子湖畔创建了抗日游击队，为了团结合作，一致抗日，主动与方部合编，冯玉亭任方部政治部主任，欧阳毅任第三支队支队长。随后，彭济时、刘正旭、石教珍、曹洪波等共产党员相继到方部任职。梁湖抗日游击大队成立后，即主动与方部取得联系，力图创造一个互不侵犯、共同抗日的环境。在政治部主任冯玉亭等共产党员的努力下，方步舟表示愿意与梁湖游击大队合作抗日，还派一名医生为负伤的梁湖游击大队大队长王水治伤。鄂南中心县委派陈珍如到方部工作，名义是联络官，实际上是党代表。1942 年 8 月，鄂皖湘赣指挥部成立后，又多次派人到方部做统战工作。

为了争取方部，结成抗日民族统一战线，党组织多方入手，做了大量的工作，也取得了一定的成效。由于国民党背信弃义，掀起反共高潮，第九战区长官部强令方步舟将冯玉亭等共产党员杀掉，方为了保存实力，既不敢得罪国民党，又不敢干有损共产党、新四军的事，于是暗中将冯玉亭等共产党员全部放走。新四军十四旅挺进江南后，国民党第九战区为了将新四军驱出江南，为了试探方步舟是否与共产党藕断丝连，将方部当牺牲品，多次强令方部向新四军进攻，方总是以各种借口推诿，迟迟按兵不动，这样就为新四军初入江南减轻了部分压力。

为了扩大抗日民族统一战线，鄂城地区党组织十分重视争取那些持中间立场的士绅。武鄂、鄂大、大鄂、咸武鄂的政权建设，基本上都是按“三三制”原则，安排一些开明士绅担任抗日民主政府的领导，其中有一部分士绅尽管抗日态度不明朗，但具有一定的影响力，为了促使其站在统一战线旗帜下，也将其推上抗日民主政府的领导位置。咸武鄂建立的 10 个乡政权中，有半数由开明士绅担任乡长。由于各级党组织始终以民族利益为重，真心诚意地团结他们共同抗日，因此他们都能站到统一战线旗帜下，尽其所能地做一些抗日工作。

武鄂华南乡是较早建立民主政权的一个基本乡，其北面是华容、段店日伪据点，南面鸭儿湖对岸经常有顽军马钦武等部活动。乡里有一大批人在国民党和顽军以及伪政权中担任要职，因此各方代表人物都有，环境比较复杂。乡民主政权成立不久，乡长姜斗南、周鸿钧及党员姜少山、崔长根等人就先后被敌人杀害。要使该乡成为一个堡垒乡，就必须改变斗争策略，非常需要一位声高望重，能与伪顽周旋的人担任乡长。华南乡以姜姓为第一大姓，姜姓中有位士绅叫姜元迟，其子是国民党旅长，华容伪保安中队长姜少和、伪侦缉队长姜少春、伪维持会长姜金山、顽军廖义华部中队长姜辉煌，都是他的叔侄后辈。樊湖工委经过分析研究，认为姜元迟是最理想的乡长人选，于是派工委委员张弦去做说服动员工作。张弦数次登门拜访，代表抗日政府聘请他出任华南乡乡长。姜元迟开始有顾虑，以年迈为借口推辞。张弦因势利导，晓之以理，动之以情，反复宣传共产党团结抗日主张。针对姜元迟“明哲保身”的心理，充分肯定其民族气节，强调“地无分南北，人无分老幼，无论何人皆有守土抗战之责任”。指出姜氏家族中良莠不齐，充当汉奸走狗者大有人在，作为族中长辈，义不容辞，应站在抗日之立场，以引导后辈走上抗日救国正途，否则，何以戍山河？何以安社稷？通过张弦的开导，姜老先生疑虑全消，连声道：“老朽汗颜，惭愧之至。感谢共产党的信任，老朽定在有生之年为抗日救国尽效绵力。”经协商，由姜元迟保荐侄儿姜开宏代他出任乡长，他在幕后撑腰，保证执行抗日民主政府的政策法令，需要他出面周旋的事绝不推诿。这样一来，姜元迟的那些在伪顽军中的后辈就不敢在华南乡胡作非为了。华容伪保安中队长姜少和通过姜元迟主动与县民主政府取得联系，表示决不与民主政府为敌，不做伤天害理的事。

大湾张元村知名人士胡子镜，被顽军马钦武部聘为特派员，开始以为有了枪杆子就可以抗日，日久见马部并非理想中的抗日队伍，逐渐心灰意冷。

其舅弟因反对马部的胡作非为而惨遭马部杀害，胡子镜曾竭力求情担保，均遭白眼，对此胡耿耿于怀。武鄂工委副书记姜南平、联络科长范定一发动胡子镜的侄儿胡孝先一起做胡的工作，启发他明辨是非，动员他脱离马部的羁绊，投身到真正抗日的革命队伍中来。胡子镜终于觉醒，毅然参加抗日民主政府工作。武鄂工委送他到鄂豫边区干校学习六个月，使其革命觉悟进一步提高，结业后回武鄂政务委员会工作。

1943 年初冬，新四军十四旅主力部队在樊湖反击顽军马钦武部的进犯，打响了上倪战斗。为了筹集战斗所需的船只，鄂南工委书记鲁明健和樊湖工委书记张凡分别在寺屋太平寺和胡家大湾召开士绅座谈会，通报新四军挺进江南抗击日寇、牵制日军，配合正面战场作战的情况，揭露国民党顽固派不思抗战、专事摩擦的一系列卑鄙行径，声明共产党一贯坚持“人不犯我，我不犯人，人若犯我，我必犯人”的原则，号召广大民主人士明辨是非，伸张正义，与我党携手共进，以挽救民族危亡为己任，团结抗日。此举得到了众多民主人士的拥护与支持，他们慷慨援手，捐献了数十只船供部队使用，为全歼顽军孟昭厚大队提供了有利的条件。

（四）同顽固势力进行坚决斗争，巩固统一战线

抗日战争进入战略相持阶段后，由于日本对国民党的诱降，共产党领导的敌后根据地和人民武装力量的发展，国民党抗日的一面逐渐减弱，反共的一面迅速发展。1939 年 1 月，国民党在重庆召开了五届五中全会，中心内容是“整顿党务”，研究“如何与共产党作积极之斗争”。全会确定了“防共、限共、溶共、反共”的反动方针，秘密通过了蒋介石提出的《限制异党活动办法》，还设立了“防共委员会”。会后，又陆续秘密颁布了《共产党问题处置办法》《处理异党实施方案》《沦陷区防范共产党活动办法草案》等一系列防共、反共文件。6 月，国民党一手炮制了震惊全国的“平江惨案”，湘鄂赣省委惨遭破坏。9 月，又炮制了鄂东“夏家榜事件”，阴谋将张体学率领的抗日五大队一网打尽。鄂城地区党领导的鄂南游击第二纵队和梁湖抗日游击大队

亦遭国民党地方武装的围攻而解体。8 月至 11 月，国民党第九战区第三十集团军司令长官王陵基两次率大兵团开进鄂南，攻击新四军。马钦武（第一攻击司令）和廖义华（第二攻击司令）强占了樊湖根据地的月山、鲊洲和大鄂根据地的谈家桥。

国民党虽然统编了在鄂城一带活动的各路地方武装，但是对那些曾经有过抗日倾向，与共产党有过一些联系的部队却很不放心，千方百计将其瓦解。湘鄂赣边区挺进军第八纵队司令方步舟，原是红军的一个师政委，李平还是他的下属。在抗战初期，通过李平做工作，方以后遇着新四军就让路，还把他的队伍开往大山里去了。1939 年 6 月“平江惨案”后，在薛岳的严令下，方的态度虽然也急剧右转，但仍暗中将冯玉亭等人放走。1942 年 8 月，我江南指挥部成立后，又多次派人到方部做统战工作。在此期间，国民党第九战区多次强令方部向我军进攻，方总是以各种借口迟缓行动，这样就为我挺进江南的部队站住脚跟提供了有利条件。无疑，这都是统战工作的效应。后来，方部被迫制造了“白茅山事件”，使一批新四军将士流血牺牲，鄂南政务委员会主席吴师筑就是在这次事件中被捕并惨遭杀害的。但国民党仍认为方部反共不力，以开会为由，将方步舟诱捕，将其部队肢解。

面对国民党顽固势力的猖狂进攻，在鄂城根据地坚持抗日的各级党政军组织，全面执行党的统一战线的策略方针，坚持“斗争是团结的手段，团结是斗争的目的”“以斗争求团结则团结存，以退让求团结则团结亡”“人不犯我，我不犯人，人若犯我，我必犯人”的原则，对国民党顽固派的进犯进行有理、有利、有节的反击，对于那些与日军勾结、蓄意破坏统战的敌对势力，则坚决予以打击，巩固了抗日民族统一战线。

1942 年夏，为开辟鄂南，破坏日军粤汉线运输动脉，配合正面战场作战，新四军第五师十四旅奉命挺进江南。盘踞在谈家桥一带的顽军田维中部对新四军百般阻挠，为了维护统一战线，枪口一致对外，新四军退守龙角山，三次致信田维中，阐明新四军南下抗日的战略意图，呼吁凡是中国人皆应以抗日大局为重，停止亲者痛、仇者快的摩擦。然而田维中却置抗日大局于不顾，扣押新四军信使，并两次向新四军驻地发起进攻。在此情况下，新四军如果继续退让，不但深入鄂南的战略目的不能实现，而且其他顽军会认为新四军软弱可欺，群起而攻之，势必影响根据地群众的抗日积极性。于是，新四军予以坚决反击，一举将田部歼灭，缴获了田部与日军相互勾结的大量信函，并公之于世，彻底揭露了顽固派假抗日、真反共的嘴脸，使那些中间分子进一步看清了谁是真正的抗日队伍。此次战斗的胜利，令新四军声威大振，其他顽军不得不收敛反共气焰，从而极大地鼓舞了抗日群众的斗志。新四军江南部队则以此为契机，在鄂城谈家桥成立了鄂皖湘赣指挥部，在巩固樊湖的同时，新建了鄂大、大鄂、咸武鄂等县级工委和鄂南工委，使鄂城沿江抗日根据地得以形成，并以此为立足点，相机向鄂南山区发展，建立了咸崇蒲中心县委，开创了鄂南抗日斗争的新局面。

湘鄂赣游击纵队樊湖支队司令芦鸿雁，占据樊湖三山一带，勾结日伪，专事反共，危害一方，对樊湖抗日根据地造成极大的威胁。鄂南工委和樊湖工委采取武装斗争与统战工作相结合的策略，在当地士绅的协助下，不费一枪一弹，智擒芦鸿雁。在如何处理芦鸿雁的问题上，樊湖工委广泛征求民主人士的意见，乡绅及群众一致认为芦鸿雁是自作孽，不可活，强烈要求民主政府严惩不贷，切不可放虎归山。樊湖工委顺从民意，将芦鸿雁处决，芦部瓦解。樊湖根据地除掉了这一大患，调动了一大批民主人士和广大群众的抗日积极性，活动区域不断扩大，根据地得到空前发展。

1943 年，鄂城抗日民主运动不断深入发展，然而顽军马钦武部却多次挑衅，先后侵占了樊湖的峒山、横山、鲊洲等地，捕杀三山中心区委书记胡振国，活埋小庙乡分区委书记肖柏林等数十名抗日军民，抢走被服厂为部队缝制的一批被服。为了巩固樊湖抗日根据地，刘少卿、罗通、任子衡率新四军一部挺进樊湖，反击马顽的进犯，包围了正在根据地骚扰的马部孟昭厚大队 300 余人于上倪村。新四军先礼后兵，再三喊话，让顽军派代表举行谈判，互息干戈，停止摩擦，以民族利益为重，合作抗日，我军保证既往不咎。然而孟顽却执迷不悟，强拆民房，构筑工事，负隅顽抗，并以假降诱杀新四军谈判代表10余人。在此情况下，新四军不得不发起总攻，孟昭厚及其残部全部被俘。为了维护抗日民族统一战线，新四军做到仁至义尽，对被俘官兵进行教育后均予释放。孟顽官兵无不感激涕零，纷纷表示以后决不和新四军打内战。此后，孟昭厚大队再也没有与新四军发生直接的武装冲突。

（五）鄂城统一战线工作的教训

鄂城统一战线工作尽管做得非常出色，但在全面抗战之初也出现过失误，典型的事例就是梁湖抗日游击大队、冯欧支队和鄂南抗日游击第二纵队的失败与解体。

梁湖抗日游击大队从成立到1939年9月被打散，使梁子湖畔刚刚兴起的抗日高潮急转直下。究其原因，客观上是国民党破坏抗日民族统一战线，害怕共产党及其领导的抗日武装发展壮大而大打出手。但主观上也存在很大的问题，主要是鄂南党组织缺乏斗争经验，特别是“平江惨案”后失去了与上级党组织的联系，因此不能及时得到党的指示，在突变的情况下茫然无措。在统一战线、武装斗争等重大问题上，受右倾错误的影响，独立自主的思想不明确，对国民党抱有不切实际的幻想，处处讲合法，只强调团结而忽略了斗争，希望通过改编而寻求保护。在反摩擦问题上，丧失警惕，对于国民党的进攻，未能组织有力的抵抗和自卫反击，不得已采取分散隐蔽的消极措施。同时只注意发展武装，不注意建立和扩展抗日根据地，以致紧急情况下没有回旋余地。

冯欧支队的失败也存在同样的原因。冯玉亭、欧阳毅为避免遭到吞并，一味追求改编。在“平江惨案”爆发、抗战形势急转直下的大背景下，他们不是去顽强斗争，而是被迫离开方部去天汉地委工作，其他党员也全部撤离方步舟部，冯欧支队就这样拱手让与他人。

鄂南抗日游击第二纵队的失败，则是在统一战线中没有完全贯彻政治建军的原则，使敌人侵入我们的内部，从内部进行瓦解。1938 年 5 月，土地革命时期隐蔽下来的共产党员、红军干部郑世顺，从武汉农民训练班学习回来，与原红军干部彭玉珍一起，收集了国民党逃兵丢下的枪支弹药，拉起了三四十人枪的队伍，成立了鄂南抗日游击第二纵队，郑世顺任司令，彭玉珍任政委。司令部设在毛铺郑家沟龙凤观。该部原计划拉到鄂一区（鄂大）打游击，由于纵队领导人对参加游击队的人员没有进行严格的政治审查，混进了几个土地革命时期的民团骨干、土匪和地主分子，其中民团头目邓世全、土匪王能清还当上了排长，邓、王入伍后即暗中叛变投敌，出卖游击队。10 月 15 日夜，顽军田维中所属曹方阁部与邓世全等叛徒里应外合，袭击了郑家沟，鄂南抗日游击队第二纵队仓促应战，顽强还击，但终因寡不敌众，司令郑世顺、政委彭玉珍以及党员干部王贤德、李圣和等人在战斗中牺牲，纵队解体。

鄂城抗日斗争的实践证明，统一战线是党的一大法宝。正因为鄂城各级党组织正确运用了党的这一法宝，所以才使鄂城沿江根据地由小到大，由弱到强，被誉为坚固的鄂南抗战桥头堡，为历史古城的文明史谱写了光辉的一页。

鄂东抗战的中流砥柱
——纪念新四军第五师第十四旅组建 80 周年

颜宏启　陈　军 *

今年是新四军第五师十四旅组建 80 周年。新四军第五师十四旅是由鄂东人民抗日武装组成的一支抗日劲旅，是新四军第五师的主力部队之一。鄂东人民永远不会忘记，十四旅在艰苦卓绝的抗战时期为抗战作出的贡献。

一、在抗战的波折中诞生

新四军第五师十四旅的源头是抗战全面爆发初期组建的鄂东独立游击第五大队和新四军游击第六大队。

1939 年 3 月，六大队与李先念率领的豫鄂独立游击大队在信（阳）罗（山）边九里关狮子口会合。根据李先念的建议，六大队旋即挥师南下，前往鄂东敌后发动抗日游击战争，创建敌后根据地，并积极联系独立游击第五大队，互相配合行动。

5 月，中共鄂东地委成立，六大队随即归属鄂东地委领导。此时，五大队三中队西征到陂孝边，并在孝感县青山口以南与六大队会合。为了开辟陂孝地区的工作，六大队决定歼灭盘踞此地的伪中国人民自卫军第八军李汉鹏部。

5 月 26 日，六大队一、三中队及手枪队，在五大队三中队的配合下，从

* 颜宏启：湖北省黄冈市史志研究中心主任；陈军：湖北省黄冈市史志研究中心副主任。

青山口东南之黄家东冲出发，分两路长途奔袭李新塆及伪八军驻地，另一支部队强攻蔡店。这次战斗的胜利，扩大了中国共产党新四军的政治影响，打开了蔡店、梅店地区的局面，为进一步开创鄂东抗日根据地创造了有利条件。

7 月 7 日，“七七”抗战两周年之际，六大队又联合五大队的两个中队，从黄陂北部的黄门冲出发，夜袭盘踞于孝感杜涂塆的伪军二十五师赵光荣部，俘其旅长以下官兵 200 余人。至 1939 年 8 月，六大队已经发展到 11 个中队，800 余人。

1939 年 9 月，六大队和独立游击第五大队及豫鄂独立游击支队第二团队在罗（山）礼（山）边大小鸡笼山联合组编为临时支队。

1940 年 1 月 3 日，鄂东、鄂中和豫南地区党领导的抗日人民武装联合整编为以李先念为司令员的新四军豫鄂挺进纵队。鄂东独立游击第五大队和新四军游击第六大队在安（陆）应（山）边赵家棚联合整编为豫鄂挺进纵队第一团队（1940 年 8 月改称团）。

3 月，豫鄂挺进纵队以一团队两个中队及鄂东、安应地方武装一部组成鄂东独立团，并于 5 月挺进黄冈。6 月中旬，又以独立团第二大队和黄冈游击大队一部为基础，合编为新的鄂东独立团。8 月起，独立团转战鄂皖边，恢复和巩固了浠（水）蕲（春）边、蕲（春）广（济）边游击根据地，并粉碎了国民党顽军的“百日围剿”。1941 年初，独立团改编为豫鄂挺进纵队第九团。3 月，九团再次东进鄂皖边，并于 4 月首次沟通了与华东新四军部队的联系。自此，鄂皖边敌后抗战的局面初步打开。

1941 年 1 月 6 日，国民党顽固派制造了震惊中外的皖南事变，并宣布取消新四军的番号，在全国范围内发动了第二次反共高潮。1 月 20 日，中共中央坚持又联合又斗争的原则，发布重建新四军军部的命令，其中转战在武汉外围敌后战场的新四军豫鄂挺进纵队组编为新四军第五师。4 月，全师组建完毕。鄂东抗日武装组编为五师第十四旅，旅长罗厚福（后吴林焕），政治委员张体学，副旅长吴林焕（后熊作芳），政治部主任夏农苔。

二、在全民抗战中发挥中流砥柱作用

从1941年5月起，日军在中原地区多次发动进攻国民党军队的大规模战役行动。为了解除其后顾之忧，5月至11月，日军调集2万余人的兵力持续对鄂东和鄂中地区的陂安南、安应边等根据地进行了“蚕食”性重点“清剿”，并派遣武装特务破坏地方组织，捕杀干部群众，掠夺资财，以保证其近后方的治安、交通和经济控制能力。针对日军的“扫荡”和“蚕食”，鄂东地方武装一方面积极配合五师主力部队的反“扫荡”作战，另一方面配合地方基干民兵以突袭、伏击、打据点、破坏交通等各种形式，积极主动开展游击战，频频打击日伪军，从而有效地打击和孤立了日伪，保卫了人民生命财产，巩固和发展了抗日民主根据地。

5月1日，3000多名日伪军分13路向陂安南根据地发起进攻，企图一举摧毁驻陂安南的五师部队和鄂东地委机关。五师十四旅四十团一、二营迅速抢占了红毛寨、马鞍山、傅家寨一线，利用有利地形牵制来犯的各路日伪军。鄂东地委机关和根据地的群众随即在四十团三营掩护下顺利转移至外线。一、二营坚守至下午，利用突如其来的暴风骤雨做掩护，向日伪军合围的缝隙发起猛烈冲击并迅速突出包围圈，日军一无所获。7月，日伪军再次侵入陂安南根据地，并以分进合击的战术，突入根据地和游击区腹地，抢修碉堡，建立据点，强迫组织地方伪维持会，企图长期盘踞陂安南。鄂东地委率陂安南军民立即展开了针锋相对的斗争，一方面积极打击敢于组织伪维持会的汉奸，另一方面不断袭击新建的日伪据点和修筑公路的日伪军。在地方党组织的策动下，被日伪军挟持修路的群众白天消极怠工，夜间又将刚修的公路予以破坏，使日伪军新安插在陂安南的各据点陷入孤立。在陂安南军民封锁、围困和不断袭扰下，第二次占领陂安南的日伪军再度被迫撤退。11月，日军又纠集3000余人，分九路第三次大规模“扫荡”陂安南地区，并建立据点，抢修公路，以达到“蚕食”陂安南之目的。十四旅四十团配合陂安南县大队、区中队等地方武装，在根据地群众的支援下，通过破坏公路、袭击据点等形式开展反“扫荡”斗争。日军不堪封锁、围困和不断的袭扰，相继撤退。

9月以后，武汉周边的日军调动频繁，于9月至12月两度纠集重兵进犯长沙，并于10月进犯郑州。国民党第五战区顽军乘日军进攻长沙、郑州之际，一方面派兵进攻皖东新四军第二师部队，另一方面又在鄂东、鄂皖边各地燃起反共战火。为保卫和加强武汉外围的东线抗日阵地，发展鄂皖边地区，并策应皖东新四军部队的反顽斗争，根据中共中央的指示精神，边区党委和五师师部于9月命张体学率十四旅四十二团先行东进鄂皖边。该团沿途打击日伪和顽军，稳定了浠蕲边和蕲太英边的局势。10月中旬，四十二团第二营在团长熊桐柏率领下，于黄梅多云山地区对前往油铺街“打掳”的日军一个中队进行了伏击。经两小时激战，毙伤日军46人。战斗中，熊桐柏带头冲锋，不幸中弹牺牲。11月初，五师师部又命吴林焕率十四旅旅部和四十一团进入鄂皖边地区。两支部队会合后，分数路向皖西大别山腹地挺进。1942年1月，李先念亲率十三旅和特务旅等主力部队分数路进入蕲春，在浠蕲边交界的三角山与十四旅会合。不久皖东形势好转，五师各路部队陆续返回蕲、黄、广一带，继续打击日伪军，并帮助地方党组织开展根据地的建设工作。

此时，鄂东程汝怀部不顾五师的多次争取，甘受桂系顽军驱使充当反共先锋。程汝怀部保二旅及各县地方武装一再向鄂皖边各游击根据地进攻。五师根据新四军军部指示，决定予以坚决回击。五师特务旅一团，十四旅四十一团、四十二团于1942年1月19日发起了浠水战斗，2月10日发起了广济战斗，3月初发起了蕲春漕河战斗，共歼灭程汝怀部浠水、广济两县自卫队七个中队和保二旅主力第二团及顽军第二游击纵队一个支队。3月，十四旅在蕲、黄、广地区抗击桂军和程汝怀部九个团兵力的进攻。十三旅一部也挺进顽军后方分散游击，与十四旅相呼应。至4月，五师部队在鄂东地区共歼灭和瓦解顽军达3000余人，一举粉碎了国民党顽军在鄂东的反共高潮，并进一步发展了鄂皖边沿江敌后根据地，同时建立了新的山地立足点。

三、在革命的需要中壮大建功

为了提高地方武装的独立作战能力，以适应根据地的发展和形势的变化，经中央军委批准，五师在1942年春组建了三个军分区。鄂东划为第一军分区，以五师特务旅旅部为基础组建，司令员罗厚福（后何耀榜、熊作芳、吴诚忠），政治委员程坦（后周季方）。特务旅第一团同时改编为五师特务团。同年8月，五师师部以挺进江南的师特务团和十四旅大部为基础组建第四军分区（特务团于11月回归师部），司令员刘少卿（后熊作芳），政治委员杨学诚（后夏农苔）；以留在江北的十四旅一部为基础组建第五军分区，司令员张体学，政治委员刘西尧。此后，十四旅建制正式撤销。

1943年6月，五师又决定将四、五两个军分区合并改组为新的四军分区，司令员刘少卿（后张体学），政治委员刘西尧（后张体学）。此后，原十四旅部队分别在五师特务团和五师第一、第四军分区的领导下，转战武汉外围，抗击、牵制了数十个日伪据点的日伪军，从东北对武汉实施战略包围，威胁、袭扰武汉日军至伪首都南京的长江航道，为夺取中原抗战的全面胜利作出了巨大贡献。至1944年底，五师第一军分区和第四军分区部队总兵力已发展到7000余人，控制区域达7600多平方公里。

1945年8月15日，日本宣布无条件投降，抗日战争胜利结束。至此，五师第一军分区和鄂南军分区（原第四军分区改编）控制区域已建立了13个县级抗日民主政权，根据地总人口达260万。10月，第一军分区和鄂南军分区部队合编为中原军区鄂东独立第二旅，五师特务团则改编为中原军区第二纵队十四旅四十团（1946年3月又改编为第一纵队第一旅第三团）。这两支部队在中原突围中发挥了重要作用，并在全国解放战争中屡建功勋。

新四军第五师在鄂南开辟抗日根据地

丁北平 *

抗日战争时期，新四军第五师十四旅挺进鄂南，开辟鄂南敌后抗日民主根据地。新四军第五师传承红军精神，以崇高的理想、坚定的信念，牢记宗旨，心系人民，胸怀全局，严守纪律，不怕牺牲，奋勇杀敌，在鄂南广泛发动工农大众，建立革命根据地，巩固工农政权，发展武装力量，采用灵活机动的战略战术，出其不意地袭击敌人，取得了一次又一次的胜利，积小胜为大胜，为抗战全面反攻作出了贡献。

一、大革命时期红军在鄂南开辟革命根据地

鄂南地区矿产资源丰富，层峦叠嶂，形成纵深阶梯的地理结构，加上长江水路与粤汉通道交汇于此，突出的地理条件更显重要的军事区域作用，为中国共产党在这里建立革命根据地提供了坚实的基础和条件。大革命时期，党领导的工农武装在鄂南的大冶、阳新等地广泛建立革命根据地，红十二军、红五军、红八军、红三军团等都在这里得以组建和扩充。

1929 年至 1930 年，彭德怀、李灿、何长工等率红五军、红八军先后进驻阳新龙港，打垮国民党驻军，龙港成为鄂东南革命根据地的政治、军事、经

* 丁北平：黄石市物资局退休干部，现聘用于黄石市档案馆。

济、文化中心，云集党、政、军、工厂、学校、医院、银行、商店等48家机构，被誉为“小莫斯科”。

与此同时，大冶中心县委以阳大游击大队为基础，吸收地方赤卫队等武装，于1929年9月成立中国工农红军独立第十二军，建立南山头革命根据地。南山头革命根据地成为鄂东南苏区工农武装斗争的中心，当时被称为“小井冈山”。

1930年6月16日，红五军、红八军军委联合在大冶召开会议，正式宣布成立红三军团。红三军团在大冶创建，在我军建军史上占有极其重要的地位。红三军团系红一方面军主力之一，而红三军团所属红八军则完全是由阳新、大冶地方武装组建而成。就在同一时期，红十五军的组建，还为红四方面军的创建作出了直接的贡献。

鄂南的大冶、阳新等地工农大众积极参加“扩红拥红”运动，先后有近10万人参加红军，在坚定的理想信念支撑下，他们前仆后继，奋勇杀敌，90%的人先后牺牲在战场上，为中国革命作出了不朽的贡献。

二、抗日战争时期新四军挺进鄂南，开辟敌后抗日根据地

1940年6月，根据形势的变化，鄂南党组织划归鄂豫边区党委领导。武汉沦陷后，鄂南是日军的后方，也是日军继续向南、向西进军的基地，同时又是国民党第九战区的前沿，对鄂豫边区来说，则是向南发展的江南桥头堡。所以，广泛开展敌后抗日游击战争，开辟鄂南抗日游击根据地，既可以从南线对武汉日军实行战略包围，又可以为新四军跨越长江向南发展，建立江南桥头堡提供跳板，其意义十分重大。

1942年5月，新四军第五师遵照中共中央华中局的指示和鄂豫边区党委的决定，命令十四旅主力挺进鄂南，创建以大幕山为中心的鄂南抗日游击根据地。5月上旬，五师十四旅主力分东、西两路向鄂南挺进。

西路由四十一团挺进鄂城，并在此建立了中共鄂大临时工作委员会，谭

道如（何亚东）任书记，并留下一个连协助地方工作。随后，主力向鄂南山区挺进，打击了土匪刘尔顺部，袭击了港下雷，沿途摧垮了敌特机关，使敌伪震惊、群众振奋。新四军的政治影响不断扩大，很快控制了铁山、下陆、黄石港一线，后移师谈家桥。

东路部队由旅直、四十二团共 1000 余人组成。在十四旅旅长吴林焕、副旅长熊作芳的率领下渡江南下。于 5 月 14 日夜间，从蕲州和广济县田家镇之间的银山垅渡江，首战盘踞道士袱的敌伪左宏德部，俘敌数百，很快将其击溃。15 日晨，东路部队进入阳新金海地区。驻扎在这里的国民党挺进军第十九支队程金门部害怕自己的利益受损，极力想把新四军赶走。面对这种情况，十四旅决定给予必要的打击。17 日拂晓，东路部队兵分两路，历经三个小时的战斗，消灭程金门部一个大队。程金门深感自己不是新四军的对手，急忙派人给新四军送去猪肉和信函，企图“礼送”新四军过境。四十二团复信，向程金门宣传共产党的抗日政策，并希望他能同新四军一道，共同建立抗日根据地。18 日，大冶、阳新的日军 400 余人向新四军驻地袁家塆进攻。新四军四十二团扼守几个山头，与敌激战四个小时，毙伤敌伪 30 余人。下午 5 时许，日军怯战而退。随后，新四军在太子庙建立了中共阳（新）大（冶）临时工委和阳大指挥部。

此时，东路部队进入长乐园一带，一边设法与西路部队联系，一边向群众宣传，并向当地士绅、保甲人员进行抗日统一战线工作。两天后，部队又转移到龙角山，受到群众的欢迎。部队驻在龙角山，靠近驻守刘仁八、傅家山的国民党顽军田维中部。为了联合抗日，东路部队派当地群众送信给田维中，田将送信人员扣留。于是，东路部队绕开田部驻地向梁子湖方向寻找西路部队。同时，再次写信给田维中，呼吁以抗日大局为重。当与西路部队联络上以后，东路部队返回龙角山。就在此时，田维中竟以 1600 余人偷袭驻龙角山的东路部队，四十二团沉着自卫还击。西路部队闻讯回师，配合四十二团将其击退。为了抗日大局，两路部队并未乘胜追击。事后，第三次写信，指责田维中，并再次呼吁其一致抗日，田仍不听劝告，一意孤行。7 月下旬，东、西两路部队在咸宁高槎桥胜利会师，田维中见十四旅主力南下会师，倾全巢兵力 2000 余人向留守在大王殿、太子庙的部队进攻。东、西两路部队在返回大王殿、太子庙途中随即决定打击田维中后方，从而迫使其退回。十四旅主力进入大冶后，打开了新的军事局面。

三、新四军第五师在鄂南进一步实行战略展开

十四旅东、西两路部队在咸宁高槎桥胜利会师后，7 月 27 日，中共中央华中局根据形势发展的需要，指示五师大力发展鄂南。遵照华中局指示，五师派师参谋长刘少卿率师部特务团及十四旅留在江北的部队开赴江南，以配合先期过江的部队在鄂南进一步实施战略展开。刘少卿率部于 8 月 1 日从长圻寮过江，配合四十一团、四十二团作战。8 月 2 日，四十二团和四十一团一个营从龙角山向田维中部驻地刘仁八进攻，特务团主攻傅家山，两路部队南北对攻，摧垮田维中部，为在鄂南建立和发展抗日根据地扫除了一大障碍。

8 月 17 日，鄂豫边区党委在谈家桥正式宣布成立鄂皖湘赣指挥部，刘少卿（化名江岳洪）兼任指挥长，杨学诚任政治委员，吴林焕任副指挥长，熊作芳任参谋长，夏龙苔任政治部主任。8 月 18 日，指挥部党委决定在沿江地区成立中共鄂南工作委员会，鲁明健任书记，下辖鄂（城）大（冶）工委、阳（新）大（冶）工委、大（冶）鄂（城）工委、（大）冶南（部）工委、鄂南工委、大冶四区工作组等县级党的组织。同时还成立了鄂南政务工作团（后改为政务委员会），主席吴师筑。下辖阳（新）大（冶）、鄂（城）大（冶）、大（冶）鄂（城）等五个政务委员会。不少开明士绅拥护抗日政权，团结在共产党领导的抗日旗帜下，共商抗日救国大计，党的组织迅速发展。到 1942 年底，鄂南党员发展到 2000 余人，各县地方武装也有较大的发展，抗日根据地不断巩固。

抗日根据地建立后，党组织在新四军的配合支持下，广泛开展发展生产、

兴修水利、减租减息、组建民众抗日武装等运动，形势一片大好。

抗日根据地建立后，新四军相机歼灭日伪顽，巩固抗日根据地。

（一）谈、傅、刘战役

谈家桥、傅家山、刘仁八地区是鄂南的重要战略腹地，这里形成了日伪顽与抗日力量之间复杂尖锐的三角斗争局面。

鄂皖湘赣指挥部决定对陈兵鄂南腹地，多次围攻、偷袭五师部队的国民党挺进军第五纵队第八支队田维中部和第八纵队第十四支队廖义华部予以坚决还击。为此，新四军第五师十四旅组成南、北两路大军向大冶的谈（家桥）傅（家山）刘（仁八）地区挺进。攻击刘仁八的战斗打响后，顽军招架不住，一时间，被打得鬼哭狼嚎，溃不成军。与此同时，由刘少卿、罗通率领的北路部队（师特务团及地方武装）在谈家桥附近的傅家大屋山和上吴村，冲向廖义华顽军司令部岩刘村，枪声大作，驻守在上吴村的廖部几十人被消灭。廖义华遂带领顽军第三大队和一大队余部，龟缩于明家山，北路部队随即又向明家山冲去，战斗持续到中午，廖部终被击溃。

这次战役，由于新四军集中了优势兵力，采取灵活机动的战略战术，南、北两路军紧密配合，取得辉煌的战果。消灭田部2000余人，歼灭廖部两个大队，俘敌五六百人，缴获战马10多匹，机枪数十挺，步枪600多支，弹药一批。

从缴获的文件中得知，田维中早与日伪军有互不进犯的秘密协定。难怪其一意孤行，与新四军为敌。边区党委和五师决定拔除这颗钉子的决策，是完全正确的。

（二）纪家祠堂歼灭战

1942年10月底，正当鄂南地区抗日根据地建设蓬勃发展之时，盘踞在金牛一带的日伪军，集中八百余兵力向鄂皖湘赣指挥部所在地谈家桥发起攻击。当日伪军气势汹汹扑向纪家祠堂、立足未稳之时，鄂皖湘赣指挥部突然发起猛烈攻击，日伪军顿时惊慌失措。经过半天激战，伪军一个营被歼灭，日军一个中队伤亡惨重，余部向金牛方向溃逃。这是属于鄂南的黄石地区沦陷后，第一次较大规模地打击日本侵略者。这次歼灭战，粉碎了敌人的阴谋，鄂皖湘赣指挥部在谈家桥一带驻足更稳，谈家桥成为鄂南抗日斗争的领导和指挥中心。

四、反“围攻”、反“扫荡”，巩固发展抗日根据地

阳大、鄂大、大鄂抗日根据地初创时，日伪军胆战心惊，国民党顽固派如坐针毡。1942 年 8 月，日军 3000 余人从通山、龙港等据点出动，国民党第九战区调动二十四军、五十八军所属的一三三师、一三四师、新十三师、新十五师等，加上土顽匪共 2 万余人，从通山、湘北出动，分路包围鄂南兵团指挥部的驻地谈家桥、刘仁八一带。新四军主力当机立断，避开日伪军进攻部队，迅速返回江北，使日顽军的围歼阴谋落空。

主力部队撤离鄂南前夕，留下两个营，成立了鄂南游击司令部，由罗通、岳林率领，伸向大幕山，牵制敌人，掩护主力北撤，然后分别转入咸（宁）崇（阳）蒲（圻）山地和沿江一线，化整为零，坚持斗争。不久，岳林带领一个营也返回江北，罗通带领四十一团和地方武装，在敌人后方时而分散，时而集中，机动灵活，沉着应战。一次，新四军在官埠桥公路以南的老蟹桥村佯装宿营，日军半夜偷袭扑来，二营陈国卿小分队巧杀回马枪，打得日军鬼哭狼嚎，狼狈逃窜。

根据地的工作每前进一步，都是和主力部队反“围攻”、反“扫荡”斗争的胜利分不开的。

1942 年底，马钦武顽军一部侵犯阳大地区。刘少卿、罗通率四十团、四十一团追到长港，将其围歼，活捉其大队长以下人员四五百人；第二天，马钦武率队增援，被新四军堵击于横山，又被歼四五百人。

1943 年初，盛瑜所辖之别动军马钦武部窜至樊湖木门、鲊洲等地建立据点，将武鄂通往鄂南山区的通道堵死。廖义华部攻占谈家桥后，企图占领鄂大，封锁江北新四军进入鄂南，并于 1943 年 4 月，从碧石渡、陈家桥越过公

路，进犯鄂大。新四军四军分区接到顽军进犯大冶的情报后，由熊作芳司令员率两个营的部队，夜渡长江，反击顽军，打死打伤顽军数十人，抓获 30 多个俘虏，缴获电台 1 部，机枪 1 挺，步枪 30 多支，顽军被击退。而后，廖、马二部联合进攻鄂大，在碧石渡附近与四十一团相遇，鄂大工委书记王表多次率领鄂大总队配合四十一团出击顽军廖义华部驻地谈家桥、刘仁八等地，以控制鄂城至大冶、铁山至金牛一带地区。与此同时，铁山、碧石渡等据点的日伪军多次到鄂大地区“清乡”“扫荡”，均被鄂大地方武装江防大队击退。

1943 年 5 月，王表率地方武装配合四十一团二营，偷袭据守在刘仁八一带的廖义华部，消灭其近 300 人。缴获机枪 1 挺，长短枪数十支，还有战马、军衣等物资。

1944 年 3 月，马钦武、廖义华纠集 1000 余人，趁机联合进攻鄂大，并占领了麻羊垴、杨思爱、康家塆等地。鄂大工委书记王表一面组织武装力量奋勇抗击，一面组织撤退，并派人到江北向四军分区请求增援。同时派人通知池湖水上交通站，准备船只，迎接江北部队渡江。当天晚上，罗通率四十一团先行过江，到达池湖麻羊垴山下之康家塆。紧接着张体学率四十团渡江，开赴麻羊垴。两路部队会合后，立即组织反攻。经过激战，马、廖两部溃不成军，狼狈逃窜。

1944 年 9 月 19 日，铁山据点日伪军 100 多人袭击鄂大宋皇乡，鄂南指挥部派三个连的兵力，设伏阻击，击毙日官佐 1 人，毙伤伪军数人，缴获枪支弹药一批。日伪军不甘失败，又派日军 20 人、伪军 80 人，在鄂大陈盛村安设据点。我军趁其立足未稳，冒雨袭击，敌人损失惨重后被迫撤回铁山。

日军侵占大冶期间，霸占着大冶铁矿，奴役大批中国战俘和劳工。鄂南指挥部里应外合，两次组织暴动，解救出中国士兵和劳工 200 余人，他们中的大部分人参加了新四军。鄂南指挥部还迫使日本侵略者一度停止铁矿开采，有力地打击了日寇“以华治华”“以战养战”的罪恶预谋。

五、迎接八路军南下支队，开展全面反攻，夺取抗战最后胜利

1944年春，日本侵略军在打通平汉线侵占河南大片国土后，又进犯湘桂和闽浙沿海地区。驻守鄂南、湘北、赣西北等地的国民党军队继中原大溃退之后又一次出现大规模的败逃，湘鄂赣边区及华南广大新沦陷区数千万人民群众陷于水深火热之中。中共中央全面分析了战争发展的趋势，制定了巩固华北、华中抗日根据地，发展华东、华南沿海地区抗日根据地的战略方针。部署之一就是以八路军一二〇师第三五九旅主力组成第十八集团军第一游击支队（通称八路军南下支队），由王震、王首道率领，挺进湘、粤边境开辟以五岭山脉为中心的华南抗日根据地，使其北与鄂豫边区、南与华南东江抗日根据地连成一片。

三五九旅南下支队渡江挺进鄂南，帮助鄂南地区巩固和发展了党的组织、政权组织、地方军事组织，组织发动群众，积极开展统战工作，团结一切抗日力量，沉重地打击了日伪顽军，新四军第五师在鄂南地区的抗日根据地进一步得到巩固和扩大，为开展全面反攻、夺取抗战最后胜利创造了条件。

听党指挥，为和平勇于斗争

——记天京潜中心县大队三战三捷

赖智新　赖翰明*

1945年8月15日，日本宣布无条件投降。新四军第五师第三军分区襄西三十三团得知这一胜利的消息，迅速敦促周围日军向我军缴械。22日夜晚，三十三团烧毁了荆门高桥碉堡，随后全团集合攻占沙洋马良镇，摧毁了维持会。并拦截汉江上的敌人船只，制止汽艇上的日军搬运物资、弹药上岸。两个日本兵刚踏上岸，就被我军击毙，其他汽艇不得不驰往石牌。当三十三团全力以赴，加紧攻击日伪据点时，国民党第六战区七十五军，从南津关以西涌进江陵、荆门我抗日根据地，企图夺取抗日胜利果实。为顾全大局，三十三团人民子弟兵只好与荆（门）当（阳）人民依依惜别，撤离襄西，与三军分区司令部会合。

日本投降后，蒋介石就打着“收复失地”“受降”的旗号，抢夺抗战胜利果实，向我党领导的敌后解放区大举进犯，首当其冲的就是地处中原的鄂豫边区。党中央早已洞察国民党的图谋，及时指示新四军第五师：迅速集中力量，准备应对即将到来的内战危机。

根据党中央指示，五师决定组建一个野战纵队和江汉、鄂东两个二级军区。由襄南三军分区司令员贺炳炎担任江汉军区司令员，襄北五军分区政治

---

* 赖智新、赖翰明：赖玉坤之子。

委员郑绍文任军区政治委员，五军分区司令员罗厚福任军区副司令员，陈明任江汉区委书记兼军区政治委员，廖汉生任军区副政治委员，三军分区副司令员王绍南任军区参谋长，五军分区政治部主任侯政任军区政治部主任。接到五师首长电令后，廖汉生把襄南地委书记和军分区政委的工作移交给原组织部长吴云鹏同志。9 月下旬廖汉生和贺炳炎、王绍南等带领一批干部和主力团队北渡襄河，与罗厚福、郑绍文、侯政等同志一起，组建江汉军区。

江汉军区下辖襄南、襄北、鄂中三个军分区和一个独立旅，该旅由原襄南分区两个团和襄北游击武装组建的一个新团集中整编而成，共三个团、一个警卫营，作为军区直接指挥的机动力量，江汉军区首长兼任独立旅首长。一面将部队集中整编，一面进行军事、政治训练，做好反内战的准备。

江汉军区位于中原腹地，正当水陆交通的要冲，南扼长江，东与鄂东军区挟制平汉铁路并形成对武汉三镇的战略包围，因此成为国民党政府全力争夺的前沿。从日本投降之日到国共重庆谈判期间，国民党的大批部队下山“摘桃子”，从四川、贵州、云南的大后方沿长江源源不断地涌入这个地区，又以抢占的武汉三镇为依托，沿平汉铁路源源不断地向北涌入，抢夺地盘，进攻解放区。看到这个情况，许多同志愤愤不平，纷纷反映：“抗战期间，日本侵略者来了，他们跑了；现在日本侵略者被打跑了，他们却来了，来摘桃子、打我们。我们为什么不能打？”“毛主席为什么要去跟蒋介石谈判，谈判会有什么好的结果？”特别是一些红军干部，对抗战全面爆发前夕西安事变和平解决后张学良、杨虎城的命运记忆犹新，担心：“蒋介石会不会故技重演，会不会扣住毛主席、周副主席？”这些问题不光下面的干部战士有，军区领导同志也很不理解。好在党中央及时向全党发出《关于同国民党进行和平谈判的通知》，军区反复学习领会中央精神，搞清楚了，谈判也是斗争，而且是一种针锋相对的斗争，毛主席去重庆谈判，是去揭露蒋介石假和谈、真内战的阴谋，是为了争取和平、制止内战，从而使每个同志都懂得了和平谈判的必要性。

根据党中央“向北发展、向南防御”的战略决策和上级命令，襄南三军分区撤出长江南岸的石首、公安、华容三县。从江南撤出后，国民党军队全部占领了这个地区，对坚持抗日有功的共产党人、民主政府工作人员、民兵和群众进行了残酷的迫害，有的被捕入狱，有的惨遭屠杀，有的逼走他乡，江南解放区陷入白色恐怖之中。与此同时，大批国民党军队继续向我江汉军区的襄西、襄南进犯。10 月，为了求得一块生存之地，中原我军决定依托鄂豫交界的桐柏山区及大洪山区坚持斗争。奉党中央命令，王震、王首道率领的三五九旅南下支队从湘鄂赣边界山区北返，王树声率领的八路军嵩岳军区部队从豫西地区南下，与新四军第五师会合中原，共同组成了中原军区。李先念任中原军区司令员，郑位三任政治委员，王树声任副司令员，王震任副司令员兼参谋长，王首道任副政治委员兼政治部主任。中原军区下辖两个野战纵队和江汉、鄂东、河南三个二级军区并三个独立旅。从 10 月中旬起，中原我军组织了桐柏战役，解放了桐柏、新野、唐河、枣阳等城。我江汉军区配合主力进行桐柏战役，率独立旅向北挺进钟祥与随县之间的大洪山区，扫除了那里的反共顽固势力，建立了洪山军分区。12 月，国民党军从南北两面向桐柏地区合围，我军主力接连打了几仗，虽给敌人以打击，但没能阻挡住越来越多的敌军进犯，后撤出桐柏战役。

这时斗争形势日益严峻，鄂东区大部和江汉区的襄南、襄西等地已相继遭敌侵占。为了避免被敌围歼，中原我军决定向平汉铁路以东进行战略转移，目的是向安徽五河的新四军二师部队靠拢。主力转移时，中原军区首长向贺炳炎和廖汉生交代任务，要求江汉军区配合这一重大行动，并负责安置桐柏战役各部的伤员，同时担负牵制敌军、掩护主力转移的殿后任务。贺炳炎和廖汉生代表江汉军区指战员向中原首长拍了胸脯：请主力放心走吧，我们江汉平原是革命老根据地、鱼米之乡，安置好伤员保证没得问题，你们先走，我们有办法赶上！主力走后，贺炳炎和廖汉生组织干部动员群众收养、安置了全部伤员，这时已是 1945 年岁末。1946 年岁首，大批国民党军蜂拥而来，遵照中原军区首长的命令，我部着手撤离江汉解放区的准备工作。这一次不光是部队要撤走，而且各分区、县、乡的地方党政干部也要一起撤走。军区通知各地干部集中到军区驻地随部队撤离，向当地群众做了大量宣传解释工作。就在准备撤离时，传来了停战的消息。国共双方共同签署了《停战协定》，下达了停战令：要求各地区双方交战部队于 1946 年 1 月 13 日午夜前就地停止一切军事行动。这时，中原军区主力已经越过平汉铁路进至鄂豫边界的罗山、礼山、新县一带，先头已抵近安徽边界，再有几天就可以跟二师部队靠拢了。但我中原主力为了恪守《停战协定》，又连日行军返回礼山县（今大悟县）宣化店地区集结待命。江汉军区也接到指令，说：停战了，和平了，不走了，要求部队在停战后继续留在江汉地区坚持斗争，同时军区又动员党政干部返回原地。赖玉坤被调往五军分区天汉沔指挥部任副指挥长。然而，国民党的军队一刻也没有停止向我方进攻，将中原主力压缩围困在宣化店一线的狭长山沟里，并不断向江汉等解放区进行蚕食进攻。我军一方面坚守和平停战协定，揭露国民党破坏协定的战争行径；另一方面按照自卫原则，予来犯的国民党军队以坚决打击。

进入 1946 年 3 月，国民党对中原解放区的围攻部署已全部完成，聚集 30 万大军、构筑 6000 余个碉堡，把仅有 6 万人的中原我军紧紧围困在宣化店及附近地区，还不断进行军事挑衅，同时施以政治破坏和经济封锁。此时正值春荒，青黄不接，我军主力几度粮绝，仅以稀粥野菜度日。我党我军多次提出按照双十协定将部队转移北上或到安徽五河县筹粮，都被国民党方面一口回绝，蒋介石待机发动全面进攻。中原大战一触即发。

1946 年 3 月，在五军分区天汉（川）沔指挥部任参谋长的赖玉坤，接任天京潜指挥部副政委。陈明同志当时在天京潜中心县任县长。3 月下旬的一天，赖玉坤接上级通知，赶到军区。廖汉生、贺炳炎正在江汉军区司令部等候，见面简单地问了赖玉坤当时的工作情况后说："中原局负责同志向我们传达了党中央的通知精神：南下干部原是中央为了大发展而派出的，现在形势发生了很大变化，由于国民党的大举进攻，解放区和部队都已缩小，用不了这么多干部，为了保存力量，中央决定将部分同志撤回延安。你如果愿意，可与我们一起回去。”赖玉坤想了想表示：“我也想回去，但这边工作刚接手，还有许多事要做，还是留在这里吧。”廖汉生说：“从形势分析，将来可能会更艰难，你要注意多保重。”赖玉坤说：“我会的，首长也要多保重。”相互握别。等到再次重逢已是 30 多年以后了。（1979 年两人在荆州相见）

天门国民党军方、县政府代表在重庆谈判后，向我解放区发动猖狂的军事进攻，天京潜基本活动区被压缩到蒲潭、白家台、诸通口、下峰口一带。对国民党反动派的武装挑衅，天京潜指挥部以牙还牙，同国民党进行了三次较大的反击战斗。一是下峰口战斗。1946 年 4 月，驻渔薪河的国民党天门县保安大队在大队长伍昌义的带领下，进犯天京潜指挥部驻地下峰口。天京潜指挥部决定利用敌之弱点，诱敌深入，聚而歼之。于是，命一连一排在下峰口东北方向迎敌，待敌人进入下峰口南北两岭之间的洼地时，埋伏在南岭子上的一连两个排从正面拦截敌人；隐蔽在下峰口西的二连向北迂回，断敌后路。战斗不到半小时，敌人大部被击毙。敌大队长见势不妙，率残部狼狈逃回渔薪河。二是白家台战斗。5 月中旬，驻夏家场的国民党天门县两个保安中队，向我天京潜党政机关白家台发起进攻，指挥部紧急磋商后，命令一连、二连出击迎敌，占领有利地形土窑，抄敌后路，形成大包围。战斗打响，歼敌一个中队，中队长被击毙，敌人见势不妙，向西溃逃。三是诸通口战斗。5 月下旬的一天下午，驻在诸通口附近一个村庄的天京潜县委和县指挥部得到紧急情况：驻张港之国民党的一个连正向此进发。县指挥部分析：来犯之敌仅一个连，我有两个连，可以吃掉它。遂决定以一连为右翼，二连为左翼，在靠近诸通口附近的路两边高地设伏。半小时后，敌人进入埋伏圈，一、二连同时开火，敌人开始抢占有利地形，企图切断一连与二连之间的联系，达到先分割、后消灭的目的。不一会儿，敌后续部队也赶到，原来来犯之敌不是一个连，而是敌四十八团第三营一个营的兵力。在敌强我弱、敌众我寡的不利情况下，县指挥部命令二连掩护（实际只有一个排），一连撤退。经过激烈的战斗，一连得以摆脱敌人，向预定地点转移。副政委赖玉坤以一个排的兵力坚守阵地，命令一个班带机枪从诸通口河西岸进入敌后右侧打击敌人，并在战斗中击毙敌营长，迫使敌人向后撤去。经过三次较量，有力地打击了国民党军及其保安队的嚣张气焰，保卫巩固了解放区。据 1946 年 6 月 2 日《新华日报》第二版报道：

> 5 月 27 日，国民党天门宪兵队在岳口部署武装共四百余人进攻天京潜地区，天京潜我武装被迫自卫。经过激烈战斗，将其毙伤一百余人，并俘虏其分队长以下十余人。

从这则报道可看出，天京潜指挥部的反击在当时还是有很大影响的，表明了天京潜武装保卫根据地的重要性。同时，也是对天京潜指挥部为和平敢于斗争、不怕牺牲、勇战顽敌精神的鼓励。

赖玉坤 1911 年 8 月生于江西省上犹县营前镇，1931 年参加中国工农红军，次年加入中国共产党，1934 年参加了二万五千里长征，任红六军团通讯主任，1937 年进抗大二期学习。后任八路军一二〇师警卫营长、三五八旅教导营整风队长。1944 年南下到新四军第五师任干部队长。后又任二野独立旅军政科长、监沔县指挥部指挥长兼县长、江汉军区十二团政委等职。1949 年后历任沙市警备司令部政治部主任兼团政委、市警卫部队大队长、市公安局副局长、市委组织部部长、市委副书记。1983 年 5 月逝世。

天门及边缘区抗日民主政权建设的实践与启示

胡和平　罗义平 *

地处武汉以西江汉平原北部的天门及边缘区域，曾是鄂中特委、天汉地委早期抗日战略支点和开辟发展区，也是进入抗战战略相持和反攻阶段襄河、襄北党政军组织的活动中心和驻地。1940 年秋，豫鄂挺进纵队开辟天西建立天门县行政委员会，标志着天门抗日根据地的形成；1942 年 10 月至 1944 年冬先后建立的襄河、襄北地委党政军组织，建立以天门为中心的五块抗日根据地，为争取鄂中抗战胜利作出了重要贡献。天门及边缘区作为鄂豫边区的一个区域，在抗日根据地所进行的政权建设和经济文化建设等方面的经验做法，具有鲜明的地方特色，对当代中国特色社会主义政权建设具有一定的启示。

一、天门及边缘区五块抗日根据地政权组织的建立、巩固和发展

抗日战争全面爆发后，由城镇抗日救亡运动转向开辟发展敌后农村根据地。随着形势的转变，天门县委按照鄂中特委和天汉地委的指示，在壮大发展游击武装的同时，先后在天东进行建立抗日十人团和联乡办事处等基层政权的试点；天西开辟后建立的天门县行政委员会政权，使抗日根据地得以巩固发展；天门边缘区五块抗日根据地的建立发展，使政权建设和经济文化等

* 胡和平：中共天门市委党史研究室原主任；罗义平：天门市档案馆副馆长。

建设进入大发展阶段，为鄂豫边区和新四军第五师进入战略大反攻，奠定了坚实的发展基础。

（一）在天京潜、天汉县设立完善的区、乡政权组织

1942年冬至1943年，日伪军在天皂、天岳路沿线增设据点后，又在汉宜路沿线的钱家场、雁门口、长寿庵、石家河、吴刘新场和县河沿岸的渔薪河、拖船埠、水府庙、灰埠头等地，以及襄河沿岸的多宝湾、罗汉寺、张截港、黑流渡、截河等地增设据点。经常出动中队、大队以上建制的日伪军对根据地进行“清乡”“扫荡”。天京潜县委及其抗日民主政府紧紧依靠群众，放手发动群众，广泛开展以县区游击队、乡保基干民兵大队的游击战争，在新四军第五师主力部队的指挥支援下，向曾家湾、石家河、夏家场等地据点发起进攻，狠狠打击了日伪的嚣张气焰，使天京潜抗日根据地得到了巩固和发展。到1944年底，天京潜县在原三个区政权基础上，又扩建了潜北、京南、襄河3个区政府，乡公所由原来的15个发展到50余个；保政权由原每乡3—5个，增到每乡6—9个。根据地范围由原天门辖区扩展到京山汉宜路南部沿线，潜江至沙洋襄河北部沿岸，面积1200余平方公里，人口20万余人。

天皂、天岳路以东地区由天汉县管辖后，根据地范围发展到东至汉川汉阳边缘，南至襄河沿岸，北至汉宜路沿线，西至天皂、天岳路。尽管日伪在天东皂市、胡家场、垌冢、吕家巷、九真庙、柳河、卢家口、小板港、八子垴等地设有据点，顽军古鼎新部投日后也占据牛蹄支河以南至襄河沿岸的彭市河、麻洋潭、仙北、干镇驿、马湾场、田二河、脉旺嘴等重要集镇，但天汉党政军民由于团结抗战，先后粉碎了日伪顽对天汉湖区进行铁壁合围式的“扫荡”。到1943年春，天汉县辖天门东部的三民、养黄、四合3个联乡和汉川县的麻河渡、杨叶陂、倪家集、韩家集、襄河5个联乡。1944年秋，在四合联乡基础上又建立了陈炼和竹萱2个联乡。每个联乡下设4—6个乡。到抗战胜利时，天汉县辖天门的基本区面积1000余平方公里，人口20万余人。

（二）在县南灵活建立党政合一的领导体制

顽军古鼎新部投降日军后，控制了牛蹄支河至襄河沿岸的地区，天汉中心县委及其独立十一团在主力部队配合下，多次从天汉湖区出发，奔袭驻麻洋潭、横林口、干镇驿、田二河的日伪军据点，并取得辉煌的胜利，使县河南岸广大根据地得以开辟恢复。1943 年春，天汉中心县委报请襄河地委同意，决定在县南建立中共县南工委的同时，组建天沔行政委员会政权，以民主人士刘竞平为主席，共产党员周彬为副主席，并设有秘书和民政、财政、教育等工作机构。行委会在天汉中心县委指导下，行使县级抗日民主政权的职能，下设一、二、三三个联乡，每联乡辖 3—5 个分乡。行委会建立不久，伪古鼎新部经常从襄河沿岸派兵袭击县南根据地，使行委会机关遭到破坏。1944 年春，天汉中心县委和县南工委为了恢复县南根据地的政权工作，决定将天沔行委会改建为天门县南办事处。在实现统一领导的前提下，由工委书记兼办事处主任。到 1946 年 5 月，县南抗日根据地范围一直扩大到襄河沿岸的仙北、多祥河、麻洋潭、彭市河和岳家口东部等地，面积 400 余平方公里，人口约 15 万人。

（三）适应抗战形势和战略需要，建立天北、天潜沔抗日政权组织

1944 年秋，襄北地委建立后，为了加强襄北地区的剿匪斗争，安定根据地社会秩序和群众生活，决定成立天北工作委员会和天北剿匪指挥部，分别由王克强、翟青山负责。1945 年 2 月，八路军三五九旅和干部大队到达鄂豫边区，派遣一部分干部分赴天汉、天京潜和天北。为了进一步粉碎汉宜路沿线日伪军和新国军对根据地的“扫荡”，襄北地委决定在充实调整天北工委的同时，建立天北行政办事处，由南下干部潘选才为工委书记，原天京潜的干部王克强为办事处主任。党政军机构直属襄北地委、专署、军分区领导。办事处下辖天北、渔北两个区政府，每区设 6—8 个乡公所。工委和办事处所率游击武装经常袭击日伪据点，先后在柳河、石家河、吴刘新场等地给日伪军以重大打击。到抗战胜利时，天北的区乡政权增加到 20 余个，根据地面积扩

展到 280 余平方公里，人口约 12 万人。

天潜沔一带原是被国民党一二八师和第六战区第二游击纵队金亦吾部所控制的地方。1943 年初，一二八师被日军所击溃，师长王劲哉被俘，余部分别溃散。第六战区第二游击纵队金亦吾部也不战而降。为了牵制日军向襄南和襄西推进，鄂豫边区党委和襄河地委先后派三军分区、十五旅的部队，以及天汉、天京潜、京钟等县的武装，渡过襄河，协助襄南的党组织开辟发展襄南地区。1943 年 7 月至 10 月，在建立天潜沔县级党组织的同时，也建立了天潜沔军政联合办事处（后改为天潜沔行政委员会）这一政权组织。其行政区范围发展为：天门襄河以南地区，潜江东北部地区，沔阳西部地区。下辖谢家市、毛家场、同兴、杨场、垸东、中占 6 个中心乡，每中心乡下设 4—6 个分乡，其中天门辖区有毛场、同心 2 个中心乡和 9 个分乡。这些政权的建立，稳定了襄南抗日根据地的局面，保证了天潜沔抗日根据地各项建设事业的蓬勃发展。这里有一支很活跃的金精河防游击大队，经常出入在岳家口至黑流渡、岳家口至麻洋潭的襄河沿岸，给日伪军以沉重打击，使天潜沔成为向襄南发展的桥头堡，成为连接天汉、天京潜抗日根据地的纽带。

天门各抗日根据地的不断开辟、发展和巩固，对新四军第五师进出襄南，向襄西、襄南和长江南岸发展，形成对武汉日军的战略包围都具有重大的意义，既赢得了 1943 年后襄南开辟发展的大好形势，也为抗战胜利后五师突围襄南、向襄北收缩撤退提供了可靠的战略空间。

二、天门及边缘区抗日民主政权建设的实践经验

抗日根据地的开辟发展，是以武装斗争为中心展开的，没有游击武装的军事发展，就没有根据地的壮大发展，这是鄂豫边区抗日根据地的共同点，也是由中国抗日战争的性质和民族斗争的形势任务所决定的。天门及边缘区五块抗日根据地的形成发展，也是建立在这种共性基础之上的。除此之外，天门及五块抗日根据地的政权建设还有自身实践的成功经验。

（一）政权建设和党的统战政策有机结合

在政权建设中，按照党制定的“三三制”原则，自1940年开辟天西建立天门县行政委员会后，就建立了天门县临时参议会，直到1942年建立的天京潜县参议会，先后由民主士绅涂云庵、刘彩堂等爱国人士任正副议长，参议会议员大多由地方有名望的士绅和国民党爱国人士担任。他们在社会上具有很强的号召力，他们除集中在参议会积极参政议政外，还在县区乡政权中担任相应职务，在广泛动员民众参战和支前等方面也发挥了重要作用。据文献资料记载，1942年天门县有5个民选区36个民选乡，一批进步人士在政权组织中积极帮助五师主力部队筹集军饷，在动员爱国青年参军等方面都发挥了积极作用。天门县行委会建立时，纵队司令员李先念和代理政委陈少敏来到渔南开会，担任民政科长的涂云庵老先生遍邀32个乡父老乡亲响应。在筹集军饷基础上，还鸣锣击鼓，维护社会秩序，使周围城镇敌伪不敢出来骚扰。陈少敏伸出大拇指赞扬涂老：“好大威望！”他担任县参议长时，还动员自己的两个儿子和几个侄子参加新四军，他后来任鄂豫边区行署副主席、临时参议会副议长和解放战争初期中原行署副主席；天北区石家河张巷村的张北尼也是一位爱国人士，他先后动员30多位进步青年和国民党人士投入根据地怀抱，后来担任京山县县长、边区行署副主席。天京潜县参议长刘彩堂和副议长曾祥亨，1943年春动员伪军团长江应标反正，起义加入抗日队伍，江应标担任天京潜县独立团副团长兼襄河河防大队长，为三军分区和第十五旅主力南渡襄河、开辟发展襄南抗日根据地发挥了重要作用。在天汉、天北、天南和天潜沔等抗日政府中，这类爱国进步人士发挥的作用，不胜枚举。

（二）通过政权组织形式来发展生产，开展自救，发展工商业经济，巩固发展根据地和维护社会民生

敌后农村根据地是人民军队扎根生存之地，把农村的生产和经济搞好了，人民群众丰衣足食，才能积极投入和支援抗日战争。党和各级政权在天汉、天京潜等地组织群众兴修水利，开展“千塘百坝”和开荒种田的大生产运动，

除了减轻农民负担增加农民收入，通过生产自救还解决了部队和其他县委机关的粮棉油供给。天京潜县帮助农民解决耕牛、种子等困难，筹措一批资金发放贷款，仅在实验乡就发放贷款 8.9 万余元，借出种子 2.7 万公斤。县区委和政府的重视，大大鼓舞了群众的生产积极性，涌现了不少劳动模范和先进人物。发展农业生产的同时，还发展副业生产，兴办手工业和商业。当时在襄北地委和天京潜县委机关驻地夏家场周围地带，就办有被服厂、卷烟厂、机械修理厂和榨油厂、合作商店等工商业，在基本区和游击区发动群众纺纱织布，天北农村家家机杼响、户户农妇忙，生产出来的布匹、毛巾、衣服和鞋袜，除保障本地军民供给外，每年还为边区部队提供几千套（件），组织运输小组到石首古长堤和湖南一些地方去变卖交易，再买回西药、纸烟等日用品，畅通根据地的贸易往来和群众的物资供应。根据地的财政税收主要是工商税和田赋，天汉和天京潜县先后在襄河重要码头和县河沿线集镇设有若干个税务分局或税卡，对敌占区来往商船货物实行收税，分不同等次进行收税和免税。征收田赋，主要在基本区和游击区进行，有时到敌占区去打“金乌龟”（大财主商人）。根据地号召党员和干部带头完成征粮任务，仅 1942 年就完成征收田赋粮 200 万斤。有时反“扫荡”战斗紧张，税务人员冒着生命危险深入敌占区去征税，仅天北皂市一地每年从日本洋行那里巧妙收得税款就达 5000 元。发行救国公债，主要找一些钱多田多的人家购买。1945 年 2 月，天潜沔行委会派副主席许家俊一次到天门彭市河找商民购买爱国公债 55 万元，有个杨先生自愿负责劝销 500 万元。1945 年夏，郑位三在《关于五师地区财经工作情况向中央报告》中称：“五师收入最多的是襄河地区，有一万多人依靠襄河地区供给。”这充分证明了抓经济建设对扩大武装斗争和巩固抗日根据地作用十分巨大。

（三）政权建设为军队建设和军事行动提供有力支持

天门县行政委员会建立不久，县委在石家河一带就建立了基层工人救国会、青年救国会、妇女救国会等群团组织，在发动群众开展大生产运动，参加支前进行反“扫荡”、反“蚕食”斗争中都发挥了重要作用。天东组织万人战柴山的反恶霸斗争经验还在天汉湖区和边区工会上介绍经验做法，得到边区领导陈少敏、吴祖贻的肯定和称赞。襄河、襄北地委驻扎夏家场一带，天京潜地区在开展生产自救的同时，县委副书记兼组织部长陈明还担任县农救会主席，在基本区动员农民开展春耕秋播的生产竞赛活动，踊跃征粮交租，推动了根据地的各项建设。在地方武装建设上，开辟天西前后建立县游击大队，后来发展成县保安五团、县总队等成团成营的地方部队。五块根据地的县级武装配合新四军第五师主力进行了天汉反“扫荡”战斗、曾家湾战斗、团山战斗、石家河和吴刘新场战斗、天汉县总队吕家巷截击日伪差船的战斗等。地方游击武装不断发展壮大。仅 1944 年统计：天汉游击总队有 383 人，天京潜有 254 人；区乡武装，天汉有 283 人，天京潜有 543 人；民兵和自卫队，天汉有 2385 人，天京潜有 3097 人。另有天北、县南和天潜沔没统计上来，直到抗战胜利时五块县级政权发展地方武装有 3000 余人，民兵自卫队组织在天门境内达 8000 余人，其中有 700 余人为民族解放而英勇牺牲。天门境内参加新四军主力和地方武装的人员，仅落实中原突围政策的人员就有 2368 人，还有一些失踪无名烈士和无须落实政策的人员，加起来有 5000 余人。仅就中原突围人员，人数在全省名列前茅。据不完全统计，这些人民武装配合五师主力部队，先后抗击 5000 多名日军和 1 万多名伪军，对敌伪大小战斗达 100 余次。天门及边缘区抗日战斗的胜利，是全民参战的胜利，天门抗日根据地从人力、物力、财力等方面都作出了巨大的贡献和牺牲。

（四）稳固的政权建设为根据地党的建设和各项事业的开展提供了好的环境

天门及边缘区根据地在文化教育工作和党的建设方面也有许多成功经验。天门县行委会建立后，由教育科负责在天东卢市刘集一带办有 4 所小学和许多私塾，1941 年后办有天汉中学和 18 所抗日小学。养黄乡 4 个保还办有冬学，对一些青年男女进行扫盲教育。后来在天京潜县的石家河和夏家场附近也办有国民学校和示范学校，举办党员干部训练班，帮助青年党员补习文化知识，教唱革命歌曲。许多干部战士都会唱天门地方民歌《小女婿》，唤起民众反封建斗争意识，自编抗日歌曲《天门三月好风光》，唤起群众支援前方打胜仗的热情。在石家河和夏家场，利用党员干部培训班，县委主要领导亲自宣讲党的“三三制”政策和减租减息政策，党员培训时最多达到 800 人，全县党员和干部参加培训人数在 75% 以上。县委机关设有直属工作委员会（有时叫总支、支部），配有书记和组织、宣传、民运等委员，各单位有支部或党小组，都能定期过党的组织生活。每个党员自觉检查自己的思想和作风，对群众反映的合理情况和基本要求及时发现及时向党组织报告，并及时给予答复和解决。各区委、乡保总支、支部也有严格的组织生活会，对于违反群众纪律、贪污腐化，甚至和敌人有勾结的行为，立即在组织生活会上进行教育帮助，开展严肃的批评和自我批评，及时纠正。经过批评帮助、交流思想、消除顾虑，大家心情舒畅，形成党员以模范带头为荣、消极落后为耻的浓厚氛围。天门抗日根据地政权建设抓得有声有色，很重要的是学懂弄通“三三制”政策，学会了组织发动群众参加抗日的政策和方式方法，自觉遵守党的纪律和党规法制政策，以廉洁自律和团结战斗的精神，推动了抗日根据地的发展巩固，使党在政权建设中威望越来越高、号召力越来越强，这也是取得抗战胜利的重要因素和组织保证。

新四军豫鄂边区第一团队

钟祥市新四军研究会

在新四军第五师的光荣战史上，有一支战功卓著的英雄部队——新四军第五师十三旅三十七团；它的前身即新四军豫鄂独立游击支队一团队；1939年6月创建于湖北钟祥大洪山赵泉河，主要成员是钟祥农村青年。它不仅是新四军第五师最早的基础团队，而且是新四军第五师的先锋劲旅。在征途漫漫的峥嵘岁月里，这支部队在李先念同志的率领下，部队番号和成员虽几经变化，始终保持了第一团队大无畏的革命精神，始终保持了第一团队的优良战斗作风，纵横驰骋，所向披靡，为民族独立和人民解放建立了不朽功勋。

在钟祥大洪山赵泉河创建"亮旗"

1937年7月7日，抗日战争全面爆发。来年春，中共湖北省临时省委派刘慈恺、黄德钦、谭扶平、黄涛若等来到钟祥，进行中共组织恢复和发展工作。1938年7月，中共钟祥县委为独立自主地发动敌后抗日游击战争、建立敌后抗日民主根据地，采取多种形式，建立了由中共钟祥县委领导的、有七八百人的10支抗日游击队。

1939年4月，中共鄂中区党委代理书记杨学诚，常委、军事部长陶铸，常委、宣传部长夏忠武等来到大洪山腹地客店镇赵泉河，指示将钟祥县委领导的抗日队伍聚集到赵泉河，成立应城抗日游击队第四支队。随即，中共钟祥县委通知各地党组织，把所领导的抗日武装迅速带到大洪山客店赵泉河整编。由中共钟祥县委直接领导掌握的应城抗日游击队第四支队，在大洪山赵泉河成立。支队下辖六个中队，“应抗”总队参谋长张文津兼任支队长，谢威任副支队长。此后，襄西、随南、襄枣宜等各地中共组织将农村中的进步青年送到赵泉河参加了“应抗”四支队。

1939 年 6 月养马畈会议前，李先念、陈少敏、周志坚等来到中共钟祥县委及“应抗”四支队驻地钟祥大洪山赵泉河。李先念、陈少敏向张文津等传达了党的扩大的六届六中全会精神及毛主席、刘少奇关于大洪山区当前的主要工作“第一是武装，第二是武装，第三还是武装”的指示精神，决定公开打出新四军的抗日旗帜，将“应抗”四支队整编为新四军豫鄂独立游击支队第一团队。张文津（钟祥市洋梓镇人）任团长，周志坚为政委，杜邦宪（钟祥市石牌镇人）任政治部主任。夏世厚任第一大队大队长，毛凯任第二大队大队长，稍后，中共钟祥县委又送来几百人枪，成立了三大队，李冠群任大队长。

新四军豫鄂独立游击支队第一团队，在大洪山率先亮出了新四军抗战大旗。

在抗日烽火中淬炼成钢

一团队的主要成员大都是钟祥和大洪山地区的农民，多数人参军不久，既没受过军训，也没有打过大仗。为了提高这支钟祥农民组建的军队的军政素质，建设成为新四军在豫鄂边区的主力团队，李先念将从竹沟南下骨干分到团队、大队、中队担任领导，又亲自率领一团队一面行军，一面进行军事训练。7 月中旬，第一团队在赵家棚就地加强练兵，努力提高部队的实战能力。

李先念对一团队团长张文津和政委周志坚反复强调：要选择一个有利时机，打赢第一仗，打出新四军的军威。时机终于来了！一团队派出的侦察兵报告，位于襄花公路上的憨山寺，日军每天有军车、货车从这里通过。李先念当即指示一团队，在襄花路上伏击日军运输车队。为打好新四军豫鄂独立游击支队抗击日军第一仗，一团队按照李先念的指示，在憨山寺设了一个“口袋阵”，设伏待敌。8月2日9时许，日军来了，五辆大卡车钻进了早已设好的伏击圈。埋伏的一团队战士们看准时机，一起开火。整个战斗不到一个小时，一团队大获全胜，无一伤亡，取得了击毁五辆卡车、击毙日军10余人、缴获长短枪10余支及其他军用物资五卡车的胜利。这一仗是新四军在大洪山打响了抗日第一枪，打胜了第一仗，更打出了新四军军威。两天后，日军第3师团集中了千余人的兵力，对赵家棚地区进行报复性“扫荡”，李先念指挥一团队，掩护群众向安全地带转移，与日军展开“捉迷藏”战斗，使敌人摸不清方向，处处挨打，经过三昼夜的“扫荡”作战，打死打伤日伪军几十名，迫使日寇缩回了安陆县城。①

10月13日拂晓，罗店、贾店的日寇300余名及伪军400多名，偷袭驻京山县新街的新四军豫鄂独立游击支队一团队。游动哨兵发现后，立即鸣枪报警。一团队首长立即做了应急部署：稳定群众情绪；指挥部队抗击；向在大山头的支队首长报告。战斗打响后，新街寨内外大乱，群众四处乱跑。一团队团长张文津拍着胸脯向群众高喊：“乡亲们，我是新四军团长，我向你们保证，我们一定会把日本鬼子打垮！”在团长张文津指挥下，担任阻击任务的一团队二大队，在正面接连打退敌人两次冲锋；驻在附近的第一、第三两个大队分别向敌两侧发起攻击，从而使部队迅速掌握了战斗的主动权。敌人进攻的编队是日寇居中，伪军两侧配置。一团队择其弱点而攻之，打得伪军四处溃逃。两翼不保，中路孤立。日寇恐惧，竟施放毒瓦斯掩护撤退。一团队指战员越战越勇，从东、西、北三面逼近敌人，缩小包围圈，连续发起冲锋，把日寇压到黄家祠堂边的洼地里。日寇凭借着小炮、掷弹筒、重机枪等火力的优势，抢占了黄家祠堂等制高点死守，战斗呈胶着状态。李先念司令员得

① 选自《李先念传》，中央文献出版社1999年版，第345页。

到日军偷袭新街的消息后，当即命令一团队："打，坚决地打！"随后又带领二团队二大队火速到新街增援。大队长张异来在战斗中英勇牺牲。李先念司令员在听取一团队团长张文津、政委周志坚简要汇报后，下命令：这一仗必须打赢！打输了、打个平手都不行！中原人民都在盼望我们新四军的战报。李先念司令员下令调整兵力部署，向敌发起全面出击。一切准备就绪后，团长张文津下达了出击命令。新四军战士们的喊杀声惊天动地，从东、西、北三面出击的部队对着日军奋勇拼杀攻击，一下子把张牙舞爪的日军，压到新街南寨外黄氏祠堂旁的洼地里。天黑后数路敌军赶来解围，守敌在佯攻中焚毁了大批尸体，仓皇突围，战场上尚遗尸20余具。此次战斗共打死打伤日伪军180余人，缴获大量军用物资。这次战斗是新四军进抵鄂中后首次对日寇的重大打击，汉奸、伪军闻之战栗，新四军威名远播，鄂中人民为之振奋。大洪山中的国民党报纸也以特大号字体登载了这一捷报。

新四军豫鄂独立游击支队第一团队，这支由钟祥农民组建的人民军队，在李先念的指挥下，挥师四出，驰骋在豫南、鄂中敌后，积极打击敌伪军，扩大与巩固自己的力量，逐步创建了根据地。

1940年1月3日，新四军豫鄂挺进纵队在京山县八字门建军，一团队与挺进团合编为挺进纵队二团队。团长周志坚，政委黄春庭。

1941年2月18日，中共中央军委任命新四军各师领导人，第五师由李先念任司令员暂兼政治委员，刘少卿任参谋长，任质斌任政治部主任（后任代理政委、副政委），王翰任政治部副主任。

新四军豫鄂挺进纵队受令后，即在战斗中着手进行整编工作，4月5日新四军第五师组建完毕。李先念等在白兆山发出了《率新四军第五师全体将领就职通电》。挺进纵队二团队改编为十三旅三十七团，团长夏世厚。

新四军豫鄂独立游击支队第一团队，从建军开始，就处在日军、伪军和国民党顽固派的夹击之中，但是她不畏艰难，英勇善战，屡历险境，屡胜强敌，以能够压倒一切敌人和困难而不被敌人和困难所屈服的斗争精神，驰骋在鄂、豫、皖、湘、赣的广阔战场。在边区党委和李先念司令员领导指挥下，不断地打击和消灭着敌伪军的有生力量；广泛地开展了敌人后方的游击战争，为创建、巩固和发展鄂豫边区抗日民主根据地，作出了不可磨灭的历史贡献。

中共钟祥县委组建的这支来自钟祥农民的抗日游击队，是党缔造的人民军队，依靠正确的建军方针和原则，由小到大，由弱到强，发展成为新四军第五师的主力团队。从第一团队成立到全国解放，历经了十年艰难曲折而又伟大光荣的征战历程。具有高度政治觉悟和革命信念的全团指战员，在革命战争的疾风暴雨中，前仆后继，一往无前，视死如归，用鲜血和生命谱写了一部光辉灿烂的革命史诗，是新四军第五师革命战争史的重要组成部分。

（执笔：何平　李华锋）

新四军第五师在鄂州

张忠义

抗日战争时期，鄂城（现鄂州市，下同）是鄂东抗日根据地向南发展的桥头堡，是鄂南抗日斗争的指挥中心、交通中心和活动中心。鄂城抗日根据地的建立和巩固，对于开展鄂南山区的抗日游击战争，牵制敌人南进和从南线包围武汉，起到了重要作用。

一、开展鄂南抗日斗争，开辟鄂南抗日桥头堡

日寇占领鄂城、武汉这些战略要地之后，迅速对周围地区实行严密控制，在交通沿线各城镇遍设据点，拼凑伪县区乡保政权。1939 年 1 月，国民党五届五中全会炮制了“防共、限共、溶共、反共”的反动政策，紧接着又制造了震惊全国的“平江惨案”和鄂东“夏家榜事件”，鄂南和黄冈的党组织遭到严重破坏。在此事件之后，鄂豫边区党委在认真分析当前抗日斗争的严峻形势后，为了坚持抗日斗争，决定将主要活动区域转移到沿江沿湖地区。并指示黄冈中心县委先后派出干部渡江到鄂城沿江沿湖地区，积极开展抗日活动。

1939 年 9 月，中共黄冈中心县委派共产党员陈大发、喻南山、杨涤尘、汪穆桂（女）、胡益民、胡朗山等同志，来到葛（店）华（容）段（店）地区的刘家弄、陶塘、古城庙、胡家咀、铁咀等地，以抗日宪政促进会的名义，进行抗日救国宣传。以刘家弄地区为中心，访贫问苦，秘密发展党员，建立

党组织。接着又派陈大行、郭穆生、陈礼山、付大春、夏月波、谭道如、高佑龙等同志来到鄂城，以行医、打鼓说书、卖艺、教书的身份做掩护，深入群众，秘密串联，宣传党的抗日主张，建立抗日群众团体，秘密发展党员，建立党的地下组织。在此基础上，于9月底建立了中共樊湖工作委员会。陈大发任书记，陈大行任组织部长，喻南山任宣传部长，郭穆生任统战部长。从此，江南江北紧密联系，互为掩护，扩大了抗日斗争的回旋余地，为鄂城沿江一带建立抗日斗争的鄂南桥头堡打下了基础。

中共樊湖工委成立后，开辟抗日根据地的工作迅速向樊湖纵深推进。工委将樊湖地区划分为华北、华滨、华南、五合、共和、德马、小庙等七片，工委委员分片负责，带领干部和党员，深入各片开展工作，揭开了建立樊湖抗日根据地的序幕。为了广泛团结各界人士共同抗日，着手筹建政权组织，1939年10月，成立鄂城县宪政促进会，胡益民任会长。宪政促进会反对蒋介石独裁，主张实行民主政治，团结各党派、各界人士共同抗日。1940年1月，撤销鄂城县宪政促进会，成立鄂城县行政委员会，陈大发兼任主席。鄂城县行政委员会是鄂城第一个抗日民主政府，下设司法、联络、财粮等科。鄂城县行政委员会成立后，各片政权相继建立，共有五合乡、华滨乡、德马乡、华北乡、小庙乡、华南乡、兴利乡等。乡政府设乡长、副乡长和督导员。乡长、副乡长大部分是由本地党员或抗日积极分子担任，督导员基本上是由黄冈中心县委选派党员干部担任。各抗日民主政权组织开始是秘密活动，随着抗日民主根据地的发展，民主政府的活动逐步半公开。对那些伪乡保长采取控制手段，努力改造他们成为“白皮红心”的人士，为抗日政府办事。县行政委员会及时制定和推行一些民主法令，如《抗日守则》《惩治汉奸办法》等。同时，还筹集粮款，保障党政军的供给。到1940年底，抗日政府的政令已达及各乡村。

中共樊湖工委在加强政权建设的同时，还利用多种形式，广泛动员群众，加入抗日救国的洪流中来。先后建立了农民救国会、青年救国会、妇女救国会、船民救国会等。这些群众组织根据各自特点，在宣传动员群众参加抗日活动方面发挥了积极作用。

鄂城沿江抗日根据地不仅是我军鄂南的桥头堡，更是向鄂南山区出击的立足点和前进基地。1940 年 1 月，通山中心县委与湘鄂赣特委接上关系后，湘鄂赣特委将通山中心县委改为中共鄂南代表团，书记李平。鄂南代表团下辖中共咸宁、崇阳、通城、阳新、大冶、阳通等县委和武昌、阳（新）大（冶）等三个工委。同年 4 月，湘鄂赣特委在“平江事件”中再次遭到破坏。6 月鄂南代表团正式划为豫鄂边区党委领导。1940 年 12 月，中共豫鄂边区党委根据游击战争形势的发展，为加强鄂南党的领导力量，决定撤销中共鄂南代表团，以鄂南代表团为基础，组建中共鄂南游击地委，委员六人，书记李平，组织部长黄全德，统战部长钱远镜，青年部长潘继汉。地委机关由金水流域迁至樊湖。同时，豫鄂边区党委决定组建鄂南地方武装——新四军豫鄂挺进纵队鄂南独立第五团，并增调干部和部分武装，支援鄂南抗日斗争。鄂南游击地委以鄂南抗日挺进队、樊湖工委领导的沿江便衣队和原梁湖抗日游击大队为基础，组建鄂南独立第五团。王苏任团长，李平任政委，下辖 3 个营，拥有机枪 2 挺、步枪 70 余支、手枪 10 余支，指战员共 100 多人。鄂南独立第五团的成立，在鄂南第一次公开举起了新四军抗日旗帜。

“夏家榜事件”后，鄂南中心县委和鄂南独立五团遭受严重破坏。团长王苏及主要骨干共 40 多人牺牲，20 多人因弹尽被俘，全部惨遭杀害，余部撤至江北。

随着对敌斗争的深入发展，樊湖抗日根据地的战略地位越来越充分地显现出来，她不仅扩大了新四军跳跃回旋的余地，而且是沟通大江南北和我军挺进鄂南的桥头堡。为了巩固这块战略要地，1941 年 8 月，豫鄂边区党委决定：重建鄂南中心县委和整编独立第五团，坚决守住樊湖这块抗日根据地。为开展鄂南工作做好准备，调李平、雷同、刘光前回鄂南。李平任中心县委书记，雷同、刘光前、陈大发、张曙光为委员。为了便于领导，豫鄂边区党委决定：将鄂南中心县委划为中共鄂东地委领导。同时，整编鄂南独立第五团。召集独立第五团被打散后隐蔽的战士和伤病人员归队，由刘光前带队到黄冈与原三营教导员秦云卿带领撤往江北的部队会合，在涨渡湖进行整训。8月下旬，恢复新四军鄂南独立第五团建制，李平任团长兼政委。

1941年8月，中共鄂南中心县委决定：撤销中共樊湖工委和鄂城行政委员会，成立中共鄂城县委和鄂城县政府。陈大发任县委书记兼县长，杨涤尘任组织部长，喻南山任统战部长，王志坚任委员。同时，中共鄂城县委根据中共鄂南中心县委的指示，成立鄂城县抗日游击大队，胡伯才任大队长，欧正楷任副大队长。游击大队成立后，全面开展惩治汉奸、诛敌耳目的活动。

二、加强统一战线工作，壮大鄂南抗日桥头堡

1942年初，日军开始进攻浙赣线。为了牵制敌人的进攻，豫鄂边区党委和新四军第五师，根据中共中央中原局和新四军军部的指示，决定开辟鄂南，开展鄂南敌后游击战争，创建鄂南敌后抗日根据地。

5月，十四旅主力组成挺进鄂南第一梯队，分东、西两路（西路部队400余人，由四十一团政委罗通、鄂南中心县委书记李平率领，5月2日从长圻寮过江；东路部队1000余人，由十四旅旅长吴林焕、副旅长熊作芳率领，5月14日从广济田家镇银山垅渡江）南渡长江进入鄂南，以加强鄂南抗日斗争的领导，增强军事力量，尽快打开鄂南抗日斗争局面，形成自南线包围武汉之敌的战略态势，以实现新四军军部“控制长江下游”的战略意图。

8月1日，新四军第五师又派师参谋长刘少卿、十四旅政委张体学率特务团和十四旅留守江北的部队1500多人，组成挺进江南第二梯队，和部分地方干部从长圻寮渡江，直抵谈家桥，与先期到达的十四旅主力开展对第九战区湘鄂赣挺进军第五纵队副司令兼第八支队长田维中部形成夹击之势。8月2日，我军组织了谈（家桥）付（家山）刘（仁八）战役。五师参谋长刘少卿指挥十四旅主力和特务团分南北两路，向盘踞在谈付刘地区的国民党顽军田

维中部发起进攻，彻底捣毁了田维中司令部，俘敌700多人，缴获了战马10多匹、机枪10挺、步枪1000多支、弹药一批。田维中经营多年的队伍土崩瓦解。随后扫除了几个日伪据点，进行战略展开。

新四军3000多人挺进江南，摧毁了顽军田维中部，令日伪军大为震惊。日军从大冶、铁山、金牛、通山等据点调集3000余人，“扫荡”谈付刘地区；国民党调动国军一三三师、一三四师、新十五师和9个游击支队的兵力，对新四军江南部队进行夹击。新四军江南部队当机立断，闪开敌锋，分途转移到鄂南山区和黄冈。

1942年8月，鄂豫边区党委和新四军第五师党委决定：部队立即重返鄂南，成立鄂皖湘赣兵团指挥部，并从边区根据地抽调鲁明健、吴师筑等近百名干部组成鄂南政务工作团。师参谋长刘少卿率领部队再渡长江，进入谈家桥，杨学诚率政务工作团随后跟进。在谈家桥正式成立鄂皖湘赣兵团指挥部，刘少卿任指挥长，熊作芳任参谋长，夏农苔任政治部主任。同时，由上述五人组成指挥部党委，杨学诚任书记。同时，在成立鄂皖湘赣指挥部党委之后，即成立中共鄂南工作委员会和鄂南政务委员会。中共鄂南工作委员会，鲁明健任书记，吴师筑任副书记，负责领导鄂南沿江抗日根据地的工作，工委机关设在鄂城麻羊垴。鄂南山区成立咸（宁）崇（阳）蒲（圻）中心县委，罗通任书记，领导山区的抗日工作。鄂南政务委员会，吴师筑任主席，鲁明健任副主席，统一领导鄂南各县的政权工作。随后，鄂城县抗日民主政府改为樊湖政务委员会，并相继成立了鄂大、大鄂、咸武鄂、阳大等县政务委员会。

1943年4月，中共咸崇蒲中心县委与鄂南工委合并，成立中共鄂南中心县委。6月，成立鄂南指挥部，下辖鄂南中心县委所辖各县地方武装，指挥长熊作芳（后为罗通），政委鲁明健。鄂南指挥部为鄂南最高军事领导机构，以新四军十四旅四十一团和鄂南挺进十五团为直属主力，统一指挥鄂南的地方武装。

1943年7月，中共鄂南中心县委根据鄂南抗日斗争呈现拉锯战的局面，决定改变对敌斗争策略，加大游击斗争力度，实行主力部队地方化、党政人员军事化，大力发展地方武装，增强斗争的主动性和灵活性。因此，将新四军十四旅四十一团主力一部和鄂大、樊湖部分地方武装共500余人，合编为鄂南抗日游击总队（简称鄂南总队），汤楚英任司令员，李平任政委。鄂南总队直属鄂南指挥部领导，以鄂城麻羊垴为基地，在鄂南各县开展游击战争。

鄂皖湘赣指挥部成立后，党委十分重视统一战线工作，严格执行抗日民族统一战线政策。党委书记杨学诚身体力行，亲自抓统战工作。在指挥部驻地谈家桥多次登门拜访有声望的士绅，召开民主人士座谈会，向他们宣传党的抗日主张和抗日统一战线政策，介绍中国共产党领导的各抗日根据地军民英勇抗日和民主人士积极参与抗日的事迹，呼吁各界人士本着“国家兴亡，匹夫有责”的民族精神，团结一致，共赴国难，热忱欢迎他们参加抗日民主政府工作，“有钱出钱，有力出力”，为驱除倭寇，各尽其力。一些爱国士绅和民主人士深受感动，感慨地说：“共产党光明磊落，肝胆照人，乃民族之希望、百姓之救星。”其时，大小雷山两位有声望的绅士带头参加了大鄂政务委员会工作。随后，一些爱国民主人士踊跃参加县、乡民主政府工作，为大鄂抗日根据地的创立和发展作出了一定的贡献。为了团结一切可以团结的力量，共同抗日，指挥部党委积极贯彻执行党的“发展进步势力，争取中间势力，孤立顽固势力”的政策和策略，团结各阶层民众，分化瓦解顽固势力，壮大抗日力量。

鄂城地区各抗日根据地党组织在积极发动工农群众，大力发展党的组织、革命群众组织和武装力量的同时，广泛开展宪政运动，采取多种形式，动员爱国人士、爱国知识分子投入抗日救国运动，参加抗日民主政府工作。这些爱国人士和知识分子有的被安排担任区、乡长；有的担任县政务委员会副主席或参事；有的打入伪政权，忍辱负重，积极为我党工作。

新四军第五师十四旅主力进入江南后，特别是江南指挥部的成立，鄂城地区的形势发生了很大的变化，不仅壮大了鄂城地区的抗日力量，还先后建立了鄂（城）大（冶）、大（冶）鄂（城）、咸（宁）武（昌）鄂（城）三块抗日根据地，与原先开辟的樊湖抗日根据地连成一片，壮大了鄂南地区的抗日力量。

三、配合三五九旅南下，巩固鄂南抗日桥头堡

从1942年8月起，新四军第五师组成江南兵团，挺进鄂南，随即成立鄂大工委，领导当地群众英勇斗争，直到日寇投降，从未沦陷于敌伪之手，发挥了我军开展鄂南山区游击战争和支持武鄂地区对敌斗争得力的后方基地作用。

根据鄂豫边区党委的指示，中共鄂南工委书记鲁明健与四十一团副团长张海彪带领一个营进驻鄂大，帮助鄂大工委组建地方抗日武装。鲁明健率部队进驻鄂大后，迅速瓦解了鄂大地区的封建迷信组织“红学会”，打开了工作局面，许多青年要求参加抗日队伍。1942年9月，成立了鄂大指挥部，欧少伦任指挥长，王表兼任政委。同时还组织了沿江抗日大队，杨雄任队长，刘远任指导员，有二三十人枪。在此基础上，又成立了工委直属便衣队。年底，撤销鄂大指挥部，成立鄂大总队，欧少伦任队长，王表兼任政委，杨雄任参谋长。沿江抗日大队与便衣队合并，编为鄂大总队一连，方勇任连长，柯绍辉任指导员。

1943年春，成立鄂南指挥部，鄂大总队一连编为鄂南指挥部警卫连。鄂大总队从各区、乡武工队抽调人员重新组建鄂大总队一连。不久，又接受从铁山矿区暴动逃出来的劳工和各乡民兵参军，组建了鄂大总队二连。8月，鄂大总队二连被编入新四军鄂豫第四军分区。9月，鄂大总队又从各乡武工队中抽调人员组建了一个连，连长余汉卿，指导员刘远。1942年秋至1944年，各区、乡都建立了地方武装。区武工队一般在30人以上，乡分队一般10人以上。共有一区湖东武工队、二区沿江武工队、三区铁山武工队和12个乡武工分队。

中共鄂大工委十分重视民兵组织，把青壮年农民组织起来。后来还吸收

女青年参加民兵，各区乡都建立了民兵组织。区为大队，乡为中队，村为小队，沿江船民成立了船民大队。每个乡还建立了基干民兵小队，约 10 人，负责派哨、查哨、传送情报。为了提高民兵政治、军事素质，工委举办了三期基干民兵训练班，工委领导亲自授课。每期 10 多天，100 多人，共培训了 400 多人。工委还为新四军和鄂南抗日武装输送了三批兵员。

开展游击战争、积极配合主力部队是战胜敌人、巩固和发展抗日根据地的有力保证。1943 年春节期间，鄂大总队夜袭石灰窑日军兵营，敌人无防备，惊慌失措。后来，敌人出动大批兵力，寻机报复，鄂大总队采取灵活机动的战术与其周旋。1943 年 4 月，别动军盛瑜部所辖马钦武部在木门、鲊洲等地建立据点，将武鄂根据地通往鄂南的通道封锁，顽军廖义华部抢占鄂大通往鄂南山区的要道谈家桥。4 月，廖义华部进犯鄂大，罗通率四十一团一部反击，廖部溃退。不久，廖义华率顽军数百人再次进犯鄂大根据地。四军分区司令员熊作芳接到鄂大工委紧急情报，即率两个营的兵力夜渡长江，直插麻羊垴山脚下赵家村。次日，鄂大总队配合主力部队向顽军发动进攻，顽军溃败，我军追至碧石渡，打死打伤顽军数十人，俘 30 多人，缴获电台 1 部、机枪 1 挺、步枪 30 余支。

经过战斗的锻炼，鄂大地方武装得到了充实、提高，并成立了鄂大手枪队，70 余人，作为鄂大警卫队。为了组织铁山一带的武装力量，根据上级指示，手枪队改编为铁山游击队，杨雄任队长，刘远任指导员。鄂城城关、铁山、碧石渡据点的日伪军经常到鄂大地区“清乡”“打掳”。1943 年初，铁山据点的日伪军到鄂大地区“打掳”，鄂大总队、区武工队配合作战，在何家垴附近将敌击退。一次，鄂大总队夜驻土陡山，两股日军闻讯扑来，鄂大总队趁黑夜悄悄撤离，两股日军均把对方当作新四军，猛烈射击，结果双方伤亡惨重。1944 年 3 月，顽军马钦武、廖义华联合率部 1000 余人，再次进犯鄂大根据地，占领麻羊垴、花湖及周边的杨思爱、康家塆等地。新四军第四军分区司令员兼政委张体学接到报告后，即令罗通率四十一团连夜过江，张体学率四十团紧跟其后，在麻羊垴、康家塆与顽军激战，顽军败退。缴获电台2部，机枪2挺，其他枪支弹药一批。顽军死伤100多人。我军牺牲排长1人，战士伤亡30多人。经过这次战斗，狠狠地打击了日伪顽军，使其不敢觊觎鄂大地区，巩固了鄂大抗日根据地。1944年8月17日，鄂大总队夜袭碧石渡日本警备队和伪保安队据点，毙伤日伪军数人。9月19日，铁山据点日伪军100余人进犯鄂大宋皇乡，鄂南指挥部派出二、三连和警卫连，与鄂大总队、区武工队配合作战，设伏阻击，战斗持续三个多小时，击毙日军官一人，毙伤日伪军10余人，缴获枪支弹药一批。

日军屡遭打击，不甘失败，决定在陈盛设立据点，以控制鄂大地区。1944年9月25日，得道塆宪兵队长江浦幸男，同铁山宪兵队长竺长胜米、曹长大何利率宪兵20人，伪军一个连，开进陈盛村，宣布在该村建立据点，拆毁民房，构筑工事。鄂南指挥部和鄂大总队趁敌人立足未稳，冒雨袭击。毙伤20余人，俘敌5人，缴获步枪11支、手枪3支、子弹500多发。敌人损失惨重，被迫撤回铁山。

随着抗日战争由相持阶段向战略反攻阶段的转变，党中央决定派主力部队南下，开辟华南抗日战场。1944年9月，党中央决定派王震、王首道等率八路军一二〇师三五九旅的主力和抽调一批干部作为开展湘鄂赣及华南地区敌后工作的南下支队。10月31日，南下支队正式授名为国民革命军第十八集团军独立第一游击支队。支队司令员王震，政委王首道，副司令员郭鹏，副政委王恩茂，参谋长朱早观，副参谋长苏鳌、邹毕兆，政治部主任刘型，副主任李立。全军共5000余人，中央决定由王震、王首道、贺炳炎、廖汉生、王恩茂、文建武、张成台、刘型等组成军政委员会，以王首道为书记，统一领导全军的政治、军事工作。

1945年1月27日，南下支队在大悟山与新四军第五师胜利会师。2月初，鄂豫边区党委召开会议，传达贯彻党中央指示，确定五师今后着重发展鄂南，恢复和扩大鄂南抗日根据地的工作方针。同时，决定第四军分区张体学、罗通率四十团、四十一团配合南下支队行动，归王震、王首道统一指挥。

南下支队在大悟山进行短期休整后，便会同第四军分区组成东、西两路，飞越长江天堑。西路部队为渡江先遣队，由第四军分区的四十团、四十一团与南下支队颜龙斌独立营、干部大队组成，由罗通、苏鳌、邹毕兆率领。1945 年 2 月 13 日，南下支队先遣队 1600 余人和几十匹战马在池湖港登陆，进入鄂大根据地。15 日，南下支队先遣队对占据大鄂根据地谈家桥、阻止我军南下的军统特务武装廖义华部发起反击，激战一天，将廖部击溃，消灭其官兵 300 多名。随后，南下支队的大队人马，也于 2 月 24 日全部渡江。

南下支队的到来，使鄂南的抗日斗争形势发生了很大变化。南下支队边打边进，到 3 月 7 日，打到了赣北的修水，3 月 26 日，打下了湖南的平江，到 8 月份，已打到了湘粤边界，从而为湘鄂赣边区根据地的建立、打通南北通道奠定了基础。在南下支队的强大攻势下，伪顽势力发生了动摇。1945 年 5 月，鄂南顽军第二纵队第二大队大队长徐勋率所部官兵 100 多人于鄂城太平庄反正。同月，国民党华中“剿总”白崇禧所部绥靖团七连高少华等人发动起义。6 月，伪省保安第一旅袁四正部反正，接受改编。同月，鄂城伪保安大队大队长王宽霖率部反正。

1945 年 8 月 15 日，日本宣布无条件投降。中国人民经过 14 年的浴血奋战，终于取得了抗日战争的伟大胜利。8 月 29 日，南下支队收到中央军委命令部队北返的电报，决定由湘粤边北上与五师会合。经过 20 多天的行军作战，9 月 23 日，南下支队主力到达咸武鄂根据地大吉堂与第三大队和四十团会合，并果断取道梁子湖水路到达樊湖根据地，然后向长江边进发。在五大队的掩护下，于 9 月 26 日下午至 27 日上午，从鄂城赵家矶至三江口一线渡过长江，实现了北上中原的战略意图。

鄂南抗日桥头堡从开辟、壮大到巩固，除了鄂南党政军民的努力外，新四军第五师作出了巨大贡献。鄂南抗日桥头堡的建立，为新四军第五师开展鄂南山区游击战争、鄂东抗日根据地开展抗日斗争、日寇南面包围武汉的策应、八路军三五九旅南下支队挺进华南和北返会师中原起到了积极作用。鄂南抗日桥头堡是可靠的后方保证基地，它发挥了指挥中心、交通中心、活动中心的作用，为建立湘鄂赣抗日根据地，以及解放战争积累了宝贵经验，写下了很多可歌可泣的英雄事迹。

抗战时期新四军第五师在崇阳的主要活动

咸宁市崇阳县史志研究中心

1941年6月14日，毛泽东主席、朱德总司令电令新四军代军长陈毅、政委刘少奇和五师师长李先念，“同意我主力部队开辟鄂南”。李先念根据军部“控制长江中下游”的战略意图，立即着手主力渡江的准备工作。调集干部，调拨枪支，重新组织了一支精干的鄂南先遣分队。在李平、雷同、刘光前的率领下，于8月以新四军鄂南独立五团的番号由黄冈过江，经樊湖覃公庙、保福祠向鄂南山区挺进。这支部队严格执行“三大纪律，八项注意”，所到之处大力宣传党的抗日民族统一战线政策，恢复和发展部分地区的党组织，收集日伪军的情况，建立崇阳等地的武装工作队，深得群众拥护。

10月，这支部队活动在武昌、咸宁、崇阳一带，与金水流域、咸宁马桥、毛坪等地下党组织接上关系，并派何功国、李一成组建咸宁县委。同时，留雷同在西岭、挂榜山一带组织武工队，帮助咸宁县委工作。派刘光前在崇阳前沙坪、后沙坪一带活动。恢复了方山区委（书记万荣清）和华陂区委（书记刘三德）。在崇阳金沙、双港、华陂三地各组建了一支抗日武工队，计100余人枪。各支武工队或独立或配合独立五团打伪顽，捉汉奸，骚扰日军，破坏敌军交通线，广泛展开游击战争。

11、12月，李平率独立五团继续前进，活跃在崇阳、蒲圻（今赤壁）、通城、湖南临湘一带，在铁路、公路沿线袭击日军车辆，惩治汉奸伪军，在崇阳八斗山、方山、药姑山、大沙坪等地宣传党的抗日民族统一战线政策。

在党的抗日民族统一战线政策的感召下，为了挽救民族危亡，有的遁迹空门、与世无争的宗教界人士也极力为抗日救国效劳。崇阳方山庙一位长老和尚，人称“邓法师”，蒲圻人。因庙处深山，香火微薄，他带着几十个和尚开荒种地，用自己的劳动养活自己。邓法师热心正义事业，早在土地革命战争时期，就积极支持工农革命。全民族抗日战争爆发后，他冒着生命危险，掩护新四军战士。1941 年秋，中共鄂南中心县委书记李平带领新四军独立五团一部挺进崇阳山地，到达方山庙时，邓法师见到李平等人，把节省下来的粮食送给战士们。当负伤的战士送到方山庙后，他又组织和尚把伤员隐蔽到岩洞或山上茅棚里，精心照顾。拄着拐杖给伤员送饭，上山挖草药给伤员治病。尽管庙对面的山上筑有碉堡，驻有日军，子弹可射到庙里，但他无所畏惧。有一天，日军把邓法师抓去，逼他讲出新四军活动的情况，他忍受种种酷刑折磨，没有吐露新四军任何情况。独立五团战士因故未带走的枪支，邓法师将枪身涂上机油沉入庙前水塘泥中，并加以看管，后如数交给部队。每当部队离开方山庙时，邓法师总是站在山门口相送，依依不舍。

1941 年 12 月 20 日，中共鄂南中心县委书记李平、中共崇阳县委书记刘光前率领部队在寺前附近冷水坑、熊家山上活动时，与外出“清乡”的日伪军发生遭遇战，被日伪保安队包围，部队虽然安全突围，但有两名群众被杀害。主力部队经蒲圻石坑渡返回咸宁，留一部以药姑山东麓之八斗山、方山为营地，在大沙坪至西庄、寺前、香山一带开展游击活动，打击日伪军。

在开展抗日游击战争中，李平、刘光前部队屡次遭到日伪军的“围剿”，生活极其艰苦，经常露宿于山林之中或群众屋檐下，过着“时挑野菜连根煮，有辣无盐野味餐”的艰苦生活，但干部战士仍抱有革命乐观主义精神。1942 年 2 月，五团返回江北黄冈。同月 19 日，刘光前与李平、雷同等在黄冈洪家铺合影留念，刘光前受大家委托在相片上题字——“苦难、创造、斗争，是我们这辈人的职责和命运”以共勉。

3月中旬，李平、雷同去京山小花岭、黄陂姚家山，向鄂豫边区党委和新四军第五师司令部汇报他们率独立五团深入鄂南山地，历时半年，转战千里，收集日伪军政情况，为大规模开辟鄂南敌后游击根据地做恢复党组织、建立武装等准备工作。边区党委和五师司令部听了他们的汇报后，向中共中央、华中局、新四军军部发出《鄂南的情形和我们开辟鄂南的计划》的电报，决定派十四旅渡江，挺进鄂南，建立以大幕山为中心的鄂南根据地。

1942年4月，新四军第五师十四旅四十一团的两个营及团直属队与鄂南独立五团共500余人，组成西路部队，罗通、李平率领该部队再次挺进鄂南，开辟以咸宁西岭为中心的鄂南抗日根据地。西路部队从黄冈长圻寮过江后，打破日伪的围追堵截，5月下旬进抵咸宁西岭游家村。进入西岭后，两次攻打盘踞西岭的流窜川军刘尔训部，大获全胜。至此，西岭、挂榜山一同成为咸（宁）崇（阳）蒲（圻）抗日民主根据地的主要组成部分。

6月，崇阳县委领导的崇阳抗日武装工作大队成立，共40人枪。大队部设在金沙，大队长胡宏宇，指导员胡长青。独立五团政治部主任刘光前率部回崇阳筹粮时，在前沙坪、后沙坪组建了三支武工队，分别驻田心游家和下屋张家。武工队配合西路部队在西岭、挂榜山一带割电线，炸桥梁，挖马路，给日军以沉重打击。

6月下旬，驻咸宁日军第40师团司令部调集蒲圻、咸宁、汀泗桥、马桥、通山、崇阳等据点的日军1000余人，分多路“扫荡”西岭、挂榜山。西路部队机智地跳出敌人的包围，隐蔽在崇阳前沙坪、后沙坪的高山密林中。7月初，日军100多人在金沙找不着新四军，在后沙坪村前坪子集合准备返回时，我部隐蔽在后沙坪周围制高点的三个连队，在新四军十四旅四十一团政委罗通的指挥下，机枪、步枪一齐开火，手榴弹在敌群中开花，日军突遭袭击，丢下多具尸体，夺路而逃。在咸宁钱塘畈、古田畈等地，日军也被武工队的麻雀战紧紧缠住，陷入进退维谷的境地，只得悻然撤兵。日军对咸宁崇蒲根据地第一次大“扫荡”被粉碎。

7 月 10 日，新四军十四旅收到罗通的信件，了解到西路部队的活动情况后，即由熊作芳、夏农苔带两个连携电台一部，挺进咸崇山地。

8 月，中共咸（宁）崇（阳）蒲（圻）中心县委建立，罗通任书记，李平任副书记，雷同任军事部长，刘光前任宣传部长。中共咸崇蒲中心县委成立后，为了巩固和发展抗日根据地，从十四旅四十一团中抽调一部分人员，与独立五团合编为鄂南挺进十五团，由雷同任团长，李平任政委，坚持在鄂南山地开展抗日游击战争。

当日军反复“扫荡”抗日根据地的时候，国民党顽固派亦趁机向抗日根据地大举进攻。1942 年 8 月，国民党第九战区调动二十军、五十八军所属一三三师、一三四师、新十三师、新十五师四个师的兵力，配合国民党湘鄂赣各路挺进军，共 2 万多人，由通山、湘北出动，分路袭击谈家桥、龙角山、筠山以及咸崇蒲根据地，妄图一举消灭咸崇蒲中心县委领导下的抗日武装。由于我军适时转移，国民党顽固派的“围剿”阴谋未得逞。当国民党顽军杨森所部向咸宁西岭、挂榜山根据地进犯时，我军迅速跳出包围圈，由内线转至外线作战。并且抓住敌人的薄弱部位，在咸宁老蟹桥反击国民党顽军，击溃敌一部。

十五团在陆水两岸来回穿插，游击作战；在河北咸、崇、蒲三县交界的地方，开辟抗日游击根据地。1942 年 8 月，成立中共石坑区委，由苏平担任区委书记。区委成立武装中队，由李平的侄儿李爱国任中队长。虽然枪支少、武器差，但杀伪军、除汉奸、打击日伪基层政权的活动十分活跃。队伍在斗争中逐步发展，战斗力越来越强，活动范围扩大到靠近铁路沿线。国民党顽军八支队把中共石坑区委视为眼中钉、肉中刺，处心积虑，想扼杀这个抗日民主政权。他们收买叛徒，领着顽军搜查。一天晚上，八支队派出一个连的兵力，包围了石坑区委和区中队驻地，区中队迅速撤退。区委书记苏平和宣传委员刘钟祥在寺庙和尚的帮助下，穿过敌哨卡，跳出包围圈，刚转移到一个村庄，又与敌人遭遇，苏平、刘钟祥只得带着部队翻山越岭，到崇阳联络中共崇阳县委书记刘光前。苏平等人处于十分紧迫的境地。李平得知中共石坑区委遭到围攻，调来一个班六人六枪，在崇蒲边界找到苏平，重新整顿区中队，打回石坑渡，并处决了两个告密的叛徒。

1942 年 9 月初，为加速推进鄂南抗日民主根据地的建设，鄂豫边区党委抽调近百名县、区干部组成鄂南政务工作团，工作团进入鄂南后，改为鄂南政务委员会。鄂南政务委员会以崇阳金沙为中心，创建咸崇蒲抗日游击根据地。刘光前、雷同等率领鄂南地方武装在金沙、田心、路口一带及崇阳西部地区开展对日斗争；罗通、吴师筑率四十一团三个连及西路部队、鄂南挺进十五团在咸崇蒲山区开展活动；李平率四十一团九连及鄂南挺进十五团在崇阳八斗山、方山、洪下、金沙等地区坚持开展活动。几支抗日武装协同作战，有力地打击了日寇和国民党顽固派，但也多次遭到日军的“扫荡”和“围剿”，损失惨重。

1943 年，日本帝国主义为了挽救在中国和太平洋战场的失利，制定了所谓“对华新政策”，即以打通平汉线、粤汉线，确保占领区为目的，大力扶植汪伪政权的政治力量，促成汪精卫、蒋介石合流，推行“以华治华”，企图把中国变为进行太平洋战争的战略后方。中国敌后抗日战争形势依然严峻，鄂南敌后抗日战争处于最艰难的岁月。鄂豫边区党委根据斗争需要，及时调整了鄂南的党政军组织。1943 年 2 月，中共咸崇蒲中心县委和鄂南工委合并组成中共鄂南中心县委，同时建立鄂南军事指挥部。为了加强党的统一领导，各根据地实行部分主力部队地方化，大力发展县区乡武装，做到主力部队与地方武装紧密结合，时而分散，时而集中，争取主动，伺机牵制打击敌人。中共鄂南中心县委根据鄂豫边区党委指示，结合鄂南斗争的客观形势，确定坚持独立自主的游击战争，粉碎日伪顽的夹击，以沿江为依托，实行“小割据”，相继向山地发展的方针。7 月，李平、汤楚英、雷同率十四旅四十一团的五个连横渡长江，会师于咸宁双溪桥，启用鄂南抗日游击总队的番号，再次挺进鄂南山地，配合各地武工队开展游击战争，在咸崇蒲三地转战半年。8

月，李平率鄂南抗日游击总队300余人枪到达崇阳金沙、板坑和蒲圻羊泉畈一带，发展党组织，建立区乡抗日民主政权。8月5日，国民党顽军第三十三集团军王陵基部出动三个师，纠集崇阳挺进军九支队，分两路“围剿”新四军第十四旅和鄂南抗日民主根据地西岭、挂榜山等地。6日，新四军第十四旅主力撤回北上，留下以罗通为司令、岳林为政委的游击司令部，率领特务团、第四十一团各一个营在鄂南山地坚持斗争。国民政府新十六师吴守权部、九支队熊铭缨部、十五支队周纬武部主要担任崇属前、后沙坪及咸属西岭、挂榜山一带的“围剿”任务。25日，国民党新十六师、新十三师一部在咸属马桥附近被300余名日军包围，新四军及咸崇蒲地方武工队仍以国家民族利益为重，为团结抗战，主动出击日军，将日军击溃。

1944年，世界反法西斯战争取得了决定性胜利，中国人民的抗日战争也进入战略大反攻阶段。1944年4月，新四军第五师十四旅政委张体学根据党中央的精神和边区党委的指示，派雷同率领30余人的小股武装回咸崇蒲坚持工作，恢复组织，建立武装。部队很快发展到100余人。并在崇阳河田建立了苏伯华武工队，30余人枪。苏伯华武工队袭击敌人的方法非常巧妙，经常用“夜摸营”等独特战术，给敌以出其不意的打击。

为了落实中共中央实施南进战略，鄂豫边区确定鄂南抗战的中心任务是坚持和巩固沿江桥头堡，为打通华南、开创湘鄂赣边区抗日根据地做准备。1944年9月1日，中共中央正式决定南征的区域和组织机构，并将三五九旅南下第一梯队命名为国民革命军第十八集团军独立第一游击支队（简称南下支队）。11月9日，南下支队从延安出发，渡过黄河，驰骋中原，踏雪覆冰，冲破日伪军的重重封锁，1945年1月27日到达鄂东抗日民主根据地大悟山休整17天后，于2月14日与张体学率领的部队一同启程，向南进发。南下支队一路到达黄冈，19日从黄州、下巴河之间的长圻寮渡江，顺利登上长江南岸，进入鄂南。另一路由王震、王首道等率领的南下支队主力3000余人，连同十四旅四十团、四十一团，于2月23日晚渡江驰向阳新的侯家矶葛菁滩。

3 月 6 日凌晨，南下支队先头部队到达崇阳金塘，分兵两路，直捣时驻大源的鄂南行政专署和高枧崇阳县政府。南下支队主力进军湖南，张体学率领的部队则留在鄂南继续活动。

南下支队和新四军十四旅在崇阳大源端掉国民党鄂南行政专署后，部队稍事休整，旅部驻扎在林家老铺，张体学部驻在老铺对面的吴家湾。阳春三月，正是犁耙水响的季节，可田畈上却不见农民忙春耕。张体学安排警卫员找来几个在家的老婆婆一起座谈，了解情况。座谈中，有位年纪稍大的婆婆告诉张体学说："人都外出挑脚、帮工换盐吃去了。"张体学说："现在日本鬼子封锁我们，油盐、日用百货都运不进来，等我们消灭了日本鬼子，情况都会好起来的。"另一位婆婆激动地说："打日本鬼子真是太好了。听这里的保甲长说，打日本靠国军，你们是什么兵哪?"张体学说："国军是国民党的兵，我们是毛主席领导的新四军，现在都合在一起打日本。"那位婆婆又问："毛主席的兵，是不是当年打土豪分田地的朱、毛的兵啊?"张体学回答："是的啊！我们就是早几年的红军！"同在座谈中的另一位婆婆接过话题感叹说："嗯！只怪我们山里人见识短，一听见打仗就怕得不得了。明天男人都要回来的，再不挑脚了。"张体学说："是的，要迅速回来，安心种田，莫误了农时。"第二天，人们果然回家了，热热闹闹的春耕开始了。

在南下支队和新四军十四旅的支持下，崇阳及边界地区党政军的组织得到恢复和发展。1945 年 3 月 8 日，王震、王首道、王恩茂率领南下支队和张体学率领的新四军第五师第十四旅第四十团、四十一团从通山杨芳林挺进崇阳属地高枧、大源后，王首道宣布建立崇（阳）通（城）通（山）县抗日民主政府，三五九旅干部姜胜任抗日民主政府主席，十四旅干部余壁、党外民主人士廖辉武任副主席。崇通通抗日民主政府建立后，领导崇阳、通山、通城三个县抗日根据地的斗争。他们在活动的区域张贴布告，安定民心，打开专署的仓库，把部分粮食和其他物资分给当地贫苦农民，解决群众的吃饭问题。

5 月，南下支队和新四军十四旅帮助崇阳先后成立河田区、金紫区抗日民主政府及抗日武装工作大队。河田区抗日民主政府驻板坑，辖河田、黄岩、黄坪、龙浪等乡党支部和抗日民主政府。河田区武工大队共70余人枪。金紫区抗日民主政府驻三山源，辖八斗、方山、三山、洪下等乡抗日民主政权。金紫区武工大队50余人枪。金紫区山地跨崇蒲两县，活动范围100多平方公里，人口6万余人，是一块较大的抗日根据地。

中共金紫区委和区政府在金紫区建立两条交通线：第一条由洪下—东流—八斗—嘉鱼—过江到洪湖县境；第二条由崇阳—分水岭—纸棚沟—中伙铺—庙岭—球铺塘—东埠—赤壁—过江到黄蓬山。因此，鄂豫边区主力部队南进作战常到这里休整，三五九旅南下支队司令员王震和习仲勋都曾在金紫山、桃花坪驻扎过。

1945年6月，习仲勋奉党中央指示，从河南进入崇阳金沙，接应南下支队和新四军十四旅撤出鄂南，北渡长江。7月中旬，由张体学组成中共鄂南地委，领导鄂南各县县委继续战斗，咸崇蒲与咸通阳抗日总队以及崇阳抗日挺进队纷纷出击，截断交通线，摧毁敌据点，为配合全国大反攻创造了条件。

新四军第五师开辟鄂南的历史贡献及新四军精神研究

徐赐甲 *

新四军第五师是李先念等人领导创建的抗日队伍，是人民的子弟兵，是一支英雄的队伍，鄂南人民亲切地称为“江北新四军”。新四军第五师经过艰苦卓绝的斗争，开辟建立了鄂南抗日民主根据地，使鄂南成为八路军南下支队南下粤湘边界敌后的桥头堡，是鄂豫边区抗日民主根据地、湘鄂赣边区抗口民主根据地的重要组成部分，是连接华中与华南的枢纽，为中国人民的抗日战争暨世界反法西斯战争的胜利作出了贡献。

一、新四军第五师创建鄂南抗日根据地的历史贡献

鄂南抗日根据地包括鄂城（今鄂州市）、大冶（今黄石市大冶市）、武昌（今武汉市江夏区）、咸宁（今咸宁市咸安区）、蒲圻（今咸宁市赤壁市）、嘉鱼、通城、崇阳、通山、阳新十县及湖南岳阳、临湘、江西瑞昌的部分边界地区。鄂南位于长江之南，扼守长江水路和京广铁路交通咽喉，自古为兵家必争之地。三国时期的赤壁之战，北伐战争的汀泗桥贺胜桥战役，打响全国农民秋收暴动第一枪的鄂南秋收暴动，均发生于此。抗战全面爆发后，鄂南成为武汉保卫战的外围战场，武汉沦陷后，鄂南又成为敌后抗日根据地，从南部对占领武汉的日军形成战略包围，形成连接华中与华南的重要战略枢纽。

---

* 徐赐甲：咸宁市史志研究中心。

新四军第五师开辟鄂南的重要历史贡献主要表现在三个方面。

一是鼓舞了鄂南军民抗战斗志。抗战全面爆发后，鄂南于1937年10月恢复建立了全区最早的党组织——中共阳（新）通（山）中心县委、岳（阳）临（湘）通（城）中心县委，发展基层党组织，开展抗日救亡活动。但是，党组织尚处于隐蔽或半隐蔽状态。在国共合作抗战局面形成之后，仍有反动派对共产党采取敌对行动。如1937年8月下旬，曾任湘鄂赣省委西北代表团领导的河北特委书记刘行之就被通山县梅田民团头目杀害。党在当时的抗日武装中的影响比较小。到1938年，经过鄂南各级党组织的艰辛努力，才建立有通城县抗日游击队、崇阳县抗日游击队、咸宁县自卫大队第二大队、大冶县抗日游击队、梁湖抗日游击大队几支武装，每支队伍只有十几人或三四十人，人手没有一支枪。1941年春，鄂南抗日挺进队与鄂城及武昌沿江游击队合并，成立新四军鄂南独立第五团，有指战员100余人。在抗日战争相持阶段，仍有不少国民党军政高官很悲观，普通百姓就更不用说了。但是，新四军第五师十四旅开辟鄂南，主动与日伪军作战，教训制造摩擦的顽军，打击祸害百姓的土匪，开展抗日宣传，给人民群众和抗战官兵带来了极大的鼓舞，看到了抗战胜利的希望。群众对新四军由衷赞叹地说：“老红军又回来了！”当地至今还在传说日本侵略者也承认：“一个日本兵能抵十个国民党兵，一个新四军能抵十个日本兵。”

二是建立了鄂南抗日民族统一战线。新四军第五师在开辟鄂南根据地的斗争中，始终坚持抗日民族统一战线政策，同顽军的斗争“有理、有节、有据”。1942年5月14日晚，新四军第一梯队东路部队初到鄂南，在阳新沙林、玉树一带受到第九战区挺进军第十九支队（阳新自卫团）程金门部的阻挡，新四军只将其缴械。17日，东路部队到达阳新大王殿、太子庙一带，程金门倾其全部武装前来阻击。新四军派人与程金门联系，愿与他们共同抗日，遭到拒绝，新四军被迫将其击溃，俘敌300余人。后通过开展统一战线工作，促成了程金门与共产党和新四军的合作，程金门担任了阳（新）大（冶）县政务委员会副主席和阳大人民自卫团团长。新四军西路部队到咸宁不久，就先后成立县委和中心县委，建立敌后武工队，建立抗日民族统一战线，发动和依靠群众，把根据地搞得没有一个汉奸、没有一个特务、没有一个土匪、没有一个坚决反共的家伙，有生人来和出现异常现象都向新四军报告。不少敌据点都有我们的内线，敌人一抬腿，新四军就会事先得到情报。后来，四十一团政委罗通病倒，竟被安排在咸宁柏墩日军据点下一个伪维持会会长家中养病三周，得以康复，重返前线。

三是建立了鄂南抗日民主根据地。1942 年 5 月 2 日，一支抗日队伍跨过长江天堑，挺进鄂南，开辟以大幕山为中心的敌后抗日根据地。它是新四军第五师十四旅主力，称第一梯队，分东、西两路。西路部队由十四旅四十一团团直及二、三营和鄂南独立五团共 500 余人组成，由四十一团政委罗通和中共鄂南中心县委书记李平率领；东路部队由十四旅四十二团一、三营，旅直和地方武装近 1000 人组成，由旅长吴林焕、副旅长熊作芳和政治部主任夏农苔率领。同年 7 月 27 日，新四军第五师参谋长刘少卿和十四旅政治委员张体学率特务团和四十一团、四十二团留在江北的部队，组成挺进鄂南的第二梯队，奔赴鄂南。十四旅进入鄂南后，紧密依靠人民群众的支持，发挥游击战的优势，英勇顽强，灵活机动，迂回作战。遇到敌人大部队“清剿”时，我军就只留下小部队与敌捉迷藏、牵制敌人，主力返回江北。敌人主力调开，新四军就又打回来。新四军凭借这种“骑江作战”的战术，驰骋于大江南北。1942 年 8 月，鄂南政务委员会成立，标志着鄂南抗日民主根据地初步形成。

1945 年 2 月，长江地委代书记、第四军分区司令员兼政治委员张体学奉鄂豫边区党委和五师之命，率四十团、四十一团等军分区主力，配合由司令员王震、政治委员王首道、政治部主任王恩茂率领的由八路军三五九旅组成的南下支队，挺进鄂南，打造南下支队开辟广东敌后抗日民主根据地的桥头堡。经过对日伪匪顽的一系列打击和向湘北的跳跃作战，湘鄂赣边区抗日民主根据地基本形成。5 月 6 日，南下支队根据毛泽东 5 月 4 日来电指示在通山县山口铺召开中共湘鄂赣边区第一次会议，成立中共湘鄂赣边区临时党委，王首道任书记。湘鄂赣边区党政军领导机构的建立，标志着包括鄂南在内的湘鄂赣边抗日民主根据地正式形成。6月27日，新四军协同南下支队取得山口铺战役胜利，歼敌400余人，鄂南抗日民主根据地得到巩固，从南部对占领武汉的日军形成战略包围，构成连接华中与华南的重要战略枢纽，为全国抗战胜利作出了贡献。

二、新四军精神的本质特征

新四军在中华民族生死攸关的时刻，在中国共产党的坚强领导下，勇立潮头，担当使命，为中国人民抗日战争暨世界反法西斯战争的胜利建立了不可磨灭的功勋。在伟大斗争实践中形成的新四军精神，成为中国共产党、中华民族、人民军队历久弥新的精神财富。新四军精神具有丰富的内涵，但是，本质的是信念坚定、不怕牺牲、开拓创新。

信念坚定是灵魂。中国共产党和党所领导的人民军队的理想信念就是信仰马克思主义，并为实现共产主义远大理想而英勇奋斗，不惜奉献出自己的一切。信仰马克思主义与服从中国共产党领导是一致的。在中国，信仰马克思主义，就必须服从和坚持中国共产党的领导，党员没有自己的利益；坚持中国共产党领导，就是在党的领导下实践马克思主义理论，在中国革命斗争、经济建设、改革开放和在建设有中国特色社会主义新时期伟大实践中，不断创新理论，实现马克思主义中国化。1939年6月，国民党制造“平江惨案”后，中共湘鄂赣特委机关遭受破坏。但是，党员干部的理想没有动摇，信念没有熄灭。中共通山中心县委书记何功伟亲自到江北寻找党组织，并与豫鄂边区党委取得了联系，接受其领导。1940年4月，国民党再次制造“平江惨案”，重建的湘鄂赣特委机关再次被破坏，中共鄂南代表团与之失去联系。6月，鄂南党组织多次派人到江北寻找党组织，终于联系上豫鄂边区党委，并向鄂豫边区党委汇报、请示工作，主动接受豫鄂边区党委的领导。坚持党的领导，不仅仅表现为加强对下级和人民群众的领导，而且表现在特殊情况下主动寻找上级及没有隶属关系的上级领导。

不怕牺牲是关键。1941 年 7 月 6 日晚，中共鄂南中心县委和新四军第五师鄂南独立五团遭遇“夏家榜事件”，遭日军袭击。中心县委书记黄全德等人由于得到群众掩护本已脱险，但是，敌人将全村群众生命作为筹码，威胁群众交出新四军。黄全德和独立团团长王苏等 18 人挺身而出，用自己的生命保全了群众的生命。1942 年 12 月，国民党反动派在咸宁制造“白茅山事件”，袭击鄂南政务委员会及地方抗日武装。鄂南政务委员会主任吴师筑和中共嘉（鱼）蒲（圻）临（湘）工委书记张进、咸宁县委书记陈觉生，在率领部队向梅山峡转移途中落入顽军的伏击圈。吴师筑见顽军疯狂扫射隐蔽在芭茅中的工作人员并搜山，为挽救同志，毅然走下山，被押到驻在江西修水县的第三十集团军司令部，惨遭杀害。1945 年 8 月，两次担任中共阳（新）通（山）县委书记的新四军窦家桥地下联络站站长窦联顺率新四军游击队在通山黄沙遭遇日军。激战之后，窦联顺带领两名战士阻击敌人，掩护大部队撤退，最后与敌人同归于尽。

开拓创新是保障。新四军第五师紧贴武汉，处于日伪和顽军的夹击之中。新四军第五师师长李先念根据实际情况，提出“坚持原地，开辟鄂南”的战略方针。1941 年 6 月 14 日，毛泽东、朱德和王稼祥就在给新四军代军长陈毅、政委刘少奇和新四军第五师师长李先念的复电中指出：“目前五师是处在敌伪和顽军双方夹击和压缩的紧张中，先念 7 日电提出坚持原地、开辟鄂南的意见基本上是应当的。”开辟鄂南敌后战场，创建鄂南抗日民主根据地，既可以与隔江相望的鄂东黄冈、蕲春、黄梅、广济连成一片，东与皖东、赣北新四军第二师、第七师的根据地连接，改变五师孤悬敌后的处境，减轻敌伪和顽军对豫鄂边区的压力，扩大五师回旋跳跃的范围，还可以与天门、汉川、沔阳的新四军五师兄弟部队携手向南发展，形成对武汉日军的包围，实现新四军军部“控制长江中下游的战略意图”，创建新四军向南发展的基地。正是由于李先念等新四军第五师领导人具有开拓创新精神，才得以建成鄂南抗日民主根据地，取得了战争的主动权，加快了抗日战争胜利的进程。

三、总结新四军历史经验，谱写民族复兴新篇章

新四军第五师在长期的斗争中积累了丰富的经验教训，是我党我军宝贵的精神财富，对于在建设中国特色社会主义新时期谱写中华民族伟大复兴的新篇章，具有重大的现实意义和深远的历史意义。最重要的经验有三条。

一是必须坚持中国共产党的领导。坚持和加强中国共产党的领导，中国的革命事业就会不断取得进步，不断走向成功和胜利。鄂南不断出现良好的抗战局面，正是新四军第五师坚决贯彻执行党中央和鄂豫边区党委、湘鄂赣边区党委指示，鄂南各级共产党组织积极宣传、动员、组织抗日救亡的结果。国民党反动派两次制造“平江惨案”，共产党仍坚持领导抗战；抗日战争进入相持阶段，驻扎在鄂南的数十万国民党军队执行蒋介石“攘外必先安内”的政策，不打日伪，却专事“清剿”共产党领导的抗日武装。是共产党的坚持抗战，换取了鄂南抗战的胜利。今天，我们要毫不动摇地坚持和加强共产党的领导，坚持中国共产党领导的多党合作和政治协商制度，巩固共产党的执政地位，坚持中国特色社会主义道路。

二是必须坚持独立自主的方针。全民族抗战时期，我党既坚持统一战线政策，又坚持独立自主的方针，使自己立于不败之地。统一战线政策只针对真诚与共产党合作的组织和人，对心怀鬼胎的组织和人必须保持警惕。新四军第五师在鄂南的抗战斗争中，既坚持统一战线，又时刻保持高度的警惕性，独立自主，与顽军展开了有理、有节、有据的斗争，既求得了生存发展，又维护了抗战大局。在接近实现第二个“百年奋斗目标”之际，必须坚持统一战线的方针，必须坚持独立自主的和平外交政策，以真心换真心，对挑起事端者、挥舞“制裁”大棒者必须还以颜色。残酷的历史和现实都告诉我们，一味忍让不会使霸凌者良心发现、突发慈悲。

三是必须坚持党的群众路线。抗日战争也是人民战争，没有广大人民群众的参与，单纯依靠国防武装抗战，尽管能取得一时一地的胜利，也只是暂时的，是难以持久的。国民党军队虽然庞大，却很少主动作战。开辟鄂南的新四军总共约 3000 人，依靠鄂南人民的支持和参加，组建了 4000 余人的新四军主力、地方部队和 1 万余人的民兵，建成敌后抗日根据地，主动袭击敌人，不断取得胜利。一切大规模的战争、重大运动，都离不开广大人民群众。人民是推动历史前进的真正动力。

姚家山在抗战中的地位与影响

张肇俊　黄玉梅 *

正如战争造就元帅与将军一样，战争也造就了井冈山、延安、西柏坡等革命圣地。姚家山与它们一样，因为抗战而镌刻在历史中。

抗日战争时期，在大悟与黄陂之间有两块山地，中间由一条从花园到夏店的公路隔开，公路以北的叫大悟山，以南的最大村庄，就是姚家山，新四军第五师的老同志称它为“小悟山”。[①] 在新四军第五师历史、在第五师老同志的回忆、在当年的电报资料中，“部队驻小悟山”“师部在小悟山”，“小悟山”大多指的就是姚家山。

姚家山人民的贡献

要感谢姚家山人民，因为他们曾给共产党、共产党领导的部队提供了落脚点，提供了一个后方的家。今天在姚家山作为历史陈展的大礼堂、后勤处、情报处、医务室、枪械所、李先念旧居、任质斌旧居等，都是姚家山抗战时最好、最大的房间，是姚家山人民无私奉献的。

---

* 张肇俊：中共湖北省委党史研究室二级巡视员；黄玉梅：中共湖北省委党史研究室副处长。

① 选自《任质斌在中原八年》，湖北人民出版社 1998 年版，第 83 页。

要感谢姚家山人民，因为他们曾给部队提供保障。抗战时期，新四军虽然属于国民革命军编制，可国民党自掀起第一次反共高潮后，国民政府就再也没有提供任何军饷。1940 年春，新四军豫鄂挺进纵队驻扎在姚家山及其周围，有第一团队、第二团队、第三团队和后来的第七团队，以及司令部、政治部、豫鄂边区党委机关等后方工作人员，近 5000 人。姚家山人民为此提供了几十万斤的粮草供应，这里面凝聚了姚家山人民的无私援助。

新四军豫鄂挺进纵队司令部驻扎在姚家山、新四军第五师师部驻扎在姚家山，这驻扎的意义，伴随的就是责任、担当，甚至牺牲。

姚家山曾是鄂豫边区的指挥中心

姚家山曾是鄂豫边区的指挥中心，它的形成过程是这样的。

1939 年 9 月，鄂东发生“夏家山事件”，张体学率领的鄂东独立游击第五大队遭受重大损失，许多共产党员和支持抗日的群众遭到屠杀，共产党的地方组织遭到摧残破坏。张体学身怀六甲的妻子戴醒群，也被程汝怀折磨、杀害，广大指战员对鄂东顽固派、对程汝怀怀有深仇大恨。11 月，四望山会议后，鄂豫边区党的组织和抗日武装实现了统一。根据中原局的指示，为配合新四军第二师的反顽斗争，新四军豫鄂挺进纵队在筹建过程中，李先念等就制定了东进大小悟山的战略部署。当时在姚家山一带驻有刘梅溪支队、杨希超支队，总起来有几千人，他们都参与了“夏家山事件”，是挺进纵队东进发展敌后抗日根据地的重要障碍。

1940 年 1 月上旬，为反击国民党顽固派在全国发动的第一次反共高潮，根据中原局的指示，新四军豫鄂挺进纵队一经成立，就在李先念亲自指挥下，由罗厚福、方正平率领第一团，周志坚、黄春庭率领第二团，肖远久、钟伟率领第三团组成主力，跨越平汉铁路，向小悟山专门搞反共摩擦的刘梅溪部展开还击。经过两昼夜的激战，歼敌 700 余人，刘梅溪及其残部向大悟山溃逃。

1940 年上半年，新四军豫鄂挺进纵队东进大小悟山先后有四次，1 月上旬是第一次。第二次是 2 月中旬，也就是在当年正月里，派出的部队有第一团队和第二团队，战斗全歼了伪军贺承慈部，结果因为天气太冷，道路到处都结着冰，敌人的援兵又赶来了，所以挺进纵队的部队就赶快撤离了。

第三次是 3 月中旬，是奉中原局和刘少奇之命进军的。3 月 6 日，刘少奇来电指示："李先念之挺进纵队有与四、五支队作战略配合任务……应即调两至三个团过路东向大别山发展，建立路东根据地，扩大部队，坚决打击程汝怀及进攻我之一切部队。"[①] 遵照这一命令，挺进纵队新组建了一个以吴林焕为团长、张体学为政委的独立团，第三次东进。战略任务就是打击程汝怀，开辟大别山根据地。

第四次是 4 月中旬，李先念、任质斌、刘少卿率纵队主力第一、第二、第三团队和信应总队东进，经过一系列战斗，击溃了刘梅溪部，于 4 月 17 日进驻姚家山。四次东进是统一的、目的很明确的战略任务，一般称其为大小悟山战役。

在姚家山，新四军豫鄂挺进纵队司令员李先念来了，豫鄂边区军政委员会代理书记、纵队委员会代理书记、挺进纵队代理政治委员、全面主持边区工作的任质斌来了，参谋长刘少卿也来了，所以纵队司令部机关、政治部机关等就设在姚家山，姚家山自然而然地成为当时的军事指挥中心。4 月下旬，陈少敏率豫鄂边区党委机关人员也来到姚家山。这样，姚家山就成了整个鄂豫边区的指挥中心。

李先念、任质斌、陈少敏齐聚姚家山的时间段，是 1940 年 4 月 17 日至 6 月上旬，近 50 天。在这段时间里，姚家山直通延安，姚家山的信息直通中共中央、中央军委。这一时期边区的重大战略行动、军事决策都是在姚家山作出的。

---

① 选自《新四军第五师、鄂豫边区和八路军新四军中原区历史资料丛书》（电报类）第二册，中央文献出版社 2017 年版，第 198 页。

在此期间，边区与中共中央、中央军委往来的重要电文、指示有：

4月19日，豫鄂边区党委向中共中央、华中局的工作汇报电，称：我们计划“五一前改选地方政权，选举完毕”。“五一”召开全区各群众团体代表大会，召开总工会筹备会①。

5月2日，刘少奇关于防御桂军进攻之对策致李先念、陈少敏、任质斌并中共中央电，称：“桂军一七二师两个团已开回鄂东彭李店，有向你小悟山部队进攻之可能，望立即动员各部队及民众准备抵抗。你们应即控制礼山、黄安、宋埠以南地区，迅速创立根据地。我们应选择数个能互相配合的据点，构筑作战工事，深沟高垒，严阵以待，不发一枪。如桂军来攻，则给以大量之杀伤，并相机以反突击，击退之。”②

5月4日，中共中央关于放手发展抗日力量，抵抗反共顽固派进攻的指示电，称：“所谓发展，就是不受国民党的限制，超越国民党所能允许的范围，不要别人委任，不靠上级发饷，独立自主地放手地扩大军队，坚决地建立根据地，在这种根据地上独立自主地发动群众，建立共产党领导的抗日统一战线的政权，向一切敌占区域发展。”强调：“对一切反共顽固派的防共、限共、反共的法律、命令、宣传、批评，否认是理论上的、政治上的、军事上的，原则上均应坚决反抗之，均应采取坚决斗争的态度。……如李先念对李宗仁，就是下级向上级提出强硬的抗议，就是好例。”“李先念纵队反对顽固派向鄂中和鄂东进攻的自卫战争，是绝对必要和绝对正确的。”③

5月5日，中共中央书记处关于新四军豫鄂挺进纵队工作方针的指示电，

① 选自《新四军第五师、鄂豫边区和八路军新四军中原区历史资料丛书》（电报类）第二册，中央文献出版社2017年版，第234页。

② 选自《新四军第五师、鄂豫边区和八路军新四军中原区历史资料丛书》（电报类）第二册，中央文献出版社2017年版，第237—238页。

③ 选自《新四军第五师、鄂豫边区和八路军新四军中原区历史资料丛书》（电报类）第二册，中央文献出版社2017年版，第241—245页。

称："我们听了朱理治等同志报告，认为：武汉附近新四军挺进纵队（有九个团）的创造，是一个伟大的成绩。这次经验，证明了一切敌后地区，不论在华中或华南，我党均可建立自己的武装部队，并且可以存在与发展。但其先决条件，是地方党应有组织武装的坚决决心与工作布置，有不怕与顽固派摩擦的勇气与意志。"① 这份电报其实是中央对边区工作的褒奖电，是在向华中各地推广鄂豫边区的经验。

5 月 11 日，毛泽东、王稼祥请令李先念部路西部队，派部队及干部向北发展。同日，李先念、陈少敏、任质斌就向西出动、控制大洪山致中央军委电，称"敌大举西犯，桐柏、新野、新城、枣阳均已失陷，襄樊大有不守之势。这是我们发展的良机，我军决即向西出动，收集国军溃兵散枪，发展随枣间的武装，控制大洪山与桐柏山脉"②。

5 月 15 日，李先念、陈少敏、任质斌关于向西发展的部署致中央军委电，称："我军利用这个机会，正好转向西发展。"还称"拟将应城、云梦、孝感、安陆、钟祥、应山、随县成立一个专员区，以许子威为专员"③。

5 月 26 日，毛泽东亲拟电文，致刘少奇、陈毅、李先念电，称："日寇在信阳集中万余北犯，汤恩伯仓猝部署作战，正向我先念部进攻之新二军亦星夜北调。"④

上面列举的这些来往文电，尽管不完全，但目的是想让大家加强一个感性认识，即姚家山当年的地位多么重要，毛泽东亲拟的电文直通姚家山，"姚

---

① 选自《新四军第五师、鄂豫边区和八路军新四军中原区历史资料丛书》（电报类）第二册，中央文献出版社 2017 年版，第 245 页。

② 选自《新四军第五师、鄂豫边区和八路军新四军中原区历史资料丛书》（电报类）第二册，中央文献出版社 2017 年版，第 251 页。

③ 选自《新四军第五师、鄂豫边区和八路军新四军中原区历史资料丛书》（电报类）第二册，中央文献出版社 2017 年版，第 252—253 页。

④ 选自《新四军第五师、鄂豫边区和八路军新四军中原区历史资料丛书》（电报类）第二册，中央文献出版社 2017 年版，第 255 页。

家山”“小悟山”的字眼多次出现在中央的电文中。

新四军豫鄂挺进纵队司令部、豫鄂边区党委机关在姚家山期间，开展的重要工作有如下几点。

第一，在姚家山，李先念、任质斌对部队进行整编，决定以第一、第二、第三团队组成平汉支队，周志坚任支队长，方正平任政治委员。其重要意义就是为了形成核心武装力量、形成作战中的拳头力量。平汉支队组成后，李先念就令其和另外两个团驻在大小悟山，保卫机关安全。

第二，根据中共中央的指示，边区召开连以上干部会议，进行整军。因为当时部队客观存在一些问题和干部中产生一些不良倾向，让李先念与任质斌达成共识，认识到要使部队迅速发展壮大，要建立一支强大的正规化军队，争取更大的胜利，必须在军政干部中开展以反对本位主义、分散主义和游击习气为主要内容的反不良倾向的斗争。

当年5月9日，新四军豫鄂挺进纵队在姚家山召开连以上干部大会，李先念司令员主持，豫鄂边区军政委员会代理书记、新四军豫鄂挺进纵队代理政治委员任质斌，在会上做了题为《开展干部中的反不良倾向的斗争》的报告。

这是新四军第五师这支部队反腐的一篇檄文。报告中说：“革命的阵营、革命的军队、革命的政党，都是从不断地开展反不良倾向的斗争中巩固起来，壮大起来的。而开展干部中的反不良倾向的斗争，则是整个反不良倾向斗争中基本的一环。”“中国党和军队中的干部，农民和小资产阶级的成分占着比任何国家更多的数量。因此，这一问题在中国党和军队的发展和建设中，占着更重要的地位。”①

报告还高屋建瓴地提出开展反不良倾向斗争这个问题的必要性，郑重论述了提出这个问题的三个理由：“第一，我们这个部队目前确实存在着相当多的不良倾向需要纠正；第二，目前我们所处的环境更加困难了，要使我们能

① 选自《任质斌在中原八年》，湖北人民出版社1998年版，第208页。

够胜利地渡过这个难关，需要首先整顿与巩固内部，而开展反不良倾向的斗争则是整顿与巩固内部的最重要前提；第三，最近中央军委和中原局所分配给我们的任务更重大，不克服目前干部中所存在着的这些弱点，是没有办法来完成中央军委和中原局所赋予我们的这些光荣任务的。”[①] 强调开展反不良倾向斗争要达到如下“六个必须”，即必须明确地规定出，开展反不良倾向的斗争目的，是为了使我们的部队进一步巩固与扩大，同时也是为了教育我们的干部，使我们的干部能够进步发展，而不是为了排斥或打击某一个人；必须把开展反不良倾向的斗争之意义与目的，在全体干部特别是非党员干部中进行深入的解释和动员，使全体干部不仅不惧怕、躲避，而且会积极地热烈地参加这一运动，以自我批评的精神，诚恳地坦白地彻底地揭发某些工作作风和生活作风上的缺点；必须用一种非常坚毅的精神来进行这一斗争；必须大公无私地来进行这一斗争，要彻底打破那种感情观念、报复思想，以及其他许多不是大公无私的行动；必须从健全党的生活、健全干部小组生活之中进行这一斗争，要使每个参加干部小组生活的党员干部，能经常注意其他同志的各种倾向，并经常在干部小组或与其本人谈话当中提出来，同时在另一方面，也能经常征求与倾听别人对自己的意见或批评；必须从系统地加强干部教育中来根本纠正这些不正确的倾向[②]。这些措施，证明了我党党建经验、优良传统的传承与生命力。姚家山会议后，挺进纵队开展了反不良倾向斗争的运动，使部队在部队正规化建设的道路上迈出了坚实的步伐。

另外，在姚家山，李先念、任质斌还向中央军委提出了向西作战战略展开的设想与部署；在边区开展政权建设的计划；召开豫鄂边区各界救国联合总会成立大会；李先念还亲赴天汉地区，布置对国民党第一二八师王劲哉部的统战工作；等等。这些事在边区、在五师的发展史上都是大事，都产生了

---

① 选自《任质斌在中原八年》，湖北人民出版社 1998 年版，第 208—209 页。

② 选自《任质斌在中原八年》，湖北人民出版社 1998 年版，第 210—211 页。

重大影响。

新四军豫鄂挺进纵队是怎么撤离姚家山的？任质斌回忆说，其实大小悟山当时还不能完全算作敌后，环境也不是很好。它的地形可以比作一个口袋。西面是平汉铁路，驻有敌人；东面也有敌人的据点；南面是黄陂县城；只有北面没有敌人，是“口袋”的开口处。鉴于这种地形，国民党正规军包括广西军不敢在此常驻，便让地方游杂武装暂驻，广西军则驻在麻城、礼山等地。我们进驻大小悟山，在姚家山没过几个月，广西军就开始进攻我们，由于力量悬殊，我们就撤出了大小悟山，退到白兆山[①]。

姚家山曾是新四军第五师师部所在地

1941 年，姚家山两度成为新四军第五师师部所在地。

1940 年底，国民党顽固派在全国掀起大规模的反共高潮。毛泽东指示新四军军部：李先念主力仍须继续打击鄂东反动派。1941 年皖南事变发生后，为接援由皖南突围的新四军部队，粉碎国民党的反共高潮，李先念派挺进纵队第一、第二团东进，配合张体学的鄂东独立团，坚决打击鄂东的反动武装。1 月 27 日，第一团队在黄陂的湛家河附近，将国民党鄂东第十六游击纵队第三支队击溃。2 月 17 日，李先念率领正在组建中的新四军第五师部队四个团的兵力，向侵占大小悟山的鄂东第十九游击纵队进击。经三日激战，攻克顽军的全部阵地，完全恢复大小悟山根据地，司令部、政治部机关进驻姚家山，这次在姚家山驻了 40 多天。直到 4 月上旬，新四军第五师组建完毕，李先念等率部回白兆山。

8 月下旬，国民党鄂东保一旅杀害了陂安南县委书记田东，根据地遭到重创，李先念等研究决定主力东进，消灭保一旅，开辟鄂东地区。9 月初，李先念率第十三旅、第十四旅全歼保一旅第一团和黄安县自卫队，以及保一旅第

① 选自《任质斌在中原八年》，湖北人民出版社 1998 年版，第 84 页。

二团、第三团各一部，俘其营长以下1000余人。随后，第五师师部进驻姚家山。这是李先念第三次进驻姚家山，这次时间还要长一些，有三个多月，目的也是为了配合新四军军部的作战行动。

11月，李先念、任质斌向中央军委和新四军军部的报告电称："新四军第五师师部及十三旅全部在礼（山）孝（感）边之大小悟山整训。"

怎么撤离的？ 12月12日李先念、任质斌向中央军委和新四军军部的报告电称："第十三旅主力及司、政两部现已移至大悟山以北汪洋店、二氏店以南之大岑、万福山、新屋一带整理，并以一部到小悟山地区活动。"[①] 自此以后，新四军第五师的首脑机关多在大悟山。

新四军第五师的历史，从豫鄂挺进纵队成立后，其司令部机关驻扎的活动轨迹大致如下：1940年1月至4月中旬，在京山八字门；1940年4月中旬至6月初，在黄陂姚家山；1940年6月初至1940年12月，在安陆钱冲一带；1941年1月至2月中旬，在随州九口堰；1941年2月中旬至4月上旬，在黄陂姚家山；1941年4月上旬至9月初，在随州九口堰；1941年9月初至12月上旬，在黄陂姚家山；1941年12月上旬至1945年8月，大多在大悟白果树湾。

姚家山是白果树湾的重要后方基地

新四军第五师的指挥机关移到大悟白果树湾后，第十三旅基本上驻扎在大悟山，旅司令部设在陈家大湾，大小悟山就基本上成了稳固的根据地。姚家山离白果树湾近，李先念、陈少敏、任质斌在此工作、生活过，基本环境又熟，边区的制币厂、被服厂等后勤基地仍在姚家山，所以边区的一些重要活动、重要会议仍在姚家山举行。姚家山成为白果树湾司令部的重要后方基地。

后来在姚家山召开的重要会议有：1943年5月的边区教育工作会议。这次会议由边区行署教育处主持，在罗家畈召开，当时信南、鄂中、鄂东、天

---

① 选自《李先念年谱》(第一卷)，中央文献出版社2011年版，第342页。

汉等基本区的专署、县政府教育科长和各县中小学校都派代表参加会议，共有 100 多人。会议的内容有：讨论如何发展公办和民办中小学，民办学校如何为抗战服务，如何进行教育改革等问题。会议强调：加强学校建设是改造乡保民主政权的主要内容之一，应该受到重视；教师是发展边区教育的关键，教师的社会地位和生活待遇应该提高。会议决定：1943 年学校建设的方针，仍然是以普及小学教育和改良私塾为主要努力方向，各基本区专署、县政府须开办一至两所完全小学，每个基本乡应有一所初级小学，进一步改良私塾。继续深入开展一年一度的冬学运动，各地应根据环境和师资条件进行教学改革。边区教育工作会议推动了普通中小学教育的发展。

在姚家山召开的另一次重要会议是豫鄂边区农救代表大会。会议于 1944 年 11 月 20 日召开，出席会议的代表有 300 余人，时为边区最高领导、华中局党代表郑位三，边区党委负责人陈少敏，以及边区党委委员、民运部长吴祖贻等都亲临姚家山赴会。陈少敏做了题为《一年来农救工作的总结》的报告，吴祖贻做了题为《秋收减租总结》的报告，郑位三做了《迎接天光》的政治报告。

会议是以边区党委名义召开的。陈少敏在报告中，对边区农救工作的成就做了高度评价，肯定农救会在组织农民生产、进行水利建设、减租减息、拥军优抗等方面的成绩。会议还讨论、通过了边区农救会的斗争纲领，确定了农救会的斗争目标，即要造成边区根据地内农民的优势；要展开根据地的全面建设，打下反攻的经济基础；要在反攻以前掀起农民运动的新高潮。会议还通过了农救会章程和宣言，以及生产、减租、粮食、救灾、拥军、扩大农救、建设外围圈、改组国民政府和统帅部等决议，选举成立边区农救委员会，确定边区农救代表大会是边区农救组织的最高机关，边区党委民运部长吴祖贻兼任会长。这次大会盛况空前，大大调动了边区广大农民的革命热情和生产积极性，为进一步开展边区根据地的生产建设，支援战争，准备反攻，打下了一定的基础。

当然，从新四军豫鄂挺进纵队到第五师，李先念、任质斌等多次率部驻扎姚家山，在姚家山设立指挥中心，与当地老百姓同甘共苦、休戚与共的故事也很多，至今让姚家山人民群众难以忘怀。1941 年秋，李先念率师部第三次进驻姚家山时，姚家山地区 60 多天没有下过一场透雨，地里的庄稼几乎绝收。无奈之下，老百姓只好上山挖野菜、葛根等填肚皮。李先念看在眼里，痛在心上，想方设法从边区拨出一些米麦分给乡亲们，使大家渡过生死难关。李先念当年的房东姚成台曾回忆说，李师长没有一点官架子，非常好亲近。一有空他就跟我们拉家常，讲许多大道理给我们听。

今年，我们迎来了党的百年华诞，目前正在全国掀起学习党史的热潮。我们一定认真学好党史、国史、改革开放史、社会主义发展史，通过学习，知史爱党，知史爱国；通过学习，汲取我们党和国家的历史经验，正确了解党和国家历史发展中的重大事件和重要人物；通过学习，加深对党情、国情、世情的认识，在百年未有之大变局的今天更具时代意义，因为历史是最好的教科书。

新四军第五师建立的汉川后勤基地

孙四维 *

1937 年 12 月 25 日，新四军军部在汉口成立。为纪念这个日子，挖掘本地红色资源和革命史料，汉川市档案局组织走访慰问了生活在城区的部分新四军离休人员，就新四军第五师在汉川建立后勤保障基地开展了调查。

原新四军第五师后勤处一班班长、98 岁的朱泽久，新四军第五师地下交通员、97 岁的宋绍英，新四军女战士、96 岁的刘霞，汉川市新四军研究会名誉会长夏华英参加了座谈，他们年龄虽大，但头脑清晰，向调查组讲了他们亲身经历的故事。

两百只民船聚集脉旺嘴，偷渡新四军过江

新四军第五师后勤处一班长朱泽久说，1941 年 1 月皖南事变后，中共中央重建新四军，将原新四军所属部队整编为七个师，以李先念率领的豫鄂挺进纵队编为第五师。新四军第五师当时活动的地盘主要在鄂豫交界的大别山区，交通阻塞，物质匮乏，民不聊生。汉川位于汉江下游，江汉平原腹地。东与武汉市东西湖和汉阳毗邻，西连天门，南邻仙桃，北与应城、云梦、孝南接壤，土壤肥沃，物产丰富，人口众多，兵源充足。李先念师长看中了这

---

* 孙四维：汉川市新四军研究会会长。

块风水宝地，把新四军后勤供给保障基地建在了汉川，基地总负责人是新四军天汉沔游击大队长傅玉和，具体负责的是天汉地委书记顾大椿，同时将汉川县政府更名为汉川县抗日民主政府。此举标志着汉川抗日根据地的形成。

1941 年 12 月，根据中共中央的指示，新四军第五师师长李先念，率第十五旅四十三团、四十四团和天汉游击支队，对驻扎在侏儒山地区的伪定国军汪步青部发起进攻，以摧毁日军在武汉西部署的防御屏障。

当时新四军第五师主力部队在汉江北，侏儒山在汉江南，进攻侏儒山最大的困难是渡过汉江。李先念师长指示，新四军第五师部队在汉川渡江，并作短暂休息，吃饭和过江事宜由汉川地下党和抗日武装组织安排。战斗打响的前两天（12 月 5 日），顾大椿同志来到汉川，动员老百姓为新四军让出房屋、捐献粮食、配送蔬菜，布置站岗放哨、传递情报、隐蔽保卫等具体工作。将汉江汉川段上从脉旺嘴，下至新沟闸，南北两岸能够进出汉江的渔船、商船、客船进行登记造册、统一编号，并通知他们，三天内停业待命，得到通知后立马赶到指定地点，不得有误。

部队聚集后，李先念师长亲临汉川，到预先准备渡江的两河地段视察。他打开地图，用望远镜向对岸扫视了一遍，叫来政治部联络处主任张执一，对他说："赶快通知顾大椿同志来这里开会。"会上，李师长在地图上指划着说：此处江面水速缓慢，两岸堤坡平坦，土质坚硬，便于船只停靠，是渡江的好地方。但对岸从马口到榔头地段，敌军布置了岗哨、机枪、大炮，还有飞机在空中盘旋。在这里渡江可能要付出一定的牺牲代价，造成我军处于被动局面。现在给顾大椿同志一个紧急任务，选择一段平安的江面，聚集 200 条船，于天黑前把部队渡过江去。顾大椿同志坚定地喊出一个"是"！李师长追问："有把握吗？"顾大椿同志回答："我们汉川后勤基地登记了近 1000 条船只，其中能够快速进出汉江的有 500 条左右，现已通知 100 条船紧急待命，准备随时驾到两河段面。根据傅玉和队长的侦察，现在上游的脉旺嘴和对岸的杨林沟江面平静，敌人并无戒备。再通知 200 条船两小时内赶到脉旺嘴，那是一点问题也没有的。”李师长当即拍板：“很好！”并布置第四十三团、第四十四团留下一个营，佯装从两河过江，以迷惑敌军视线，对面打响后，敌人可能会撤回增援，此营再在此强行过江，其余全部急行军进入脉旺嘴。

天渐渐黑下来，江面伸手不见五指，部队渡江开始，北面的脉旺嘴方面，船只由顾大椿同志调动，部队上船由李师长亲自指挥，南面的杨林沟有傅玉和同志接应引路。不到一个小时的工夫，部队全部安全过江。战斗打响了，敌人感到莫名其妙，不知从哪里来的神兵。

侏儒山战役历时 50 天，对日伪作战 14 次，歼灭伪定国军第一师（汪步青部）5000 余人、第二师 1000 余人，一师师长汪步青在逃离中被天汉游击队生俘，击溃了日军数次增援，打死打伤日军 200 多人，形成了西面对武汉的战略包围，同时配合了国民党军队的战场作战，是新四军第五师成立以来规模最大、战果最丰的一次战役。在侏儒山战役庆功大会上，李先念师长说：“这次战役取得胜利，汉川新四军后勤基地作了很大的贡献，要给他们记一大功。”

三万银圆交鄂豫边区，充实新四军补给

新四军交通员宋绍英回忆，1944 年初秋时分，鄂豫边区政治部财政处派他送一份情报到天（门）汉（川）中心县委，要在汉川的汈汊湖召开税务工作会议，培训税务干部，部署税收工作。天汉县县长、代理天汉中心县委书记方植三说，他是新堰东湖沟村人，对汈汊湖了如指掌。他的意见是会场设在湖中心的五房台，这是一个孤岛，面积很小，独有一座黄家祠堂，一般无人往来，安静安全，是个召开会议的好地方。豫鄂边区财政处长刘子厚主持了这次会议，并发表讲话。他说，鄂豫边区财政吃力，税收工作要抓紧，税收政策也要落实。该收的坚决收，该免的一定要免。

会议制订了税收实施方案，决定将汉江一线列为重点，突击稽查，共设脉旺嘴、杨林沟、分水嘴、蚌湖口、城隍港、系马口、庙头渡口、城关当码

头、曹家口、新沟闸10个固定稽查站和10个流动监督站。对老百姓的农业税、人头税、小作坊税原则上不收，对不法商人、军火商人，特别日本人的商船要加大稽查、加大处罚、加大收税。会议请示新四军第五师军部，将担任会议警务的战士留下一个排的兵力，协助汉川税务稽查收税。

会议期间，方植三将全部家产、房地产变卖，作为党费交给了组织。

三个月过后，遵照天汉地委财经委决定，汉川税务所将税收得来的3万余块银圆，分装在12只做了夹层底的箩筐里，上面覆盖粮食，选派12个挑夫，扮成粮商运输队，从抗日游击区的汈汊湖，途经抗日根据地虾（集）韩（集）横（堤），通过垌冢方家三屋和应城陈家河两地间建立的豫鄂边区首长专用秘密渡口，送到了抗日根据地的京山县八字门豫鄂边区党委，部分解决了新四军补给困难的问题。

四万斤皮棉送军区，解决新四军过冬问题

新四军女战士刘霞说，参加新四军后，我在新四军第五师汉川后勤基地汈东被服厂工作了一段时间，知道棉花是一种重要的军事物资，制造火药、护理伤员、战士的棉衣棉裤棉被都需要棉花。不但需求量大，有钱还买不到。日军占领分水后，霸占喻公和药铺，建了一个棉花仓库，储存了大量皮花。1944年9月底，新四军第五师后勤部委托江汉军区三军分区，向汉川后勤基地征用皮棉4万斤，制作战士过冬的棉衣棉被。

汉川后勤基地接到指令后，立即召开会议，商量筹棉一事。多数人认为，老百姓贫穷，地方财政困难，完成任务最好的办法是打日本人的主意，从日本人建的分水棉花仓库搞出4万斤皮棉应该是可行的事。当时新四军第五师教导团正好在汉川演习，基地派人联系，请他们打外围，协助韩集乡游击队夜袭日本的分水棉花仓库，教导团负责人满口答应。交谈中得知教导团有个战士名叫黄正堂，是分水协力村人，参加新四军前在日军分水棉花仓库做过苦力，参军后是新四军第五师第十四旅政委张体学的警卫员，这人精明能干，

防身武艺高强，还能说几句简单的日本话。联系人见到了黄正堂，他说如有此行动，愿意当个向导。

第三天傍晚行动开始，教导团的士兵埋伏在分水镇周围，以防日军有外来之援兵。韩集乡游击队和横堤的基干民兵包围了棉花仓库，内外三层。第一层紧贴棉花仓库墙脚，如有日伪军巡逻，当即处死；第二层于围墙内，负责将搬出的花包抛到围墙外；第三层在围墙外，任务是将接到的花包装在预先准备好的板车上拖走。黄正堂化装成仓库搬运工，混过哨卡，来到搬运工人住处，一见面都是熟人，有的是老乡，有的一同做过苦力。黄正堂给每人发了一块银圆，说是做小生意，发了点小财，特来打赏弟兄们。大家都很高兴，纷纷表示有什么事需要帮忙，一定尽力而为。黄正堂说，你们悄悄进入仓库，打开通风窗，把成捆的花包往外丢，然后锁好仓库门，各自回家。不用怕，这里有韩集乡游击队的弟兄们保护大家。

行动开始了，黄正堂从保管员手上接过钥匙，打开仓库门让工友们进去，又叫人把门按原样锁好。现场指挥的是黄正堂，他用手势指挥工友们把棉花包从通风窗向外抛，潜伏在这里的游击队员和民兵再把花包抛到围墙外，等在这里的基干民兵将花包装车，拖到鸡公洲上船，连夜送到了汈汉湖曾家壕口新四军第五师三军分区后勤处。通过点数过秤，共计 204 包，4.2 万斤。

1942 年新四军第五师扩充兵力，第一团有个叫李豁子（李先念师长的远房侄儿）的科长到汉川征兵，任务是 100 名。汉川人民的热情很高，正如我们在部队时常唱的《在太行山上》的歌词所说，出现了许多“母亲叫儿打东洋，妻子送郎上战场”的生动故事，最后挑选了 220 名带走。李科长说，汉川是新四军第五师最大、最好、最有潜力的后勤基地，提供的资金、物资、兵源都是最多的。

新四军在荆门三战扬军威

李三乔　王文东 *

1939 年夏至 1940 年秋，新四军挺进鄂中和襄西地区，着力用军事斗争打开局面，与日军、土顽多次作战，其中著名的有新街战斗、石牌战斗、乔家岗战斗。新四军三战三捷，在鄂中、襄西声威远扬。

一、新四军挺进鄂中首战——新街战斗

1939 年 6 月养马畈会议后，新四军豫鄂独立游击支队在京山大山头开展了整编，统一了豫南、鄂中两地党领导的抗日武装，公开打出了新四军旗号，为创立豫鄂边区抗日民主根据地奠定了坚实基础。

新四军豫鄂独立游击支队整编后，积极开展军事斗争，打击日伪顽军，开创鄂中敌后抗日根据地。1939 年 10 月，新四军与日军进行了新街战斗。新街位于京山西北罗店镇境内，周边的宋河、罗店、蔡树店、雷公店都是日军据点。为了独立游击支队和区党委机关的安全，1939 年 10 月 12 日，张文津、周志坚率第一团队进驻于此，一大队驻杨家冲，向宋河方向警戒；三大队驻范冲，向雷公店方向警戒；团部和二大队驻新街。三个大队呈倒品字形布防。

驻应城的日军第 26 旅团旅团长奈良晃得知消息，率领宋河、罗店等据点

---

* 李三乔：湖北省荆门市史志研究中心副主任；王文东：湖北省荆门市史志研究中心科长。

的日军300余人、伪军400余人，连夜出动，偷袭新街。新街坐落在一个小岗上，有100余户人家，四周有一人多高的土寨墙，两个寨门。10月13日拂晓，新四军游动哨发现敌情后，立即鸣枪报警。团长张文津、政委周志坚迅速部署战斗，并派通讯员向驻大山头的李先念报告。二大队奋勇迎敌，连续打退敌人几次冲锋。附近的一、三大队接警，立即从两翼向日伪军发起攻击。在一、三大队的夹击下，两边的伪军被冲散，仓皇而逃，中间的日军完全暴露在新四军阵地前，惊惧之下竟施放毒瓦斯，企图掩护撤退。新四军三个大队分别从东、西、北三面包围敌人，连续发起冲锋，把日军压到黄家台祠堂边的洼地里。日军凭小炮、掷弹筒、机关枪组成交叉火力，抢占黄氏祠堂南的制高点黄家台。当地的一些青壮年拿着大刀、土枪，扛着土炮也参加了战斗。下午，李先念亲临战场指挥，刚从四望山到达大山头的二团队二大队亦前来支援。天近黄昏，日军在数路增援下，焚烧了几十具尸体，后留下20余具尸体，仓皇突围。傍晚战斗结束时，缴获重机枪1挺、步枪10余支、战马6匹及许多其他军用物资。

新街战斗是新四军挺进鄂中后，给日伪军的第一次沉重打击，一战扬军威，群众大受鼓舞。驻大洪山国民党军队的报纸以特大字号，刊载了这一捷报。

二、新四军在襄西首战——石牌战斗

1940年1月，新四军豫鄂挺进纵队在京山八字门正式建军。6月新四军豫鄂挺进纵队为了扩大鄂中敌后根据地，控制襄河及其两岸敌人交通线，继续挺进京钟南山地区。7月初，新四军在南山立足后，纵队司令员李先念、豫鄂边区党委代理书记陈少敏令京（山）安（陆）县大队长毛凯率部挺进襄西，其任务是：千方百计找到地方党组织，把沦陷区敌情弄清楚，军事上要灵活机动，见机行事。

毛凯所带部队约80人，从京山八字门出发，经过钟祥县九里冲，又会合卢祥瑞游击队50多人枪。这两个中队到石牌镇附近驻扎不久，荆当地委负责人李守宪同王建桥赶到石牌与毛凯会合，即派王建桥去北山接刘真。刘真接到命令后，先令王建桥、叶云等带领北山游击队连夜出发赶往石牌，之后前往李家垱找宁玉庭。荆钟沦陷后，宁玉庭带着皮家集乡一个班的武装随姚明阶驻李家垱，并做姚明阶的争取工作。姚明阶是皮家集乡联保主任，掌握着一个中队的武装。通过宁玉庭的工作，姚明阶有意愿带部队返回家乡与共产党合作抗日，但仍有顾虑。刘真嘱宁玉庭转告姚明阶，共产党、新四军的政策是联合一切友军抗日，只要他打日本、不反共，新四军决不会侵犯他的利益，他仍可以做他的联保主任。姚明阶听后表示，接受共产党的主张。不久，即带着一个中队回到皮家集。后来襄西独立团成立，姚明阶见襄西大局已定，单独活动已有困难，就把这个乡武装编入新四军，他也改任抗日民主政府的副区长。

7 月 11 日，各路武装在石牌镇附近会合。这时襄西的新四军兵力以豫鄂边区党委特务中队为主，加上荆钟叶云、宁玉庭等所带各地武装近 200 人，共有步枪约 150 支，轻机枪 3 挺。7 月 12 日，正当毛凯、李守宪、刘真等根据豫鄂挺进纵队李先念、陈少敏的指示，研究如何迅速打开襄西局面时，突然接到情报：盘踞在马良（距石牌镇约 20 公里）的惯匪周良玉（人称周老八），于 11 日夜间进驻离石牌不远的马公洲，绑票、抓人，并有 8 个匪徒在中央酒楼调戏民女时，被毛杰中队的一个班缴了械，周良玉扬言要血洗石牌。面对这些情况，李守宪、刘真及毛凯认为：周良玉攻石牌，已不可避免。虽然襄西武装新近会合，立足未稳，但新四军是人民的子弟兵，不能坐视不理。同时目前石牌是襄西同豫鄂边区联系的唯一渡河点，又是新四军在襄西的第一个立足点，因此决不能放弃。周良玉部号称 800 人枪，数倍于我，但毕竟是一群乌合之众，且对新四军会合的情况还不清楚，新四军完全有取胜的把握。因此决定，这一仗不仅要打，而且要打好，打出新四军的军威来。

当时，正值汉江河水猛涨，石牌镇四周的小河成了一道天然屏障，只有东、北面两条通道。毛凯利用有利条件，令毛杰中队埋伏于东门桥内，一个班沿外围土埂巡逻，防止敌人渡水偷袭，北山武装守北门桥西面的高地，卢祥瑞中队守北门桥东的胡家老台。周良玉两次进犯东门桥都没有得逞，改攻北门，又受到猛烈阻击，不仅未前进半步，反而丢了许多人枪，只好狼狈撤退。新四军乘胜追击，打死打伤和俘获匪军数十人，缴获长短枪数支及一些弹药。周匪受重创后，将部队拖到汉江东去了。

石牌战斗是新四军在襄西亮旗的第一仗，首战告捷，群情激昂，军威大振，一些流寇游匪顿时销声匿迹。这一仗，使新四军在襄西取得了第一个立足点。

三、新四军在襄西再战——乔家岗战斗

石牌战斗结束后，毛凯即派武装护送李守宪到京山八字门向豫鄂边区党委及纵队首长汇报。边区党委及纵队首长李先念指示要利用有利形势，尽快开辟襄西敌后抗日民主根据地，为豫鄂边区挺进纵队在河西建立一个巩固的阵地，为新四军向襄河南岸发展创造条件。

1940 年 8 月，纵队首长李先念、任质斌向党中央电告：新四军在襄河西岸活动之一中队，现仍在该地坚持游击战争，颇受群众爱戴，最近拟再派一部兵力过去。根据这一部署，李炳南、徐静等奉纵队首长之命，率纵队六团三营第七、八、九连先后渡河到襄西，在钟祥石牌与毛凯部会合，并召开隆重的庆功大会，同时宣布成立襄西军政委员会，统一领导襄西党和军队。军政委员会由李守宪、毛凯、李炳南、刘真等组成，李守宪任书记。

襄西军政委员会成立后，面临的第一个任务就是在军事上打开局面。当时，新四军虽然在石牌地区有一个立足点，但这个点是孤立的。要站住脚，就必须发挥已拥有的武装和地方党组织的力量，由点到面逐步展开，在北山、石牌、荆南、当阳等敌后开辟抗日根据地。特别是荆南，是襄西的中心地带，是联系当阳、北山、石牌的枢纽。要开辟襄西，首先要摧毁盘踞在这里的左墨香部，夺回荆南以五里铺、杨家集为中心的地区。军政委员会认为：左墨

香是荆南地区的大土豪，靠反共起家，双手沾满了人民的鲜血；荆门沦陷后，又纠集土匪旧帮，名义上接受国民党五、六两个战区的委任状，挂起抗日的招牌，暗地里却与日军勾结，残害人民群众，反对共产党、新四军。因此，开辟荆南，拿左墨香开刀，必然会得到广大群众和民主人士的拥护和支持。就力量而言，纵队六团三营进入襄西，加上当地党组织掌握的武装，与左墨香部力量相比，虽不占绝对优势，但荆南五里铺、杨家集以西一带，土地革命时期是洪湖根据地的一部分，群众基础好。况且，左墨香的三个大队中有两个中队是中共当阳县委组织起来的秘密武装。第三大队龙剑平大队，已为襄西共产党所掌握。据此，军政委员会认为时机基本成熟，决定打左墨香部。行动方案是以石牌会合的部队为主力，长途奔袭左墨香的司令部驻地荆南乔家岗，从东面进攻左墨香部，以左墨香第一大队刘宝田、童勋伯（均为共产党员）掌握的两个中队为内应，在西边阻击，两面夹攻，以求全歼。不料，就在石牌部队行动的当天下午，左墨香突然数次通知刘宝田到司令部开紧急会议，刘宝田疑心身份已暴露，决定连夜将部队从乔家岗往西撤退到朱家店。刘宝田一走，左墨香顿时警觉起来，加强了警戒，增派了流动哨兵，更换了口令。次日拂晓战斗打响后，左墨香率部下逃跑。此战虽没有达到全歼左墨香部的目的，但重创了左墨香部，俘其部参谋长以下官兵 90 余人，缴获长短枪 10 余支。左墨香逃往江陵龙会桥老家后一病不起，不久便一命呜呼，残部纷纷他投。

经过乔家岗战斗，原左墨香部所盘踞的襄西中心地带荆南地区，从此被新四军所掌握和控制。乔家岗战斗结束后，刘宝田、童勋伯两个中队在朱家店与主力会合，一起开往石牌。龙剑平大队的三个中队及一个手枪队 300 余人枪，在共产党抗日民族统一战线政策的感召和襄西新四军连战连胜的影响下，由龙剑平、姚志惟、李家谟等率领参加了新四军。至此，共产党领导的襄西敌后抗日武装已全部会合。同年 9 月，襄西军政委员会根据豫鄂边区党委和纵队的决定，于荆南季家塝成立了新四军豫鄂边区挺进纵队襄西独立团，毛凯任团长，李守宪任政治委员，刘真任政治处主任，李炳南任参谋长。独立团下辖两个大队及警卫连共700余人枪。从此，共产党领导的襄西敌后抗日游击战进入了一个新阶段。

战将汪兆民

汪东波 *

汪兆民，湖北省孝感县（今孝昌县）青石乡汤岩村人，1913 年出生于一个贫苦农民的家庭。因为家穷，没有上过一天学，8 岁就开始放牛拾柴，减轻家庭负担，15 岁就上山砍柴，卖柴度日，经常受到富人们的欺侮和歧视。哪里有压迫，哪里就有反抗。1929 年家乡闹起了革命，共产党领导穷人要翻身，他毅然决然地参加了共产党领导的少先队，打土豪，分田地。1931 年转入陂孝北地方武装第七教导队，同年加入中国共产党。部队当年改编为独立营，不久扩编为独立团，1932 年又扩编为独立师。由于汪兆民机智灵活，调到三团一营当通讯员。

当时国民党对鄂豫皖苏区疯狂地进行四次大"围剿"，汪兆民又调到团部任通讯员。8 月改编，地方部队全部编入主力部队。汪兆民编入红四方面军十一师三十一团一营通讯班，师长是倪志亮，政委是李先念。

由于国民党军队的疯狂"围剿"，1932 年冬红四方面军七里坪战役失利后，不得不进行战略大转移，由湖北出发，翻越千山万水，到达四川，建立起川陕革命根据地。1933 年红四方面军扩军，汪兆民所在的部队扩编为十一师，陈再道任师长。汪兆民仍然干老本行，任师部传令兵。1934 年调到军部

---

* 汪东波：湖北省孝感市印刷厂退休职工。

通讯营任班长。1935 年红四方面军再过雪山草地，在西康（今属四川省）道次县调到粮秣局通讯连任排长。为了适应快速作战，1936 年 4 月，红四方面军成立骑兵师。组建之后得到迅速发展，到当年 7 月继续北上时，将四川省军区独立师部分骑兵并入该师，总人数达到 1000 人左右。出草地后，由马良骏任师长，张荣任政委；不久，由董俊彦接任师长，秦贤道任政委，李庆雍任政治部主任。师下编两个团，第一团团长黄宏高，第二团团长张子英。由于汪兆民马术精湛，又被调到骑兵师一连一排任排长。

1936 年秋，中国工农红军长征胜利结束后，根据中共中央革命军事委员会的命令，红四方面军第三十军向西渡过黄河。汪兆民所在的骑兵师编在三十军。1936 年 10 月下旬，骑兵师随四方面军总部西渡黄河，改称西路军骑兵师。部队到达甘肃南部后，骑兵师配合主力部队转战于洮河渭水河间，取得不少战果。

在一条山战斗中，汪兆民右大腿骨被打断，负了重伤，同时有很多人伤亡。部队首长在没有办法的情况下，发给伤员几块银圆，将他们安置在老百姓家中。一天后，这一批重伤员被俘后押在金台县。两个月后，又被押送到兰州，在兰州关押五个月后，又被押送到西安。在狱中，这些战士同国民党进行了不屈不挠的斗争。

西安事变发生后，国共两党合作，共同抗日。国民党本应按照协定，释放政治犯。但国民党不但不交出在西安的这批被俘人员，反而封锁消息，不让西北八路军办事处知道他们的存在，因为他们都是排以上的军事干部，有着丰富的战斗经验。国民党准备把他们送到南京进行“感化”，为其所用，否则，就被处决。因当时正是 6 月，天下暴雨，将铁路桥冲断，不能通车，才没有被送走。

在西安关押的有 200 多人，其中有第二十五军一位姓李的侦察连长和一位汽车司机。李连长因政治影响较大，在释放政治犯时被释放，出狱时，监狱里的党组织要求他出去后找在西安的八路军办事处。李连长按照地址找到西安八路军办事处后，一看门前都是穿着国民党军服的人在站岗，又回来向党组织汇报。还是那位司机说，现在是国共合作时期，共产党人都穿国民党军服。李连长再次去找西安八路军办事处。叶剑英同志向党中央汇报后，党中央向南京国民党政府提出质问。国民党政府不得不释放了关押在西安的200多名西路军老战士。

汪兆民出狱后，作为重伤员被安置在安抚堡残废医院第三所。在那里，认识了他的终身好友许金彪、刘良璧、杨文忠、刘文榜、杨文榜等同志。

1938年10月，日军占领武汉后，中共中央动员湖北籍的老战士回敌后打游击。汪兆民经西安八路军办事处转到武汉八路军办事处，再回到孝感县（现孝昌县）青石乡汤砦村。

汪兆民回到老家后，父母已经离世，只有他单身一人。此时的家乡，已经是反动民团刘梅溪的天下。在这个三县交界的（孝感、大悟、黄陂）方圆几十里的地方，参加红军的热血青年有几百人，基本上都为革命献出了宝贵的生命。红二十五军西征后，反动民团刘梅溪在此地区屠杀红军家属及没有转移的赤卫队员无数，最多的一次竟杀了108人。汪兆民到家没几天，刘梅溪听说汪兆民是红军的战将，经历了许多战斗，勇敢不怕死，就找上门，对他说，现在是国共合作时期，战斗经验丰富，跟着我干，保证不会亏待你，企图拉汪兆民加入他的部队为他卖命。此前，汪兆民就听说同时回乡的杨文榜也是由于刘梅溪拉他入伙，当时拒绝，晚上就被刘梅溪派人暗杀了。汪兆民知道刘梅溪的用心，心内暗暗骂道，你是个什么东西，共产党与你有血海深仇，跟你干，做梦！但表面上很客气地接待了他们，并说现在身体受伤，行动不便，等几天给你回话，婉言拒绝了刘梅溪。送走刘梅溪一行后，汪兆民连夜走了几十里，跑到中和乡向许金彪反映了这个情况，并加入了许金彪在中和乡组织的抗日队伍——抗日防护团。

孝感中和乡地处大别山、桐柏山交界处，北与应山、大悟毗邻，南同花园接壤，东靠小河，西临当时的全国交通大动脉——平汉铁路，面积约60平方公里，东通大小悟山，西连团山。境内丘陵起伏，丛林密布，路回岗转，是开展革命活动的理想之地。在大革命和土地革命时期，有许多共产党员和革命群众曾在这里英勇奋斗，流血牺牲。

许金彪是因双脚跛残，以平型关战役伤员的身份，从八路军一二九师精简返回孝感老家中和乡的。临行时，首长鼓励他："不忘自己是红军，在哪里都能抗日干革命。"回乡不久，徐州、信阳相继沦陷，国民党军队节节败退，日本侵略者的魔爪渐渐伸入孝感。孝感的地方势力以及国民党溃败官兵拉杆扯旗，北有反共老手刘亚卿、刘梅溪圈地为王，霸占北新街和小河溪；东有土顽杨希超、曹省三自称"司令"，盘踞东阳岗和周兴店；西有地方武装胡翼武，横行白沙铺；南有土匪屠占庭等称霸湖区。这些家伙，名曰"抗日"，实则趁火打劫，大发国难财，把人民群众推向痛苦的深渊。中和乡的父老乡亲对刚从前线返回的红军许金彪寄予希望。为了组织群众，许金彪一方面邀集回乡的伤残红军分析形势，酝酿成立一支抗日武装；另一方面不顾两腿负伤的疼痛，整天走东家串西家，向群众宣传共产党的抗日主张，讲"人心齐、泰山移"的道理。中和乡有着光荣的革命传统，一经发动，群众都积极拥护，有的出主意出钱物，有的将自己的亲人交给许金彪，一起抗击日本人。在群众的积极拥护和支持下，1938 年 5 月，许金彪将中和乡的 30 多名青年组织起来，在饶许湾成立了抗日防护团，宣誓："不卖国，不低头，誓与日伪拼到底。"

抗日防护团成立后，许金彪又找来一起返乡的战友杨文忠、刘良璧、刘明榜和赵明英等人，一同训练队伍，并肩战斗。不久，防护团弄到了两枚手榴弹，又从一名溃逃的国民党士兵那里弄来一条长枪，从此开始了一条长枪闹革命的抗战征程。当年 8 月，许金彪、汪兆民等人根据斗争的需要，决定将"抗日防护团"更名为"抗日自卫队"，成立了一支全脱产的群众抗日武装。中和乡的人民群众从这支队伍身上看到了抗日的希望，出现了父送子、妻送夫参加抗日自卫队的情景。群众的支持和信任，更坚定了许金彪领导和组织群众抗日的信心。自卫队趁势发展，在中和乡开展扩兵和整编。1938 年

10 月，在中和乡的南新街松森湾，许金彪宣布成立“湖北省抗日游击大队”，在鄂中这块土地上公开竖起了一面抗日大旗。消息很快在全县乃至鄂中地区传开，给沦陷区人民发出了抗日的召唤。

汪兆民任湖北省抗日游击大队三中队队长，是湖北省抗日游击大队的中坚力量。万事开头难，为了解决这一问题，汪兆民想尽了办法，也显示了他的作战能力。当时的湖北形势是，武汉会战接近尾声，国民党军如潮水一样地溃退，从河南省信阳经湖北省大悟向小河、花园败退。沿途丢弃了一些武器弹药，但大部分被刘梅溪收走，民间还有少量武器遗留。汪兆民向许金彪建议，可以到小河镇以南的地方去收缴一些武器。在许金彪的带领下，在小河镇附近，他们用离开部队时上级发给的安家费——几块大洋用于购买武器，收购了几支枪。有了武器，他们才在本地有了立足之地。

队伍壮大了，人数多了，光靠现有的一点武装是远远不够的，枪支严重不足。汪兆民领导的三中队和政委彭宗英、彭宗林兄弟一起同日伪军开展一系列的武装斗争。彭宗英、彭宗林兄弟是中和乡八屋饶村人，对当地的情况非常了解，也是孝感的老党员，他们的入党介绍人是孝感县委第一任书记卫祖圣。在土地革命时期，为当地革命立下了汗马功劳。武汉会战结束后，鄂东北孝感一带的形势极为混乱，地方武装多如牛毛，有国民党的游击队及地方武装，有土匪武装，有流落民间的国民党散兵游勇，有当地自保的地主武装，有民间结社自保的红枪会，还有些投敌的汉奸走狗。在这种极其复杂险恶的形势下，他们顽强战斗，点燃鄂东北抗日的烽火。

在同敌伪顽的斗争中，三中队战功赫赫。在湖北抗日游击大队成立之初，在汪兆民指挥下，进行了一系列战斗，其中著名的有河西夺枪、南星街遭遇战、三捉三放胡翼武、武家坡伏击日本汽车队、四战栗林店（打死打伤日伪军 20 多人，汪兆民的妻子差一点牺牲在这场战斗中）、王家店磨山北伏击日本铁道兵、消灭反动红学会、京山八字门战斗（此次战斗异常惨烈，王店、小河一带参加的战士伤亡惨重）。在陆家山战斗中，优秀的共产党员彭宗林同志牺牲。

久经沙场的汪兆民，深知情报工作和训练战士的重要性。他在三中队对新招收的战士进行了严格的军事训练，严肃军纪军规，进行正规化的管理。当时的情况是，只能在本地动员青少年加入游击队，但这些青少年根本没有一点军事知识。今天是农民，明天就是战士拿枪打仗。如果不进行严格的军事训练，上战场就等于送死。

在训练战士时，汪兆民也建立了情报网络。长期的战斗经验使他懂得，一支部队如果没有情报系统，就等于是聋子瞎子。他组织了一批熟悉当地民情、在社会有一定威信的士绅，做统战工作，为他们提供情报，使他们能准确地打击敌人，取得战斗的胜利。

1940 年 4 月，李先念同志率部到达鄂中后，湖北抗日游击大队在许金彪同志领导下，整体加入李先念的部队，转战大江南北，为湖北的抗战胜利屡立战功。

后来因身体原因，汪兆民调到礼南县（现在的大悟县）大公乡任连队长，直到 1946 年。1946 年中原突围前夕，因他身体残废，不利军事行动，组织上又动员他留在地方，他于 10 月隐藏在应山县肖家店姐姐家里。五个月后，汪兆民又跑到大悟县代家店黄家湾找刘良璧。刘良璧是医生，在当地搞一点医药，一方面做掩护，另一方面维持生活，汪兆民也就以学医做掩护。两个月后，汪兆民回家准备接家属及小孩出去，到家后不到一个小时就被伪乡公所抓走了。这时住在“抗大”（地址就在大公乡）的许金彪同志就向当地士绅下了警告：这回如果杀了汪 ××，小心以后要算账的！

当地本村保长汪少安、地主汪子清害怕自己没有好下场，第二天就放了汪兆民。

1950 年，汪兆民调至公路局黄陂一工段分队任副队长，1953 年调至武昌干训班学习，当年又调至鄂城养路段金中二段任区长。

在“文化大革命”中，汪兆民受到冲击，全家下放到孝昌县卫店镇张家湾村。1972 年汪兆民因病逝世，长眠于张家湾对面凤凰坡上，终年 59 岁。

（彭剑青 整理）

芦花飞扬

——记新四军第五师襄南三军分区电台报务主任居锦昌

居卫锋 *

白古以来人们多喜爱梅、兰、竹、菊，可我父亲更爱芦苇、芦花。每当父亲看到四处的芦苇、芦花，就会十分激动地想起当年共产党领导的新四军，就像芦苇禾草一样，扎根广大人民群众之中，不屈不挠，顽强抗争，不断发展壮大，创建敌后根据地，像飞扬的芦花一样，遍布大江南北，把日本侵略者彻底埋葬在了人民战争的汪洋大海之中，最终取得了抗战的伟大胜利。

1926 年 5 月 23 日，父亲居锦昌出生于湖北省武穴市梅川镇居文胜大塆一户农民家庭，原名居胜林。父亲记事时我们家有曾祖母、祖父、祖母、姑母和父亲 5 人，父亲 8 岁上私塾。1935 年，9 岁的父亲和祖父一起到汉口，进入武汉关钟楼背后居逸小巷的居巷学堂学习。抗战全面爆发后，12 岁的父亲和祖父不得已返回老家。仗打到相持阶段，日军丧心病狂地用飞机投细菌弹，塆里很多人都染上了霍乱，曾祖母、祖母和姑母也接连染病，上吐下泻，几天后就暴病身亡。那时，塆里都是晚上偷偷出殡，抬尸棺的队伍比肩接踵，除低声抽泣外，都不敢哭出声来，说怕惊动瘟疫鬼魅再找回来。前后一个月，居文胜大塆就死了 100 多人。1939 年，祖父不幸得了肺痨，仅 36 岁就病逝了，13 岁的父亲成了孤儿，靠打零工、替人放牛挣扎度日，艰难生活。

---

* 居卫锋：荆州新四军研究会理事。

1941年春节刚过，居文胜大塆里私底下传开了一个消息："四爷、四老板来了!"即新四军来了，"四爷"新四军给穷苦人带来希望。清明节父亲给祖父、祖母上坟后，邀上塆里走得最近的孤儿居金焕，一起通过邻塆——栗下树塆的地下党员张文彩，找到了后山上的新四军广济独立营。营长见居金焕个子太矮，还没枪高，不要他，父亲再怎么争取，营长就是不要。父亲不忍丢下亲密同伴，只好一起返回了老家。

不承想这事被住在塆里的国民党"广西兵"督察队和塆里的国民党游击队知道了，他们平时就四处打秋风，听说金焕小儿到后山找过共产党新四军，认为他是叛逆，要抓他。居金焕不敢回家，和父亲一起躲了起来。晚上，两人躺在塆外芦苇柴林里，居金焕望着天空轻声地说："我不想去了……"父亲听后气愤不已，起身离开了这个当时最要好的同伴。又过了些日子，父亲趁出塆下田插秧，赶紧找到塆里大一点的穷后生，和他们一起躲进张文彩家的阁楼里。一天清晨，天还没大亮，四周一片寂静，塆里八个穷后生在地下党交通员的带领下，悄悄出塆，从此走上了革命道路。

在鄂东，不满15岁的父亲加入了新四军第五师的队伍，编入部队青年培训班学习。那时五师队伍人数急增，粮食供应一时跟不上。一次，父亲饿得发慌，偷偷地把部队发的小搪瓷碗拿去跟老乡换糖糍粑吃了。领导得知后，组织学习，强调我们是共产党领导的革命军队，是肩负着抗日救亡和让广大穷苦人翻身得解放的革命军人，必须有铁的纪律，才能保证我们完成伟大使命。父亲明白了道理，承认错误，决心改正。

父亲参加革命队伍那年，部队里的日子过得很苦，经常挖葛根、芦根充饥，吃得嘴唇发乌头发昏，路都走不稳，可父亲心情却很愉快。这时他改名居锦昌，取锦绣河山、繁荣昌盛之意。父亲通过部队里的教育学习，思想上已经有了革命者为实现崇高理想，艰苦奋斗、不屈不挠的信念和决心，没有苦和累的念头。

为适应形势发展，协调豫鄂各地新四军第五师队伍的统一行动，急需建立无线电通讯联系，于是在鄂东黄冈大小悟山湖边的王家坊垸办起了无线电报务训练班。父亲与塆里一起出来的同伴报名参加了第三期无线电报务训练班。父亲学习成绩好，手脚快，收发练习本、打扫卫生等，总是高高兴兴地抢着做，还当了学习组长。到 1942 年 4 月底，无线电报务培训班只办了三个多月，就因形势吃紧而让学员提前毕业，父亲到鄂东的新四军部队从事电台报务工作。

因五师发展需要，部队要到汉口西南部开辟新的根据地，父亲主动跟首长说他在汉口待过，要求到汉口西南边的部队去做通讯工作，首长决定让他到新四军第五师第十五旅电台工作。1942 年上半年，父亲满 16 岁，已经是新四军第五师系统培训学习的无线电专职报务人员，在电台台长、老红军熊景钊的领导下，做见习报务员。父亲干报务就一个字——“精！”即精益求精。有时电台收报声音小，别人听不清，父亲都能听得清。别人收发报三四个小时就要下来，他一上去就是一整天一整夜的，还不出差误。

那时，他特别爱唱歌，走到哪里，就唱到哪里，积极要求入党，首长说他是个好苗子，1942 年下半年他加入了中国共产党，那是父亲年轻时最美好的时光。直到 70 多年后的 2015 年 3、4 月，他还清楚地记得，他能唱《没有共产党就没有中国》《新四军军歌》《解放区的天》《大刀进行曲》《二小放牛郎》，还能唱：“向前走，别退后，生死已到最后关头，同胞被屠杀，土地被强占，我们再也不能忍受！亡国的条件我们决不能接受！中国的领土一寸也不能失守！同胞们，向前走，别退后，拿我们的血和肉，去拼掉敌人的头，牺牲已到最后关头！”“新四军里真呀真快乐。”“妹妹想哥我到军营，哥哥呀，看你看不着。”这些都是当年新四军第五师每个战士都会唱的歌曲。为留下父辈们这段最美好的时光，我请来荆州市音乐人喻鸣老师，把父亲唱的这些歌进行记谱整理，取名为《中国不会亡》《去拼掉敌人的头》《新四军里真快乐》《知道不知道》四首新四军抗战歌曲。在纪念抗战胜利 70 周年时，荆州市新四军历史研究会还将《新四军里真快乐》等歌曲编成小歌剧，搬上舞台，表演传唱。

1944年11月，贺炳炎任新设的新四军第五师襄南第三军分区司令员，还宣布了三军分区下属三四个野战团及襄西指挥部、江南指挥部、荆潜总队、江监总队、江沔总队等部队领导的任命。1945年初，贺司令任命彭效萍为襄南三军分区司令部电台台长，司令部机动分台台长杜力、张仲理，司令部电台报务主任居锦昌等。在抗日战争即将取得胜利前夕，襄南第三军分区司令部移驻到原属沔阳县湖区、现洪湖市境内的张家湾。张家湾分前湾、后湾，是住有一百大几十户渔民、农民的大湾子，湾子四周都被芦苇、柴山包围着，穿过南边几里地的芦苇，就是连着大湖的张金河。司令部有近200人，前湾驻有机要科、电台、作战科、管理科、警卫部队，后湾驻有政治部、锄奸部、卫生部、供给部。平时，司令部和各下属单位联系，都是通过交通员骑马、骑自行车传递命令指示；战时，则是专门将司令部的机动电台班组派驻到有打仗任务的部队里，保证司令部指挥各作战部队的及时通信联系。司令部电台台长彭效萍是一个二十大几岁的四川人，老红军团级干部。到张家湾后，他主动值夜班，白天跑司令部各处联系工作。父亲是年轻的报务主任，白天在电台值守，一有报务员听不清、记不下来，或者重要报务，他就接过耳机戴上，听清内容记录译电，完成收发报任务。晚上，电台工作结束后，他总爱收听新闻和歌曲，到10时换班时还精神抖擞，又不忍心叫醒老红军彭台长，就继续边干报务工作边听新闻歌曲，经常是白天晚上连轴转，仍能出色完成报务任务。为了在电台工作时期避免蚊虫叮咬，供给部用双层纱布做了一床大蚊帐送来，报务和摇机的三人就都能在大蚊帐里专心工作了，尽管热，也比被蚊子叮咬要好得多，父亲有时还在里面睡觉休息。他说可别小看那床大蚊帐，湖区蚊子大，厉害得很，尤其是晚上，漆黑的芦苇荡里，一批一批嗡嗡作响的蚊子不停地袭来，都要拼命找人“就餐”似的。人一旦被叮咬，身上就是一个一个的大包，又红又痒，都得难受一二天才好。老百姓编有“张金河，张金河，蚊子大似蛾！打它三桨桩，还能飞过河，咬死个老婆婆”的顺口溜，电台配备大蚊帐后工作更安全，领导也放心了。6—8月这几个月的夜班报务工作，父亲几乎都包了下来。彭台长见父亲一贯表现积极、业绩突出，把自己的报务技术和电台工作经验都教给了父亲，逢人便说报务主任居锦昌不错。

1945 年 8 月 8 日深夜 12 点后，父亲照常在电台值夜班，当延安新华社电台第一次播报苏联红军对日宣战新闻时，父亲在第一时间捕获了这一重大消息，及时向彭台长和上级进行了报告。

1945 年 8 月 10 日晚，父亲又早早地钻进了大蚊帐进行报务工作，10 时刚过，就收听到延安新华社电台播放日本向中、美、英、苏照会，接受《波茨坦宣言》的新闻。延安新华社电台第一次播报这一重大新闻，父亲又是第一时间捕获到了。为了慎重起见，父亲又收听了软绵绵的国民党中央台和声音最大的莫斯科中文台，都播出了相同新闻。父亲极为兴奋，钻出蚊帐，快步进到东后偏房喊:“彭台长，彭台长！日本投降了，日本投降了！”彭台长匆忙起身说:“哦，哦，日本投降了啊！”说着就直接跑去找司令报告喜讯。不一会儿，贺司令带着警卫员和彭台长一起赶来电台，父亲见到贺司令，赶紧立正，向贺司令敬礼。贺司令瞪大眼睛，满脸严肃地问父亲收到这一重大喜讯的详细经过。听完父亲详细的汇报，他抬起左手，指着父亲说了句:“小鬼不错！”就和警卫员一起，匆忙消失在夜色茫茫的芦苇荡中。

8 月 9 日、10 日白天，张家湾司令部及襄南新四军第五师第三军分区所辖根据地沸腾了，近处、远处，大声、小声传来“日本投降了！”“日本投降了！”的呼喊，还有锣鼓鞭炮声。父亲兴奋不已，几次跑出门欢呼，直到 8 月 10 日傍晚，夕阳西下，满天彩霞，芦苇和柴林簇拥，芦花伴芦鸟飞舞鸣唱，红旗飘扬，就像是霞光闪闪的红盖头，在喜庆的张家湾上空起伏舞动。芦苇荡边，河畔波光闪闪，如梦如幻，陶醉着欢庆胜利的人们。

1945 年 8 月 10 日、11 日，延安朱总司令连续发布七道命令，要求八路军、新四军和各抗日游击队，利用各自所处抗日最前线的有利位置，就地接受日伪军投降。命令在襄南第三军分区根据地得到全面执行，新四军第五师襄南第三军分区司令部又紧张行动起来……

远方，家乡的芦花、芦苇荡中，新四军第五师襄南第三军分区司令部驻地张家湾，仿佛又浮现在眼前，芦苇英姿挺拔，芦花美白飞扬。耳边，又响起当年新四军第五师襄南第三军分区司令部电台“嘀嘀，嘀嘀嘀、嘀嘀嘀”的通信声，一如既往。父亲又情不自禁地唱起：“新四军里真呀真快乐，吃穿平等官兵一样多，不打又不骂呀，同志，好话向你说，快乐不快乐。新四军里真呀真快乐，军政学习进步多，学文又学武呀，同志，认字又唱歌，快乐不快乐。新四军里真呀真快乐，打起仗来越打越灵活，赶走了日本鬼呀，同志，胜利属于我！快乐不快乐，快乐不快乐！哈哈！”

在中华民族伟大复兴的征程中，我们后辈世世代代都要将这首歌传唱下去，如那纷纷扬扬的芦花，传遍天下。

正义的力量
——武汉抗战中的国际友人

何利平 *

“我们的故人是世界性的敌人，中国的抗战是世界性的抗战。”中国遭受日本法西斯的疯狂侵略，中国人民艰苦卓绝的正义斗争得到了世界上爱好和平、主持正义的国家和人民的深切同情和真诚帮助。来自各大洲的国际友人与中国人民患难与共，从多方面给中国以实际的援助。

日本人民的反战运动

1938 年 7 月 2 日这个炎热的夏夜，汉口广播电台突然响起了一个柔美圆润的女中音，用流畅而又地道的日语播出对日宣传节目：

> 日本同胞们，当你们的枪口对准中国人的胸膛，当你们大笑着用刺刀挑死一个个无辜的婴儿，当你们手举火把点燃一栋栋草房，当你们扑向可怜的少女时，你们可曾想过，这是罪孽，这是全世界人民不可饶恕的滔天罪孽……

这一代表着人类正义和良知的声音，随着电波从武汉飞越万水千山，传

* 何利平：女，武汉市党史研究室宣教处处长。

遍全球各地，以铁一般的事实揭露了日本法西斯在中国犯下的滔天罪行，呼吁日本人民和士兵觉醒，反对侵略战争和法西斯暴政。播音在日军内部和日本国内引起了极大震撼，而担任节目播音员的，是一位名叫绿川英子的日本女士。

绿川英子原名长谷川照子，是日本著名的世界语学者、进步作家，也是一位坚定的国际主义无产阶级战士。1936 年她与中国留学生刘仁结婚，1937 年初来到上海。抗战全面爆发后，出于对世界和平的热爱、对中日友好的维护和对法西斯的痛恨，她先后在上海、广州、香港等地积极从事反对日军侵华的反战运动。在世界语旬刊《中国怒吼了》第三卷第四期上，绿川英子发表了《中国的胜利是全亚洲的曙光》一文，反对日本帝国主义侵略，指出："中国的胜利是全亚洲，甚至全人类的明天的一把钥匙。"在《新华日报》上发表的《爱与憎》一文中，绿川英子鲜明地表达了对日本军国主义的恨和对中日两国人民的爱，她称赞中国抗战是"为着民族的自由独立而战"，是为了"保证东方前途的光明"，呼吁日本士兵："不要错洒了你们的热血，你们的敌人不在隔海的这里！"

1938 年 6 月，在郭沫若的协助下，绿川英子来到武汉，在国民政府军事委员会政治部第三厅国际宣传处对日宣传科担任日语播音员。她呼吁日本人民觉醒，反对日本军国主义的侵略，呼吁日本士兵不要为法西斯和军国主义卖命。她深情地表白："我爱日本，同时我也爱中国，我的第二故乡。""我们唯一的敌人就是法西斯。"

绿川英子的播音引起了日本法西斯的极度恐慌。他们咒骂绿川英子是"娇声卖国贼"，甚至恐吓要求她的父亲"引咎自杀"。周恩来高度评价绿川英子的反战义举，称赞她是"日本人民忠实的好女儿，真正的爱国者"。

在武汉抗战期间，还有一些像绿川英子这样的日本友人全身心投入反战运动，鹿地亘和他的夫人池田幸子就是其中的杰出代表。

鹿地亘，著名的日本反战进步作家，早年毕业于东京帝国大学文学部，

1927年因反对日本当局遭到逮捕，被关进监狱。1935年底出狱后，流亡到上海，经鲁迅先生提议，由鹿地亘按月给日文杂志《改造》翻译一篇中国进步青年作家的作品。鲁迅逝世后，日本改造社出版《大鲁迅全集》六大卷，他一人几乎翻译了半数文章。抗战全面爆发前夜，鹿地亘夫妇决定秘密回国进行反战运动，但一出法租界就被日本特务盯上了，他们当即转回法租界，为中国朋友所掩护。抗战全面爆发后，他们向中国朋友表示，只要有益于抗日，只要把他们当朋友看待，他们愿意做任何工作，甚至声称他们可以开机关枪，可以上战场去扫射屠杀中国人的日本侵略军。1938年3月，经郭沫若推荐，在夏衍的陪同下，鹿地亘夫妇几经辗转来到武汉，担任国民政府政治部的设计委员，在国民政府军事委员会政治部第三厅第七处对敌宣传处从事反战工作。

4月1日，武汉各界举行欢迎茶会，郭沫若、沈钧儒、邓颖超、田汉、郁达夫、范长江、史沫特莱等中外人士200余人参加了大会。郭沫若在讲话中高度评价鹿地亘夫妇，称赞他俩是人类正义事业的斗士。鹿地亘在会上介绍了风起云涌的日本反战运动，他充满信心地说："任凭法西斯去厉行战争吧！他们坐在巨大的冰山上被打得粉碎，只是时间的问题而已！"

鹿地亘夫妇到职后，忘我地工作着，除了参加公开活动外，鹿地亘坚持在对敌宣传处的日常工作，坚持在播音室里，每周与青山、绿川英子轮流用日语向日本国民演说广播，他把麦克风当作武器，把心中炽热的爱憎化作滔滔洪流，倾泻在每一次播音之中。他历数日本侵略军在中国大地上犯下的种种罪行，向日本士兵大声疾呼，为了两国人民，别洒错了热血，你们的敌人不在大海彼岸，放下屠刀，停止战争。同时还向日本人民申述中国抗战的真意，并非对日本国民的仇视，两国人民应共同站在兄弟友好的立场上，消灭日本军阀，建立东亚永久的真正和平。此外，他还用热情的声音鼓舞江城人民起来斗争，把日本法西斯从中国赶出去。4月6日，鹿地亘在汉口广播电台向日本军民发表广播讲话，号召日本军民给中国人民的抗日战争以兄弟般的支持和援助，停止侵略，结束战争。真理的呼唤，引起了日军内部的极大恐慌，同时也唤醒了一些被麻木的灵魂，他的讲话在日军部队引起巨大反响。在这一时期的对敌宣传教育工作中，鹿地亘每日的讲演及谈话，积累了大量素材，后来据此写成了长篇报告文学作品《和平日记》。

3 月底，八路军朱德总司令、彭德怀副总司令就日军施放毒菌屠杀我西北军民事件，呼吁全国、全世界抗议敌人的暴行，并以防毒、防疫物资支援前线。通电发表后，应者云集。鹿地亘夫妇率先响应。

> 对八路军英雄的战斗，深表敬意！
>
> 日本军事法西斯主义者惨无人性的散布毒菌的阴谋，将会看到他们的报应。我们深深感觉到在日本民众的革命斗争中有加以阻止的责任。谨奉上法币 10 元，乞转致八路军将士，作购买防毒品的费用。
>
> 三十八,四,一　鹿地亘　池田幸子

八路军武汉办事处以集体名义向鹿地亘夫妇致敬，并于 4 月 13 日在《新华日报》发表《中国的日本友人——鹿地亘再度慨捐》，文章说："中国的友人鹿地亘，前因响应朱总司令通电，曾捐致八路军将士法币拾元，作购买防毒品之用。兹又悉鹿地先生，又将本报稿费拾叁圆肆角全数移捐由西北来的残疾军人，以表同情。此足见日本一般前进国民对于帝国主义者的侵略战争及法西斯残暴行为无不一致反对，而对我国浴血奋战之英勇将士表示同情。"

鹿地亘夫妇在艰难困苦的日子里节衣缩食，将省吃俭用攒下的一点零钱贡献给那些挣扎在死亡线上的抗日军民，其意义远远大于金钱和物质本身。4 月 27 日，鹿地亘出席十四团体欢迎国际反侵略运动大会代表人士的大会，他在会上大声呼吁世界舆论及爱好和平的人民，给中国人民的抗日战争以无私的援助。7 月中旬，又应第三厅第六处邀请，在汉口的一个戏剧训练班做题为《日本人民反战运动意义》的报告，以大量的事实、确凿的数据分析了日本的现状，预言这场由日本军国主义发动的侵略战争只会最后埋葬他们自己，受到学员们的热烈欢迎。鹿地亘以日本公民身份出席各种会议这件事，本身就给予武汉人民以极大鼓舞，受到包括日本在内的世界人民的广泛支持。

9 月份，鹿地亘冒着战火随武汉前线慰问团赴长江南岸前线慰问。还受第三厅委托到湖南常德的军政部第二俘虏收容所做反战教育工作。他怀着极大的耐心，不怕一次又一次遭受凌辱，和他的同胞促膝谈话，一些日本士兵受到感化开始转变立场。这一工作的进行收到良好效果，为其后由他领导组织的在华日本人反战同盟奠定了良好的思想基础。

尽管繁忙的社会政治工作几乎占去了白天所有的时间，可是作为作家、文艺理论家的鹿地亘从未中辍过自己的写作，他夜以继日，辛勤笔耕，记下日寇惨绝人寰的罪行，痛斥日本御用文人的无耻谰言，歌颂中国人民的英勇精神，笔端下流淌着爱憎分明的强烈感情。在武汉他发表了相当数量的诗歌、散文和政治论文，这些作品成为抗战文艺中具有宝贵价值的资料，是中日文化友谊的结晶。

1938 年 2 月 16 日武汉出版的《七月》第二卷第三期的首篇发表了鹿地亘的两首诗歌《送北征》和《颂香港》。他在《颂香港》中称“八一三”的炮火，将他们夫妇赶进了逃难流亡的人群，当他在“血与叫唤之中”辗转广州、抵达香港时，他在精神和体力上都感到疲劳，前线正进行着艰苦的血肉拼搏，内地的达官贵人却大批涌入香港，依旧过着花天酒地、纸醉金迷的生活。作者对中华民族的前途甚为忧虑和焦灼。《送北征》激情洋溢，格调奔放，是一首唱给出征战士的颂歌，细致地书写了战友之间互相勉励的动人情谊和对于胜利的信心，成为抗战初期鹿地亘诗歌的代表作。

除了诗歌创作之外，鹿地亘把更大的精力用于文艺理论的写作，他紧扣战争的脉搏，写出了一篇又一篇歌颂正义、抨击邪恶的文字。1938 年 3 月 9 日《新华日报》连载了他写的《所谓“国民公意”》一文，报社特地加编了“记者的话”，对他为人类的和平、自由、真理而奋斗的崇高热情给予了高度评价和赞扬。4 月 12 日，他在武汉写成《致日本同胞》一文，分析了侵华战争发生的原因，指出了它所造成的恶果，驳斥了污蔑中国人民的种种流言。最后，他发出这样的呼喊："离开军队吧！同胞们，把日本从堕落和死亡的深渊中挽救出来吧！鼓起勇气和中国协力打倒我们共同的敌人！以两国民众的手，站在友爱和自由的新的关系上来确立东洋的再建！现在是真正爱国的日本人民，断行他的决意的时机了！"真理的声音像春风吹送到日本士兵的心上。一个被俘的航空兵对着鹿地亘悔恨地说："我很明白中国人民的心情，我非常羞愧，我也痛感人类的真爱。请你向中国当局转达：我目前已决心与诸君共患难了。"

抗战中，鹿地亘夫妇留在中国八年，贡献了自己的全部力量，受到人民的信赖、尊重和热爱，被誉为"人类正义事业的斗士"。1938 年夏天，鹿地亘夫妇在武汉受到周恩来的亲切接见，周恩来对他们表示感谢和慰问。《新华日报》高度赞扬鹿地亘的作品是"日本文艺作家第一次对于中国大众发出的声音"，中国的文艺工作者把他称作"日本进步的良心""日本人民的代言人"，对于在抗战中始终与中国人民甘苦共尝、患难相依的鹿地亘夫妇来说，这是中肯而恰当的历史评说。

池田幸子也是一位日本反战作家，她与丈夫志同道合，"七七"献金时她亲自到献金台献出 20 元，还把自己的稿费寄给朱德总司令。

白求恩医疗队来汉

诺尔曼·白求恩，加拿大共产党员，驰名欧美的胸外科专家。1937 年 7 月日本发动全面侵华战争。白求恩得知日本侵略军占领了中国的古都北平并对上海发起进攻时，毅然决定到中国支援中国人民的抗日斗争。1938 年 1 月初，年已 48 岁的白求恩受加拿大共产党和美国共产党的派遣，率领加美援华医疗队，从温哥华乘坐邮轮前往中国。他携带了加拿大和平民主同盟和美国和平民主同盟捐募的 1100 美元和用 200 美元购置的各种医药器械，同一名美国外科医生、一名加拿大女护士琼·尤恩，横渡太平洋来到中国。

经过万里跋涉，他们到达了战时首都武汉。刚在美国圣公会主教鲁兹家里住下，白求恩就不顾旅途疲劳，急切前往八路军武汉办事处联系，要求安排去延安到抗日前线。他声明说："我的战斗岗位在前线。"1 月 20 日，周恩来在八路军武汉办事处会见了白求恩和他的队员，答应代他们与延安和沿途的有关单位取得联系，进行安排。白求恩听后十分高兴。周恩来向他们介绍了日本法西斯侵华的野蛮暴行，中国人民开展的如火如荼的抗日斗争，介绍了中国共产党的抗日方针、路线、政策和八路军深入敌后的情况。周恩来诚挚亲切地说："我们没有什么东西可奉献给你们的，只有艰苦的工作；你们也不能得到别的什么，得到的只能是伤病员的感激之情。"

白求恩一行受到了武汉文艺界、战时儿童保育会筹委会、汉口女青年会的热忱欢迎。白求恩曾应邀去国民党的一个陆军医院参观。走进医院，阴湿的霉气混合着伤口的臭味扑鼻而来，满院都是带着脓血的纱布、打碎了的玻璃器皿，有些伤员还没有来得及医治就停止了呼吸。面对这种境况，白求恩更加坚定了赴抗日前线为伤员服务的决心。不久，八路军总部军医处处长姜齐贤因公来汉，按周恩来的指示去看望白求恩，向他介绍了八路军、新四军英勇奋战的许多事迹，介绍了前方药品不足、器材短缺的艰难情况。听到这些，白求恩激动地握着姜齐贤的手说："请转告周恩来同志，尽快安排我们北上吧！到延安去，到前线去！我们不能面对着敌人的残暴静坐旁观，更不能看着自己的阶级兄弟在流血牺牲而不走上前线！"他还把这些情况电告加拿大和美国有关方面，英属哥伦比亚州分会很快给他寄来 3 万件绷带和其他外科用品，并寄来 600 件救济难民的衣服。白求恩和尤恩一起奔波于武汉三镇，加紧采购外科器材和医疗用品，以备前线之用。

1938 年 2 月 22 日春节刚过不久，在周恩来精心安排下，白求恩和援华医疗队的女护士尤恩，迎着刺骨的寒风，在八路军驻武汉办事处的警卫员护送下，从武汉北上。

印度援华医疗队来汉

当八路军朱德总指挥、彭德怀副总指挥的通电以及史沫特莱为八路军请求医药品的呼吁传到还是英国殖民地的印度时，引起了印度国民大会及印度人民热烈的响应。1938 年 9 月 1 日，带着印度人民的重托，由爱德尔任队长、卓尔克任副队长以及柯棣华、巴苏、木克吉等五位医生组成的印度援华医疗队启程，漂洋过海，向中国进发。9 月 17 日，爱德一行到达广州。

医疗队受到宋庆龄迎接，他们向她提出的第一个问题就是如何同八路军取得联系。当他们从宋庆龄那里得知可以到武汉去找周恩来时，便迫不及待地率队向武汉进发了。他们长途跋涉，经长沙辗转来到武汉。第二天，他们就会见了八路军驻武汉办事处的负责人董必武、叶剑英，几天后又见到周恩来。正在武汉的美国作家史沫特莱向爱德尔和他的队员说：“你们想到八路军那里去工作吗？那除非你们每天能坚持徒步行军 50 公里才成。”这时第一个响亮回答说“能”的，就是已经年过五旬的爱德尔博士。他不仅这样回答，而且立刻率领队员们练习徒步行军。

印度援华医疗队带来了印度人民送来的药品 50 箱、防弹钢质救护车及卡车各一辆。国民政府军委会第三厅国际宣传处、中共中央代表和八路军武汉办事处在八路军办事处举行了欢迎会。10 月 3 日，新华日报社也集会欢迎他们，报社社长潘梓年、总编吴克坚以及美国友人史沫特莱、斯特朗都参加了会议。柯棣华充满激情和信心地表示，“你们不要看我们仅是五个人，我们是被印度国民大会委派来华的，我们后面有着千百万的印度人民。”“你们中国正与日寇作自卫之战，中国的作战，不是孤独的，各国都在积极支援。”在汉期间，他们还受到了武汉宗教、文化、卫生界的热情接待。10 月 7 日，在周恩来会见他们时，他们要求到八路军的抗日前线去工作，周恩来看到武汉各陆军医院有几千伤兵正等待着治疗，劝他们暂时就地救死扶伤，以后再去八路军根据地。他们愉快地接受了周恩来的安排，先后在武汉和重庆工作了一段时间，直到 1939 年 1 月才奔赴延安。

伊文思和他摄制的《四万万人民》

中国人民的英勇抗战，得到全世界进步人士的同情和支持，不少国际电影人士万里迢迢赶来中国，拍摄反映中国人民这一斗争的新闻纪录片。首先来华的是著名的荷兰纪录片艺术家里斯·伊文思。

伊文思是一位国际共产主义战士，而且是好莱坞著名导演及摄影师。他于 1933 年到比利时拍摄了反映矿工生活和斗争的《布里纳奇矿区》，1936 年又到西班牙拍摄了反映西班牙人民反法西斯斗争的著名影片《西班牙大地》，影片获得了巨大的成功，产生了积极的影响。

中国抗日战争全面爆发后，1938 年 2 月，他与几个美国友人组成一个摄制小组，带着全套摄影机来到武汉。这群 30 岁左右的青年艺术家来中国的目的不是好奇，也不是发财，而是“为了真理，为了真相，为了能尽自己对于保卫文化、保卫和平，反对侵略者应尽的力量，使世界人类公敌的狰狞残暴面目和为民族独立解放的中国英勇抗战的事实，能尽情地显露在世界人类面前”。

这时正值台儿庄会战前夕，他们在武汉停留了几星期后就急赴台儿庄前线。伊文思和助手万农、贾白在那里工作了十天，冒着敌人猛烈的炮火，拍摄下敌机轰炸、难民逃难、民众抢救伤员及协助作战，中国将士奋力作战、缴获敌人几十辆坦克和众多枪炮等宝贵镜头。《新华日报》文章评论说：“在中国电影界没有一个人和一具开麦拉（指电影摄影机）到津浦北段去的时候，这三位欧洲的青年，早已到了那里工作着，并且取得了惊人的成绩。”“这是使我们尤其是使中国电影界惭愧的事。”

他们于 4 月中旬返回武汉，中华全国电影界、戏剧界、文艺界等抗敌协会，中国青年记者协会，中国学生救国联合会，中国文艺社，东北救亡总会等 14 个团体 200 多人举行盛大茶话会，热烈地欢迎他们。

接着，伊文思首次在汉口会见周恩来，周恩来努力争取他能去延安拍电影，并尽可能为他提供便利，为他的摄制组准备了交通工具。5 月，他们在武汉八路军办事处的协助下到达西安，以便找机会到延安拍摄中国共产党领导人民抗日、八路军英勇作战的场面。后来因国民党政府的限制，未能成行，只到兰州拍摄了一些镜头。6 月底回到武汉后，他们又拍了保卫大武汉的献金运动、抗战将士纪念碑奠基典礼、郭沫若在群众大会上的演说等珍贵镜头。

为了弥补遗憾，伊文思向周恩来提出，把作为中共中央代表团领导人的形象拍摄下来，并且希望拍摄到中共领导人在重要会议上讨论和分析中国抗战形势的场面，周恩来同意了伊文思这一要求。

一天，伊文思巧妙地避开国民党当局的监视，来到武汉八路军办事处附近一所学校，秘密拍摄正在召开会议的情景。中共中央长江局的许多领导人，周恩来、董必武、叶剑英、林伯渠、吴玉章、秦邦宪等都莅临出席。伊文思顺利地拍摄了这个具有历史意义的场面。

伊文思一行在武汉告急时才离开武汉，临行时，他得知在延安的八路军即将成立电影团，特意将自己拍片用的一台手提摄影机和数千英尺胶片留下作为礼物赠送，以独特的方式表示对“这个有意义的行动的支持”。

很快，伊文思根据在中国拍摄的大量素材编辑完成了纪录片。尽管由于国民党政府的阻挠，他没有拍下中国共产党领导抗战和八路军在前线作战的更有典型意义的镜头，但通过台儿庄大战、保卫大武汉、日寇轰炸广州以及有关周恩来、毛泽东、朱德等的一些活动，仍然相当真实地反映了当时中国人民进行抗日战争的面貌。虽然有关八路军的镜头不多，但也利用地图说明了在敌人后方活动的是中国共产党及其领导的八路军、新四军和人民群众武装。他还特意选用《义勇军进行曲》旋律作为配乐，片名几经斟酌，最后定名为《四万万人民》。

1939 年，影片《四万万人民》在美国纽约正式公映，后又在法国、荷兰、比利时等国放映，受到观众的极大欢迎。伊文思用这部影片的收入购买了药品，赠送给中国人民。

“一个伟大的美国人”

“我有点迷恋汉口的魅力。在我这十年生涯中，它是美好的地方。……从那以后，我反复思考：我是回到西方世界去，还是留在这里？恐怕我是必须留在中国了。”史沫特莱在写给友人的书信中提到汉口，抗战期间她在汉口住了将近一年，这成为她在中国的峥嵘岁月中最难忘的日子。

史沫特莱，美国进步女作家、著名记者。自 1928 年来中国后，长期在各地深入生活，进行采访和报道。1938 年 1 月，她离开前线来到武汉后，主要从事两项工作。第一项是参加红十字会，为中国军队筹集医药。南京沦陷后，不论前方和后方都缺医少药。史沫特莱从前线到后方，见到士兵受伤后得不到及时救护和治疗，一种革命人道主义和国际主义精神促使她参加红十字会医疗队。为扩大红十字会医疗队，史沫特莱四处活动，在她的努力下，红十字会医疗队建立了 17 个医疗小分队，并在长沙创办了战时急救训练学校，为抗战培训医护人员。这些小分队被分配在武汉外围前线的几所野战医院里。不久，因医疗器械和药品短缺无法开展工作，史沫特莱便弄来一辆卡车，到汉口各教会医院征募药品和医疗器械。她还向海外的好友去信，向印尼、爪哇的华侨去信，募集了大批捐款，以后还建立了国际联络网，突破日军封锁，把医药物资源源不断地送到医疗队。史沫特莱的行动得到了在汉口的一些美国人的支持，如美国大使馆陆军武官史迪威上校就经常帮她排忧解难。史沫特莱和史迪威多次来往于武汉和长沙之间，视察战场医院和长沙战时急救训练学校，这所学校为抗战培养了几百名红十字会医疗队员，他们分成小组，奔赴前线。由于史沫特莱和中国红十字会医疗队的共同努力，战地救护工作也迅速得到改善。到 1938 年夏天，已有 58 个红十字会医疗小分队活跃在各个战区。

史沫特莱在汉口的第二项工作是积极开展舆论宣传，在全世界范围内为中国抗战争取道义和物资上的支援。她以大量时间向美国、加拿大、英国等国发函，谋求这些国家财政、人力援助和海外物资援助。这方面取得的显著成效即白求恩大夫受美国、加拿大共产党的派遣来到中国，柯棣华等人组成印度援华医疗队来华。史沫特莱作为英国《曼彻斯特卫报》特约记者，每周给报社发两篇航空稿，她发出的第一批稿件内容，主要报道中国伤兵的悲惨命运。她写道："医疗站或大夫的景况只能说是糟糕透顶的。在被废弃的仓库、学校和庙宇里，伤员们躺在地上用草织成的破草席上或者平架在高脚凳的木板上，这些房屋常常是阴暗、潮湿，而且肮脏，地板破烂不堪……"这些报道在全世界传开后，博得了各国人民的广泛同情，许多人捐献药品和财物援助抗日受伤的将士们。此外，史沫特莱以记者的身份参加集会、发表演说、写文章，揭露日本法西斯的侵略罪行，宣传中共的抗日主张，号召人们为真理和正义而斗争。在她的号召下，汉口基督教圣公会鲁兹主教及其女儿弗兰西丝小姐募捐了1.3万元现款寄给朱德。1938年2月，史沫特莱和美国合众社记者爱泼斯坦等人组建了一个由教授、医生、记者、传教士等参加的国际代表慰问团，带着两卡车物资，辗转到达山西八路军总司令部，受到朱德、康克清、丁玲等的欢迎。

1938年10月中旬，当日军已经到达武汉郊区，隆隆炮声不绝于耳时，史沫特莱才和其中国秘书罗凡驾驶着一辆救护车，冒着敌机轰炸和封锁，潜回敌后去寻找新四军。一路上，他们不断遇上刚从与日军作战中撤退下来的伤兵，多次停下车来加以救助，直到所载药品所剩无几为止。最后终于找到了新四军。

斯诺在汉口促进"工合"正式成立

埃德加·斯诺，美国著名作家、新闻记者。1928年来华，任上海《密勒氏评论报》特约记者。1936年访问陕北红军，与毛泽东做了长时间的谈话后，于1937年和次年写成并出版了《红星照耀中国》(后改名《西行漫记》)。这是向全中国和全世界如实系统地介绍中国共产党领导的人民军队情况的第一本著作。

全民族抗战初期，斯诺以极大的热情投入支援中国人民抗战的洪流中，成为一名反法西斯战士。1937 年 9 月至 1938 年 5 月，斯诺住在上海租界，从事各种支援中国革命的活动。他冒着枪林弹雨，出入战区，进行火线采访，翻译出版了《西行漫记》中文本。中文本出版后，在国内和国外华侨中产生了很大影响。1938 年 6 月，斯诺在香港大力协助宋庆龄创办“保卫中国同盟”（后改为“中国福利会”），并担任一部分会务工作，主要是把中日战争的真实消息向国外报道，向国外募集财物和医药用品，然后克服极大的困难，把这些物资运送到各抗日根据地，给医药奇缺的八路军和新四军雪中送炭。不久，在武汉会战最紧急的阶段，斯诺从香港来到武汉，停留了七周时间。在这里，他与周恩来、邓颖超、叶挺、郭沫若、郁达夫等中国各方面的代表人物进行了深入的讨论，采访了部队领导人。7 月，他还在武昌珞珈山访问了蒋介石，对于蒋介石当时所抱的抗日热情和决心，他做了如实的报道。这些都为 1941 年出版的《为亚洲而战》搜集了大量的素材。

中国工业合作协会（简称“工合”）是全民族抗战开始后，由艾黎和斯诺夫妇等人倡议发起的，专门生产物资以供抗战之用的合作社生产运动，是战时经济中一支不可轻视的力量。

1937 年 11 月，刚到上海的斯诺夫妇提出：“应该以合作社方式动员后方的人力物力，从事日用工业品和简单武器生产，支援游击战争。”这个建议同上海工部局工业科科长艾黎的想法不谋而合。由艾黎起草了建立“工合”的初步计划，斯诺转交给《密勒氏评论报》的鲍威尔印成小册子散发。经过多方联络和宣传，计划得到一致的赞同和支持，后成立了中国工业合作社设计委员会，艾黎为召集人。1938 年 5 月写出中英文本的详细计划草案。宋庆龄得到这个计划报告后很高兴，马上表示“赞成和支持”。6 月，发展“工合”的计划由爱国银行家徐新六、艾黎送到汉口，斯诺随之来到武汉。计划也得到国民党当局的同意，并任命艾黎为技术顾问，负责筹备工作。经过一番周折，8 月“工合”在汉口正式成立。行政院长孔祥熙任理事长。国民政府拨款 500 万元，作为“工合”的基金。办公地点暂设在妇女指导委员会的办公处。

“工合”成立后，斯诺夫妇倾注了极大的精力和心血。他向周恩来详细地介绍了“工合”的情况，周恩来给予了热烈的支持，并指出，“工合”一定要同国民党政权配合，但要保持自己社会团体的面貌，成为一个群众性的组织。

为了“工合”的存在和发展，斯诺甚至拜见了因《西行漫记》一书而得罪了的宋美龄，恭维她在战时所做的工作。“工合”成立后，首先在汉口举办了一期合作讲习班，以培训骨干。随后“工合”大力发展中国内地工业以支持长期抗战，帮助后方难民就业，在全国创办了 3000 多个工厂，其中“延安工合事务所”为陕甘宁边区军用和民用工业作出了贡献。中外银行家、商业巨子、慈善家纷纷参加“工合”董事会，斯诺夫妇为此捐出全部积蓄，协助中国打 场反法西斯战争。

斯特朗声援武汉抗战

斯特朗与武汉的关系是极为密切的。早在大革命高潮的 1927 年，她就来到武汉与宋庆龄做了亲切的长谈，并深入湖南农村考察，热情赞扬高涨的农民运动。1937 年底，当斯特朗由意大利转道进入中国，再次来到武汉时，轰轰烈烈的抗日救亡运动已在这里蓬勃兴起。她在武汉积极支持中国人民反对日本帝国主义侵略的斗争，以实际行动寻求国际援助，为支持中国抗战奔走呼号。1938 年 1 月 2 日，斯特朗参加了中国妇女团体联合会召开的国际妇女茶话会，她以西班牙反法西斯战争的经验，批评国民党中央政府片面抗战，而对中国共产党坚持抗日民族统一战线和全民抗战的正确主张大加赞扬。1 月 25 日，她应中国国民外交协会的邀请，在广播电台以“马德里是怎样保卫的”为题，发表了慷慨激昂而富有战斗性的演说，鼓励中国军民奋起反击日本侵略军的疯狂进攻。在这期间，斯特朗向周恩来提出要到华北敌后八路军驻地采访。不久，她从武汉来到了山西太行山区八路军总部，见到了朱德和彭德怀、刘伯承等八路军将领，并深入战士和农民中去体验战地生活。她在那里看到了希望。斯特朗从华北前线返回武汉之后，以饱满的政治热情和生动流畅的文字，接连不断地向世界各国人民介绍了中国共产党领导的八路军和华北军民进行的伟大的抗日游击战争。1938 年 4 月，斯特朗在离开中国之前，给朱德写了一封充满战斗情谊的信，由于战乱难寄，信发表在当时的《新华日报》上。

> 亲爱的朱德先生：现在已经是深夜二时，我这几天都是夜晚两点钟睡觉，早上七点起床。明天早上我又要赴香港，我太疲倦了……但是，在离开中国武汉之前，我不能不给你说几句话，以表示对八路军同志们为我们共同的目的而献身的事业的敬佩……中国的同志却有一种艰苦奋斗的真诚，有一种对同志的炽热的热情……这在世界上其他地方是无法得到的，我很幸福，因为我们在一个世界上，在一个世界的运动之中，那中间，有中国的同志们，也有你……

在广泛调查的基础上，她写成了《人类的五分之一》一书，出版发行到世界各地，大大声援了中国人民的抗战事业，增强了中国人民抗战胜利的信心。

史沫特莱、斯诺、斯特朗三位国际友人是了不起的，他们超越中美之间存在的意识形态、价值观念、文化观念的巨大差异，不远万里来到中国，以敏锐的观察力、质朴的同情心和追求真理、实事求是的精神，支持中国的正义事业。他们在武汉及至中国、全世界从事的进步事业中影响大，意义深。他们是属于美国的，也是属于中国的、武汉的。

参加新四军

樊杰 口述　樊宁波 整理

“东进，东进，我们是铁的新四军，东进，东进……”这首新四军军歌每次唱响，总能让我热血沸腾，心潮澎湃。岁月啊，你永远带不走那段刻骨铭心的记忆。

1940 年 6 月 8 日，日本侵略军由荆门一路过来侵占荆州、沙市，1941 年 1 月 5 日至 12 日先后侵占老新口、岑河口、郝穴、沙岗、龙湾等地。日军所到之处，先是飞机轮番轰炸，然后陆军沿途纵火焚烧民房，烧、杀、抢、掠，无恶不作。一时间，国民党的一些散兵游勇、地方上的地痞流氓土匪也趁火打劫，横行乡里。眼见大片国土遭沦陷被践踏，我的母亲又不幸在日军轰炸中落水身亡，少年的我萌发了求生存、寻找光明的想法。

1943 年，新四军第五师已经在湖北创建了敌后抗日根据地，潜江、江陵、监利有了新四军武装和地方抗日政府。他们到处宣传抗日主张，号召人民团结起来抗日救国，于是民间到处传唱“当兵要当新四军，新四军打日本侵略军”的歌谣。1944 年春，新四军第五师在大悟山召开了统战工作会议，我们家乡有个叫朱谷清的绅士应邀参加了会议。他回乡后常到我就读的私塾学校宣传共产党的抗日救国方针、新四军是人民的抗日武装力量等。我叔父是私塾的教师，与朱谷清私交甚密，每次他们在一起谈论新四军抗日的事，我就躲在外面偷听，深受启发。

13 岁的我暗下决心，一定要参加共产党领导的新四军，走上革命的道路，从军报国。同班有两个很要好的同学与我志趣相投，我每次都把自己所听到的关于新四军的事情讲给他们听，我们一起商量，等待时机寻找新四军。由于战乱，家中房屋被烧毁，家产及耕牛等被洗劫一空，连坐的凳子都没有，一贫如洗，凄凉至极，交学费的钱都没有，更不要说去寻找新四军的路费、生活费了。私塾考虑到当时的特殊情况，有个不成文的规定，交不起学费的学生可以等到夏秋粮食收获时拿粮食抵学费，学生就可以回家一趟。

1944 年 8 月的一天，天气炎热。学校放假让我们回家，我回家后趁着父亲没注意在家拿了一把小楷毛笔（可以卖了当路费），挑着刚刚收获的稻谷离家返校。之前我就和另外两个同学约好，交完学费，半夜从学校出发，一起去寻找新四军。当天晚上，我躺在床上望着窗外的月亮，心情非常激动，久久不能入睡。夜里 2 点钟左右收拾妥当，我们三个人从学校步行至郝穴的一个渡口。到达渡口时天还没亮，我们唤醒艄公后上了小木船，告别了家乡。一天后，我们下船又步行了半天，然后换乘小木船从监利到潜江。船工是个中年人，他好像看出了我们一行人的意图，对我们非常照顾（当时地下党组织暗地里专门安排人接送爱国青年去当新四军），下午船行至监利和潜江交界处，突然遇到了日军的巡逻艇，我们几个人不知如何应对，气氛立即紧张起来。没想到这个船工非常冷静机智，他对日军的翻译说：“这几个是我的儿子和侄子，因学校放假接回家途经此地。”日军上船搜查，没发现任何可疑的物品，再看看我们几个个头不高，确实像学生，便放行了。

晚上下船后我们来到一个农户人家休息，没想到一个同学拉肚子闹腾了一夜，另一个同学也因白天惊吓过度不能成行。第二天清早出发时，只剩下我一人了。暴雨倾盆，我踏在泥泞的小路上艰难地前行。我下定决心，就是剩下自己一个人也要投奔新四军，纵有千难万险也阻挡不了我参加革命。我几经辗转，找到了交通员，在他的指引下终于找到了江监潜指挥部，参加了新四军，圆了寻找光明、从军报国的梦想，投身到抗日救国的行列中。

三台河战斗牺牲的新四军无名烈士

朱自干

黄冈史志记载：1944年8月12日，我新四军第五师四军分区司政两部及挺进十七团全体指战员，由鄂城、大冶分数次渡江回黄冈，于12日午前10时全部到达冈东路口三台河东面，宿营在尹家塆、牌楼湾、涂家花园、王家塆等塆村。由于敌情报人员告密，11时许，驻扎在烽火山、杨鹰岭、范家岗的桂系顽军一七四师五二二团三营600余人蜂拥出巢，分两路向我军包围猛袭，一路从余家潭咀抄牌楼湾，一路从东面路口正面进攻尹家塆等。由于我军宿营地南、北、西三面临水，仅东路口方向是一簸箕式之陆地，背水扎营，地形不利，致使顽军居高临下，加上麻痹轻敌、警戒疏忽，没留船只备用，临敌慌乱，渡河无组织，混乱拥挤，敌军将我部围困在三角地带，我部遭敌人密集火力猛袭，损失惨重。

我军设在一个岗哨上，虽然还击正面敌人，终因寡不敌众，全部牺牲在阵地上。这时我主力部队以四个连的兵力掩护司政机关西渡三台河，因只有一条小木船，又无组织，纷纷强渡，又遭余家潭咀敌人抄袭，我夏家山排哨竭尽全力掩护，敌军以密集炮火射击，全排战士遭到重大伤亡，渡河木船被敌人火力射穿数洞，水溢船舱，船身下沉，战士下水强渡，负伤坠水淹死者甚多，其掩护部队一连、三连、四连战士，除扑水牺牲外，与敌作战牺牲55人、受伤11人、被俘30余人。损失步枪101支，轻机枪4挺，重机枪1挺，被包百余个，失踪 82 人，榴掷弹 62 枚，手榴弹 209 枚，马步榴 2900 余发。经三小时战斗撤退，我部击毙顽军 8 人，伤顽军 15 人。

在战斗中，我军有 100 多人突围，徒步涉河回到根据地王家坊进行休整，补充兵员。

此次战斗，五师遭受重大袭击，损失空前，是历次战斗中所没有的。

战斗结束后，当日晚上，上级党组织派人来三台河清理战场，将伤员龙作权等同志转移到鄂南税务医疗室治疗，并在长五乡地下党组织的大力协助下，动员了三台河秦家大塆熟悉水性的革命群众，泅水捞取枪支十余条，交给冈东办事处。对牺牲了的战士遗体，分别安葬在灵虚观和下灵观。

1944 年，我八岁，是能记事的年纪了，清楚地记得：那天（8 月 12 日），我们快吃午饭的时候，咕咕咕的机枪声，啪啪啪的步枪声，响个不停，父亲说打仗了，叫一家人坐在堂屋土砖墙边防子弹，我们一动也不敢动。战斗大概打了三个小时，才没听到枪声。大人们就到涂家大湾（主战场）去看，我们细伢也跟着跑。到涂家大湾，涂三爹他家的人围着一个躺在地上的人哭，那个人的肚子上压着一个铁犁尖（可能是迷信）。全家人哭得伤心。原来是涂三爹他家在稻场上晒有小麦，三爹去看晒的麦子，被国民党的兵打死了。我们随大人到涂家大堰（三台河边）。那时田里的水稻黄澄澄的，有个大腿被子弹打穿的伤员从田里爬出来，裤子上都是血，叫爷叫娘地喊："我痛死了哇，我要喝茶啊……"我们听到他的哭喊声都非常同情，心里十分难过。大人们纷纷说道：天哪！你躺在稻田里怎么样忍住了痛啊！亏了你呀！国民党兵在这里的时候，你有一点动静就没有命了。划渡船的老人，人们都称他为涂团长，他听到伤员喊要喝茶，说："你不能喝茶，你只能喝开水。"说后，老人回去拿开水了。我跟随大人走到三台河边，我们细伢都惊慌不已：河岸边横七竖八地躺着一些牺牲的战士。有的穿着灰军服，有的没有穿军服，只穿一条裤衩。有个只穿裤衩的战士腹部被子弹打穿，肠子流出来了。现场的人们没有一个不流泪的。大家都说太惨了！太惨了！在三台河战斗结束的当晚，伤员被送走了，牺牲的战士遗体除少数埋在秦家大塆北边的山上外，绝大多数集中安葬在涂家大湾对面的曾家山上，还做了一个很大的坟，我们小时候放牛还看到过。我们那时只知道新四军，不知道新四军是中国共产党领导的人民军队。后来才知道一切都是共产党地下组织领导革命群众做的。2005 年，花园村开发，曾家山建花园小区，我们区新四军历史研究会和区民政局的同志一起监督挖土机开挖，满以为能挖出战士们的遗骨或遗物。然而由于年岁太久，那时条件很差，而且是晚上秘密进行的，又没有用石灰防腐，坟中什么遗骸都没有留下。我见证了这一切，三台河战斗中牺牲的新四军无名烈士就这样走了。

黄州是革命老区，路口镇花园村是新四军活动频率仅次于根据地王家坊的地方。新四军第五师参谋长刘少卿就常到花园村韩家咀与涂仲明联系工作。涂仲明，人们称他涂二爹，是这一带颇负盛名的进步人士，是我党的同情者。涂老先生能听出刘参谋长的声音来，他们是不一般的好朋友。涂老先生就住在我家隔壁的根生叔叔家。中等身材，白白胖胖的，一副知识分子的样子，夏天喜欢躺在竹子做的睡椅上，常有新四军战士晚上划船到他这里来。我现在还记得清清楚楚，有一年夏天晚上，六个穿着制服的新四军战士划着一只小船直接到根生叔叔家门前停下，找涂老先生。涂老先生出门迎接他们。我们几个细伢出于好奇，也走过去看。涂老先生看到有个十几岁的小战士就问："你当兵，怕不怕？"那个小战士响亮地回答："不怕！"涂老先生听了以后非常高兴，拥抱小战士，右手拍着小战士的肩膀，连声说："好！好！"

新四军这支人民的军队，为打败日本侵略者、解放全中国，作出了重大牺牲，功绩永载史册。

后 记

《劲旅雄师——纪念新四军第五师建军八十周年论文集》收集的近40篇论文，是2021年4月18日在武汉市黄陂区姚家山新四军第五师历史陈列馆举办的“新四军第五师建军80周年征文”中挑选编辑而成的，具有重要的史料价值和学术价值。

本书的出版，经征求各方面意见并报中国新四军和华中抗日民主根据地研究会有关专家审稿，被列入《新四军和华中抗日根据地历史研究全书》，中国文史出版社对本书的出版给予了大力支持，所有论文作者积极供稿，在此表示衷心感谢。由于我们编辑水平有限，本书难免存在缺点、错误和遗漏，诚恳希望广大读者批评指正。

编者

2021年4月20日